Interdisciplinary Research:
How The Law Responds to New Technological Challenges

交叉学科研究
法律如何应对新技术挑战
（第一卷）
Volume I

主编　赵万一

执行主编　李文彬　龙柯宇

清华大学出版社
北京

图书在版编目 (CIP) 数据

交叉学科研究：法律如何应对新技术挑战. 第一卷/赵万一主编；李文彬，龙柯宇执行主编.—北京：清华大学出版社，2023.1

ISBN 978-7-302-62625-1

Ⅰ.①交…　Ⅱ.①赵…　②李…　③龙…　Ⅲ.①法学－研究　Ⅳ.①D90

中国国家版本馆 CIP 数据核字 (2023) 第 022839 号

责任编辑：张维嘉
封面设计：傅瑞学
责任校对：赵丽敏
责任印制：丛怀宇

出版发行：清华大学出版社
    网　　址：http://www.tup.com.cn, http://www.wqbook.com
    地　　址：北京清华大学学研大厦 A 座　　邮　编：100084
    社 总 机：010-83470000　　　　　　　　邮　购：010-62786544
    投稿与读者服务：010-62776969, c-service@tup.tsinghua.edu.cn
    质量反馈：010-62772015, zhiliang@tup.tsinghua.edu.cn
印 装 者：三河市东方印刷有限公司
经　　销：全国新华书店
开　　本：180mm×255mm　　　印　张：14.5　　　字　数：290 千字
版　　次：2023 年 3 月第 1 版　　　　　　　印　次：2023 年 3 月第 1 次印刷
定　　价：89.00 元

产品编号：087280-01

学科交叉之于法学研究的价值与意义

（代序言）

赵万一[*]

法律作为兼具形式理性和实质理性特质的复杂社会经验结晶体，从其产生伊始就以特定社会关系作为自己的作用对象。由于法律就其本质来说无非是社会关系的抽象化、规范化和明晰化，因此按照萨维尼的观点，法律的最高境界乃在于最大限度地还原社会关系的真实状态。而法学作为以法律为其基本研究对象的知识和理论体系，其主要目的就在于利用科学的研究方法和研究手段将散乱复杂的法律进行体系化的归纳、整合和处理，在重述立法者立场和原则的同时，寻找立法者真实的立法目的和制度意旨，并借以完成立法指导思想的明晰和法律价值理念的统一，从而为法律调整作用的发挥提供必要的理论支持。正是基于以上原因，所以要求所有的法学研究都必须以法律作为基本素材，即以法律规范作为自己理论和体系的建构基础，唯有此才能真正彰显法学本身的独特存在价值。另一方面要求法学研究又不能完全拘泥于作为研究对象的法律本身，而应超越于现有的法律体系和法律制度之外，既要探究法律之于社会的存在理由、存在价值及其生成机制，同时也要探讨法律与社会生活之间的互助、互动关系，并利用先进的思想和理念实现对立法活动的价值引领和具体制度的优化与完善。正是在这个意义上说，判断法学学科是否成熟的标志既包括其本身概念体系的完整性和学科体系的科学性，更包括其对立法活动的影响力和对新型法律制度生成的贡献度，而这些影响力和贡献度最终又是通过法律对社会发展、社会进步的促进程度体现出来的。面对日益复杂的社会关系，法学研究要想实现对社会发展的有效促进，既需要借助于日益细密化的部门法提供更具针对性的理论和方案，更需要依赖多元化综合性的法律视角回应复杂的现实需求。正是在这一背景下，打破学科藩篱超然于部门法之外的交叉法学应运而生。因此从一定意义上说，交叉法学的出现既是对传统部门法的超越，更是对法学服务于社会生活这一根本使命的有效践行。

———

交叉法学产生之必要，首先是缘于法律本身的目标旨趣及其功能定位。按照学界通说，法律是社会生活的反映，即法律既来源于生活又服务于生活。但法律并非

---

* 赵万一，西南政法大学民商法学院教授，博导，西南政法大学医事法学创新研究中心负责人，《现代法学》主编。

是对杂乱社会生活的简单映射，而应是对社会生活的抽象、提炼和概括。一方面法律要透过社会生活的本质挖掘出社会运动的内在规律，另一方面则要对未来的社会发展趋势做出必要预测，并尽可能对未来社会发展的走向进行适当的矫正和引领。为了实现法律对社会关系有序调整的目标，现代各国大多采取通过体系化法律部门构造的方式，将众多法律划分为若干壁垒清晰的法学学科，且随着社会的发展，不但法律部门越来越精细化，而且法学学科之间的鸿沟愈加深广。不仅如此，不同法学学科基于其学科本位主义思想，因此就其本质来说有一种天然的学科优越感和强烈的扩张冲动偏好，其结果不但导致不同法律对同一社会关系进行重复调整现象屡禁不止，而且导致无效立法问题突出，法律调整效率低下情况明显。基于以上原因，为了解决上述问题并实现对社会关系的精准调整，许多国家的法律开始采取价值取向单一和功能纯化的指导思想，即通过尽量强化其某一个方面的立法价值取向的方式，使特定法律对社会关系的促进作用发挥到极致，典型的如公司法，劳动法，消费者保护法，反垄断法等。由此带来的另一个缺陷是，由于单个法律过分强调其个别价值目标的实现，因此在相关制度设计上会有意或无意地忽略对其他价值目标的关注，甚至会以牺牲其他立法价值目标为代价而寻求立法价值的实现。因此就其实施效果来说，虽然单个法律可能实现了其立法目的，但从法律整体来说，彼此抵牾的立法价值也可能会削弱法律的整体运用效果。以公司法为例，公司法作为市场经济关系中为数不多的直接以促进财富增加为目标的制度设计，保证公司营利目的实现无疑是各国公司法中的优选价值目标，因此效益导向型的公司法不仅成为各国公司法的首选目标，而且是否为公司行为创造了足够的自由空间也成为评价公司制度优劣的主要标准。其结果不但使效益吞噬了公平，人格屈服于财富，而且助长了资本对道德的污染，利益对正义的侵蚀，从这种意义上说，资本的无序扩张从表面看是因为法律的约束不力所致，但从深层来说则应是法律部门区分下具体法律部门价值实现的必然结果。不仅如此，由于受法律部门划分的掣肘，公司法在性质上被界定为私法，因此在相关内容设计上对属于刑法、行政法等公法内容的法律规范通常会采取敬而远之的态度，通过转移立法的方式，交由其他法律进行规范，从而导致对某一具体公司法律行为合法性的认定，分别由不同的法律做出判断，并按照其所秉持的不同价值取向分别做出相应的处理。其结果不但使不同的法律对同一行为完全可能做出完全相反的评价，而且彼此隔绝的制度设计极大削弱其他法律的作用效果。在现实生活中经常有学者抱怨，许多被刑法认为是犯罪的行为，从商法的视角来看应该是一种正常的经营行为，如不规范融资行为；而许多从商法视角来看属于非常恶劣应予严惩的行为，在刑法角度可能并没被认为是重罪，典型的如各种以故意为条件的欺诈类犯罪行为，譬如欺诈证券发行犯罪。

在理论供给方面，由于受制于规范性，技术性等方面的限制，因此法学研究的方式渐趋程式化，研究内容渐趋碎片化，由此导致相关的研究结论看似对许多个别问题进行了非常深入的探讨，实则对复杂的社会问题并未给出真正的解决方案，盲人摸象，一叶障目的现象非常突出。实际上无论是法律还是法学，都不是也不可能是纯粹社会关系的反映。由于法学就其本质来说应当是为了解决复杂社会问题，化解社会矛盾而设计的制度供给，因此只有那些能够有效满足社会现实需要的综合性规则才能真正解决错综复杂的社会矛盾，也只有那些具有多功能多面向的综合性规则，才能充分发挥法律制度的协同效用和溢出效用。

不仅如此，随着科学技术的发展和风险社会的来临，不但使社会关系越来越复杂，而且使各种不确定性越来越明显。基于人工智能发展而出现的人机交融不但改变了传统的人际交往模式和社会生活方式，而且颠覆了对人的本体属性的很多基本认知；基于医学发展而出现的辅助生殖、器官移植、基因编辑和克隆技术不但使人类繁衍生产的自然生态链条受到越来越广泛的外在干预，而且使人的生存方式发生重大改变，生存价值得到根本性重构。这些问题的出现并非单纯缘于，更多是多重因素共同作用的结果，因此这些问题的解决也并非是通过学科内部的自我约束和净化就能完成，而必须接受外在的严苛评价和协同作用才能实现。在这方面现行立法已经给我们做出了表率，典型的如在我国《民法典》第1009条规定，就对从事与人体基因、人体胚胎等有关的医学和科研活动的，除明确要求其除应遵守法律、行政法规和国家的有关规定之外，尚必须满足不得危害人体健康，不得违背伦理道德，不得损害公共利益等诸项要求。可以肯定地说，随着科学技术的进一步发展将会有越来越多的技术问题需要纳入综合社会规范规制的视野，典型的如刚刚兴起的作为与现实世界映射交互的虚拟时空集合体的元宇宙系统（世界），由于其可以将现实社交关系链映射在数字世界的移转和重组，因此不但会虚拟化裂变化我们的身份，而且会重构整个社会的工作方式和生活方式，为此不仅需要众多的法学部门对其进行诠释、引导和规制，而且更需要社会学、经济学、行为学、组织学等多学科的全方位参与，才能真正实现对其进行有效治理的目的。不仅如此，许多传统的研究领域也只有借助于跨部门的多维度调整才能实现其预设目标，典型的如只有将公司治理纳入到综合社会治理的宏大视野下，才能真正明了公司治理之真谛，也才能真正发挥公司制度有效增进社会福祉的正向作用。可以说，随着世界范围内社会联系的进一步加深，社会关系的复杂性将会进一步凸显，学科交叉的需求愈益强烈，交叉学科的作用空间也将会得到进一步拓展。

二

对学科交叉我们可以从不同的视角进行观察和定义，因此从某种意义上说，学科交叉本身就具有复杂性、复合性和多样性的特点。从狭义层面来说，法学学科交叉主要表现为法学学科之间的交叉，这种学科交叉既包括最狭义层面的同一法学学科内部的交叉，如民商法学科项下的民法与商法的交叉，商法与婚姻家庭法的交叉，婚姻法和劳动与社会保障法的交叉，以及更细项下的公司法与物权法的交叉，合同法与侵权法的交叉，继承法与公司法的交叉等；也包括法学一级学科项下二级学科之间的交叉，如刑法与商法的交叉，民事诉讼法与民法的交叉、行政法与民法的交叉。从中观层面来说，学科交叉主要表现为非法律部门意义上的不同性质的法律制度之间的交叉，如实体法与程序法的交叉，公法与私法的交叉。从宏观层面来说学科交叉主要表现为跨学科视域下的不同法律制度间的交汇与互动，典型的如英美法与大陆法之间的交叉，国内法与国际法之间的交叉。

从广义层面来说，法学学科交叉主要表现为法学与其他非法学学科之间的交叉。这种交叉按其与法学学科之间关系的疏密程度又可分为：(1)法学与法学门类下其他学科之间的交叉，如法学与政治学，法学与社会学，法学与国际关系学等。(2)法学与法学以外其他社会科学学科之间的交叉。如法学与伦理学，法学与会计学，法学与管理学等，基于这种交叉目前已衍生出一系列新的交叉学科，如基于法学与经济学的交叉而产生的法经济学或法与经济学学科，基于法学与哲学的交叉而产生的法哲学学科等。(3)法学与自然科学的交叉。这种交叉同样产生了一批新的学科门类，如基于医学与法学的交叉而产生的偏重于医学学科的法医学学科，基于法学与医学交叉而产生的偏重于法学学科的医事法学，基于法学与物理学、化学的交叉而产生的司法鉴定学，基于法学与信息科学交叉而产生了计算法学或信息法学。

按其进行交叉的方式，交叉法学又可分为：基于法学与其他单一学科的交叉而产生的简单交叉学科，如基于法学与政治学的交叉所产生的法政治学，基于法学与社会学交叉而产生的法社会学。基于法学与两个以上其他学科交叉所产生的复杂性交叉法学，如基于法学与计算机科学、管理学、社会学、社会行为学等学科进行交叉所产生的人工智能法学，元宇宙法学，基于法学与政治学、经济学、军事学、金融学、计算机科学等学科交叉所产生的国家安全(法)学，基于法学与政治学、民族学、人类学、经济学、社会学相交叉所产生的人权法学，基于法学与社会学、心理学、行为学等交叉所产生的犯罪学学科。这种复杂交叉或多重交叉不但发生在法学与其他社会科学领域之间，而且有时还要涉及众多法学内部学科，如最近为多学科法律部门所关注的企业合规法学，从外部来说就涉及管理学(企业内部控制)，审计学，在法学学科内部既涉及具体确定合规要求或合规标准的实体法制度设计，而这些制度设计则需要由公司法(商法)，知识产权法，招标投标法，反垄断法(经济法)，反商业贿赂法等提供制度供给，同时也涉及合规要求的具体实现机制和对合规要求的具体评判机制，而这些机制则需要相关的程序机制加以保障，典型的如对合规遵守所引致的相关责任豁免就不但需要具体的刑法制度予以衔接，而且还需要在刑事诉讼程序上通过设定合规不起诉(暂缓起诉)制度加以实现。由此可见，对这些复杂的社会关系不仅通过单一的部门法律制度设计无法达到其预设的调整目的，而且在通过多个法律部门对同一社会现象进行调整时如不能整合制度资源，统一价值目标，那么相关的调整效果也肯定无法遂人所愿。

值得说明的是，我们强调学科交叉并不意味着否定现有学科分类的合理性和有效性，也不是将现有的学科推倒重来，或者是重新回到以泯灭不同法律之间的差异性为特征的诸法合体、多学科杂糅的初级法时代，而是在充分承认现有学科划分具有正当性和科学性的基础上，打通阻塞学科交流的"任""督"二脉，实现对现有法学学科和法律部门的重组、更新和升华。

三

交叉法学的使命主要在于冲破传统部门法学的藩篱，适当增强法律制度的兼容性。本刊致力于对交叉学科的发掘、探讨和培育，力图在传统法学学科之外，打造一批能够满足中国特色法学体系建设的需要，并能有效回应重大社会现实问题的新兴法律学科或新兴法律部门。需要说明的是，既然是交叉法学，那么就其本质来说这些学科还应当是属于法学的范畴，因此应该遵循法学的发展规律和要求，并使用法学的分析方法和研究范式对相关的社会问题进行调整。当然作为交叉法学又应当与传统法学有所不同，不但在调整对象上应当凸显其复合型，而且更应当在调整方法和调整手段上强调其借鉴性和创新性，唯有此才能不落窠臼，才能真正发挥交叉法学对法学研究的引领作用和对社会发展的促进作用。当然，既然定位为对新兴交叉学科的探讨，我们就应当允许其观点的不成熟，论证尚的不充分，甚至概念上的不规范。我们坚信，正是在一些观点上的"离经叛道"，在具体论证上的标新立异和在概念使用上的不合时宜，才有可能真正催生出具有重大创新意义的交叉学科，因为在成熟、规范、保守、封闭的窠臼下，是孵不出卓尔不群的金凤凰的。让我们齐心协力，怀利国济世之初心，秉务实创新之壮志，上下求索，砥砺前行，共同为创建具有中国特色的交叉法学而努力奋斗！

2023 年 1 月 12 日于西南政法大学

目　录

CONTENTS

Academic Contending

Overseas Monograph

Case Study

学术争鸣

《民法典》医疗产品责任理解与适用

——以《民法典》侵权责任编第 1223 条为中心

衡敬之[*]

摘　要：深受第一次医药卫生体制改革（1985—1992 年）影响的医疗产品责任与医疗损害责任都具有鲜明的中国特色。为扭转患者方在医疗产品责任中的颓势，自《侵权责任法》第 59 条开始，医疗产品责任坚持了对患者的充分救济原则，"医疗机构""血液提供机构"准用"销售者""生产者"地位，"血液"准用"产品"使得《侵权责任法》第 59 条、《民法典》第 1223 条强制性地统一医疗产品责任为严格责任，忽视了其内在的制度张力。从解释论和发展观的角度出发，未来一段时间《民法典》以 1223 条为中心的医疗产品责任体系之理解与适用，应坚持综合判定、类型化适用的理念。药品上市许可持有人应当承担药品全生命周期质量保证责任，即使委托其他企业生产，仍应由其对外承担药品损害赔偿责任。医疗产品惩罚性赔偿责任的责任主体不包括医疗机构，也不得适用不真正连带责任分担规则，医疗产品不包括"不合格血液"，就药品损害惩罚性赔偿金的计算方式而言，基于保护受害者一方的原则，可以允许受害者一方选择最有利于其权益救济的惩罚性赔偿计算方式。

关键词：医疗产品责任　医药卫生体制改革　药品上市许可持有人　惩罚性赔偿

一、问题的提出

医疗服务活动除依赖医务人员高超的个人诊疗经验外，文艺复兴以来，现代医疗服务活动还融入了大量的科学技术成分，而医疗产品的大量应用正是其代表。医疗产品是指应用于人体相关医疗活动的产品，其属于广义的产品之一种，[1]具体到《中

---

[*]　衡敬之，西南政法大学 2020 级在读博士研究生，研究方向：民商法学、卫生法学。

[1]　参见张新宝：《中华人民共和国侵权责任编理解与适用》，中国法制出版社 2020 年版，第 234 页。

华人民共和国民法典》(以下简称《民法典》)第 1223 条,虽然列举了"药品、消毒产品、医疗器械""输入不合格血液",但是血液不同于前面的"药品、消毒产品、医疗器械",不是《中华人民共和国产品质量法》(以下简称《产品质量法》)意义上的产品,并不具备"加工"与"销售"两大关键要素。[2]

由上可知,医疗产品责任本质上属于产品责任,但是由于其涉及医疗机构,又不同于传统的产品责任,最终被共同规定在《中华人民共和国侵权责任法》(以下简称《侵权责任法》)第七章"医疗损害责任"部分,即原《侵权责任法》第 59 条。[3]该条及整个医疗损害责任章节的出台都有着明显的时代烙印,即我国第一次医药卫生体制改革未取得预期的效果,[4]医疗市场化严重侵蚀了医疗卫生事业的公益属性,失去政府这只"看得见的手"之后,医药卫生体制改革偏离了正确的方向,"以药补医""药品加成"等字眼充斥医疗服务领域,医疗机构逐渐被社会公众打上了"药品销售者"的标签。[5]2020 年 5 月 28 日,经第十三届全国人民代表大会三次会议审议,《中华人民共和国民法典》颁布,《民法典》侵权责任编作为我国对世界民法的独有贡献继续存在,并且医疗损害责任章节也得到全面的保留。这一章(第六章)基本未作大的变动,仅在小细节处进行了调整。[6]《民法典》第 1223 条对原《侵权责任法》第59 条作了两处修改,第一处即将"消毒药剂"修改调整为更为规范的表述"消毒产品",第二处修改是为适应《药品管理法(2019 年修订)》的最新变化,在医疗产品责任主体中增加了"药品上市许可持有人"这一新兴的概念。

当然,除此之外,我们还应当认识到医疗产品责任不限于《民法典》第 1223 条,体系化地理解与适用医疗产品责任是进入《民法典》时代的当务之急。此外,不容忽视的一个大背景,就是我国自 2009 年开展的新一轮医药卫生体制改革已经重新将"医药分离""去除药品加成"作为核心突破口,亦即原《侵权责任法》形成时期的社会背景正在逐步消失或者正在发生改变,特别是 2016 年以来"健康中国""健康中国 2030 规划纲要"以及 2019 年颁布的《中华人民共和国基本医疗卫生与健康促进法》等政策法规都清楚地表明了我国医疗,特别是公立医疗的公益属性,政府正重回对医疗卫生服务活动的强管制,医疗服务活动的市场化属性在逐步消除,至少

2　参见侯国跃:《输血感染损害责任的归责原则和求偿机制》,载《社会科学》2014 年第 2 期。

3　有观点将医疗产品责任定性为广义的医疗损害责任,与其所界定的医疗技术损害责任、医疗伦理损害责任、医疗管理损害责任相并列。参见杨立新:《论医疗产品损害责任》,载《政法论丛》2009 年第 2 期;另见杨立新:《医疗管理损害责任与法律适用》,载《法学家》2012 年第 3 期。

4　2005 年国务院发展研究中心发布了《国务院发展研究中心对中国医疗改革的评价与建议》,其对我国 1985 年起实施的第一轮医疗体制改革的最终评语是:"中国医疗卫生体制改革从总体上讲是不成功的。"

5　参见赵西巨:《再访我国〈侵权责任法〉第 59 条:情景化、类型化与限缩性适用》,载《现代法学》2014 年第 2 期。

6　参见陈龙业:《医疗损害责任的规则创新与司法适用——关于民法典医疗损害责任一章修改规定的解读》,载《中国应用法学》2020 年第 6 期。

公立医疗机构的市场化成分在逐渐消除，这时，承继原《侵权责任法》第 59 条的《民法典》第 1223 条如何进行理解与适用？如何在过渡时期做好制度的衔接？如何在最大程度上保护患者利益的同时兼顾医疗卫生事业的发展？显然，这离不开对《民法典》医疗产品责任的准确理解。

二、《民法典》医疗产品责任的基本构造与缓和

由于《民法典》第 1223 条对原《侵权责任法》第 59 条并没有作结构上的大调整，故因循原有的结构，本文将医疗产品责任区分为两大类，一类是标准医疗产品责任，又称缺陷医疗产品责任，即因"药品、消毒产品、医疗器械存在缺陷"导致的损害赔偿责任；另一类为准医疗产品责任，实质上是过错责任，即因"输入不合格的血液"导致的损害赔偿责任。

（一）标准医疗产品责任的基本构造

标准医疗产品责任本质上属于产品责任，在域外，美国、英国等国并未将医疗产品责任单独列举出产品责任的范畴外，[7] 而是统一由产品责任法规制医疗领域的产品损害责任问题。这样的单一性处理模式的好处就是，能够最大程度地节约立法资源，避免制度的叠床架屋，减少法律适用的混乱性。

沿此逻辑，从我国《民法典》第 1223 条的前段部分内容的表述来看，我国民法实证法承认了标准医疗产品责任属于产品责任。故此，标准医疗产品责任完全可以适用《民法典》侵权责任编第四章关于"产品责任"的规定（第 1202 条至第 1207 条）。具体而言，标准医疗产品责任的基本构造如下：

其一，责任主体上。从第 1223 条的表述来看，标准医疗产品责任的责任主体包括药品上市许可持有人、生产者、医疗机构。这里似乎并未包含医疗产品的销售者，但是参照第 1203 条产品责任的一般规定，可知医疗产品的销售者也是责任主体之一。[8]

其二，归责原则上。标准医疗产品责任的归责原则应当是无过错原则，亦即严格责任，此处的无过错归责原则不是指医疗产品责任主体没有过错，而是指在认定医疗产品责任主体的损害赔偿责任时不考虑过错这一因素，易言之，患者方不需要举证证明医疗产品责任主体的主观恶意状态。这正是充分考虑了患者举证上的困难。

其三，构成要件上。在排除主观过错构成要件的基础上，标准医疗产品责任的构成要件包括以下三点：（1）医疗活动中使用了存在缺陷的医疗产品；（2）患者遭受了损害；（3）患者损害与缺陷医疗产品的适用存在因果关系。其中，医疗活动中

7　参见陈昌雄：《医疗机构在医药产品侵权中的责任研究——以中外对比研究为重点》，载《中国卫生法制》2010 年第 5 期。

8　参见邹海林，朱广新主编：《民法典评注·侵权责任编》，中国法制出版社 2020 年版，第 567 页。

使用的医疗产品存在缺陷，"缺陷"的认定最为关键。依据《产品质量法》第 46 条之规定，[9]我国产品质量缺陷认定标准采取了抽象化标准，即两类，一类是存在明显的不合理的危险，并且这类危险要直接危及他人人身和财产安全，一般的危险或没有危及他人人身和财产安全的都不属于缺陷；另一类为违反标准的缺陷，标准以保障人体健康和人身、财产安全为目的，仅限于国家标准、行业标准。也有学者将医疗产品的缺陷进行了更为细致的划分，即设计缺陷、制造缺陷、警示说明缺陷以及跟踪观察缺陷。[10]这其中，设计与制造缺陷为医疗产品生产者常见之缺陷，警示说明缺陷为医疗产品销售者常见之缺陷。而跟踪观察缺陷，是基于法律赋予医疗产品生产者和销售者共同的对投入流通产品的潜在危险或新发危险的追踪义务，实质上是《产品质量法》第 41 条第 2 款第（3）产品质量责任免责事由"将产品投入流通时的科学技术水平尚不能发现缺陷的存在的"的另外中表达，违反该义务，或出现跟踪缺陷的，医疗责任生产者、销售者将依据《民法典》第 1206 条承担相关的或扩大的侵权责任。

其四，在责任分担上。标准医疗产品责任采取的是不真正连带责任的责任分担模式。这也符合产品责任的责任分担规则（第 1203 条），但是本条争议最大的一个焦点就在于"医疗机构"能否被视为销售者，这也直接导致了该条被置于医疗损害责任一章。支持将"医疗机构"视为销售者都逃不脱一个理由，即医疗机构在"售卖"医疗产品。最为经典的例子就是曾经轰动全国的"广州齐二药案"，该案件实际上因为药品制造商在生产"亮菌甲素注射液"时使用了其他原辅料导致患者出现急性肾衰竭，两审法院广州市天河区人民法院、广州市中级人民法院均将该案被告"中山市第三人民医院"认定为药品销售者并与其他的被告承担连带责任。这一全国乃至世界范围的首创性认定，主要依据就是"中山市第三人民医院"在使用亮菌甲素注射液时存在药品加成。[11]加之，过度医疗、假药事件频发等因素的激化，愈演愈烈的医患矛盾需要制度性调和。在当时的背景下，综合医疗市场化缘由及为最大程度保护患者权益获得救济，[12]原《侵权责任法》第 59 条采纳了"齐二药"案的裁判观点，将医疗机构视为医疗产品的销售者，同等适用产品责任分担规则，即第 1203 条。需引起注意的是，基于 1223 条在医疗损害责任章的特殊性，该条仅规定单向度的责任分担和追偿问题，即由医疗机构承担"先赔付义务"，嗣后进行追偿。但依据体系解释，若是因为医疗机构导致产品存在缺陷的，即医疗机构才是标准医疗产品责任

9　《产品质量法》第 46 条本法所称缺陷，是指产品存在危及人身、他人财产安全的不合理的危险；产品有保障人体健康和人身、财产安全的国家标准、行业标准的，是指不符合该标准。

10　杨立新：《侵权责任法》（第四版），法律出版社 2020 年版，第 501-502 页。

11　参见杨立新，岳业鹏：《医疗产品损害责任的法律适用规则及缺陷克服——"齐二药"案的再思考及〈侵权责任法〉第 59 条的解释论》，载《政治与法律》2012 年第 9 期。

12　参见杨立新：《医疗产品损害责任三论》，载《河北法学》2012 年第 6 期，第 17 页。

的最终责任人的情况，药品上市许可持有人、生产者在承担了"先赔付义务"后当然也可以向医疗机构进行追偿。

有四种特殊情形需要与之加以区分：（1）当医疗产品并没有缺陷，因医务人员操作不当导致患者损害的，此时医疗产品与患者损害之间没有因果关系，属于一般性的医疗损害责任，即狭义的医疗损害责任，不适用第 1223 条；（2）当医疗产品并没有缺陷，因医务人员选择不当导致患者损害的，也属于一般医疗损害责任；（3）当医疗产品并没有缺陷，因医务人员没有对医疗产品的性状、效力、使用特殊要求等进行充分的警示说明（例如，某些药物不能与其他药品或食物同食等）导致患者损害的，也属于一般医疗损害责任；[13]（4）当医疗机构或其医务人员使用自己生产的医疗产品的，例如院内自制药品的使用，《药品管理法（2019 年修订）》第六章"医疗机构药事管理"第 74 条到第 76 条对医疗机构配制制剂进行了专门的规定，此时的医疗机构既是药品的生产者也是药品的销售者、使用者，其自应当承担全部责任。[14]有学者还专门提到了医疗产品的生产者不明时的医疗产品责任分担问题，即所谓的"市场份额理论"的适用，该类型源自美国判例法，辛德尔案，该案将此种情形定位为共同危险行为，在无其他证据的情况下，首创基于同类药品生产厂家所占市场份额分担医疗产品损害责任的新模式。[15]

（二）准医疗产品责任的基本构造

准医疗产品责任即本身并非医疗产品责任而被法律拟制为医疗产品责任的一类特殊责任形式。《民法典》第 1223 条所指的准医疗产品责任就是因"输入不合格血液"造成患者损害的赔偿责任。这一特殊的法律拟制涉及原《侵权责任法》第 59 条以来的第二个重大争议焦点，即血液究竟是不是产品？

对此，域外立法例，比如美国《侵权法重述（第三次）》并未将血液此等与人身具有密切关联的物品当作产品对待，美国几乎所有州都将输入血液视作一种医疗"服务"性质的活动，而非使用"医疗产品"。[16]并且，依据《中华人民共和国献血法》（以下简称《献血法》）第 2 条第 1 款之规定，[17]我国早已取消了有偿献血制度，完全推行无偿献血制度，血液提供机构（血站）采集血液完全是出于献血者自愿捐献，献

13　赵西巨：《再访我国〈侵权责任法〉第 59 条：情景化、类型化与限缩性适用》，载《现代法学》2014 年第 2 期，第 191 页。

14　杨立新：《医疗产品损害责任三论》，载《河北法学》2012 年第 6 期，第 18 页。这里作者认为医疗机构承担的是最终责任，但是根据药品管理法的规定，医疗机构自制制剂只能在医疗机构内部使用，不能流入市场，其属于自己责任，不存在其他责任分担主体。

15　杨立新：《侵权责任法》（第四版），法律出版社 2020 年版，第 507-508 页。

16　杨立新，岳业鹏：《医疗产品损害责任的法律适用规则及缺陷克服——"齐二药"案的再思考及〈侵权责任法〉第 59 条的解释论》，载《政治与法律》2012 年第 9 期，第 115 页。

17　《献血法》第 2 条。

血者与血液提供机构之间不存在任何交易关系。根据该法第 8 条之规定，[18]血液提供机构是不以营利为目的的公益性组织，其对血液的简单处理不构成《产品质量法》上的"加工行为"，也非为了销售，故理应认为血液不是产品，输血感染致害责任为过错责任，即一般的医疗损害责任。但是，有观点提出血液在与人体分离之后，就成为特殊之物；并且血液所有权属于血液提供机构，其与医疗机构间存在"流转"等广义的销售行为，应当被视为产品。[19]在原《侵权责任法》颁布前，司法实践针对输血感染案件的责任认定就因为此一问题的模糊性而存在巨大分歧，同样的案件处理思路有三种，有的案件适用无过错归责原则，有的案件适用过错责任归责原则，还有的案件甚至适用公平责任归责原则。[20]裁判上的分歧根本原因在于立法没有统一，后来《侵权责任法》选择了后者，即将血液视为产品，其主要的利益考量在于两个方面：(1)患者相较于医疗机构而言缺乏专业知识或没有能力进行专业判断，整体上处于弱势地位；(2)医疗机构更具专业性，有能力也有责任对血液进行相应的鉴别，医疗机构相比于一般的"销售者"应承担更重的责任。[21]于是，我们发现，在原《侵权责任法》第 59 条存在着"二维准用"，即医疗机构准用产品责任中的"销售者"地位，血液准用产品责任中的"产品"地位。[22]

故此，继受原《侵权责任法》第 59 条的《民法典》第 1223 条仍然采取了这种"二维准用"的立法思维，其主要目的当然仍然是为了减少司法分歧，最大程度保护患者的利益。在责任主体上，医疗机构和血液提供机构被分别视为血液"销售者"和血液"生产者"。在归责原则上，立法上选择的是准用缺陷产品责任或准用标准医疗产品责任，即采取无过错归责原则这一更为严格的态度。但是，即便如此，司法实践中仍然有采取更为缓和的态度的模式，即通过考察血液提供机构、医疗机构提供和输入的血液是否符合"合格"的要求，间接采纳了过错责任的规则原则，强调对血液提供机构、医疗机构注意义务遵守情况的考察。[23]要言之，只要血液提供机构、医疗机构在血液采集、检验、加工、保管、运输、分装、储存、使用等过错中严格遵守《献血法》《中华人民共和国传染病防治法》《医疗机构临床用血管理办法》《血

18　《献血法》第 8 条。

19　杨立新：《侵权责任法》(第四版)，法律出版社 2020 年版，第 501 页；唐超：《医疗机构与产品责任——〈侵权责任法〉第 59 条的理解与适用》，载《东南大学学报(哲学社会科学版)》2018 年第 2 期。

20　参见最高人民法院民法典贯彻实施工作领导小组主编：《中华人民共和国民法典侵权责任编理解与适用》，人民法院出版社 2020 年版，第 473 页；马家忠，田侃，邵振：《血液的法律属性及其侵权责任归责原则刍议——兼论〈侵权责任法〉中"不合格血液"问题》，载《医学与哲学(A)》2013 年第 1 期。

21　参见王明胜主编：《〈中华人民共和国侵权责任法〉条文解释与立法背景》，人民法院出版社 2010 年版，第 230-233 页。

22　参见王竹：《论医疗产品责任规则及其准用——以〈中华人民共和国侵权责任法〉第 59 条为中心，载《法商研究》2013 年第 3 期。

23　邹海林、朱广新主编：《民法典评注·侵权责任编》，中国法制出版社 2020 年版，第 573-574 页。

站管理办法》等法律规范、操作规范和国家标准，就存在过错，即使其提供的血液因为病毒、细菌及其他有害微生物处于"窗口期"等技术条件所限无法被发现，也认定该血液为"合格"血液，血液提供机构和医疗机构不需要为此承担责任。[24]与之相配套的，持过错责任说的论者认为输血感染致害引发的风险应当归属于任何一方，通过构建无过错损害赔偿制度，设立输血赔偿基金就可有效化解这一困局。[25]反之，持无过错责任说的论者认为，过错责任的适用将引发患者证明血液存在"不合格"的不合理风险的问题，但是缺乏专业知识的患者显然没有足够的能力加以证明。在责任分担上，此处因为准用了产品责任的一般规定，故也应当准用不真正连带责任的责任分担方式，同理《民法典》第 1223 条虽然只表述了医疗机构作为中间责任人，但是医疗机构也可以作为最终责任人。

（三）《民法典》医疗产品责任基本构造之缓和

缓和意味着对原有医疗产品责任进行强度减缓，原因在于，原《侵权责任法》第 59 条以及《民法典》第 1223 条都一致保持严格责任的基本态度，无论是否属于标准意义上的医疗产品责任，无论是否符合"产品""销售者"的属性，都统一适用无过错责任规则原则，形成对患者的预设性的、统一的、倾向性的保护。但是这似乎违背了医疗损害责任得以进入侵权责任法律体系之初衷——坚持"保护患者权益与促进医学科学事业发展的平衡"，实现"医疗机构利益保护与全体患者利益保护间的平衡"。[26]

杨立新、岳业鹏较早提到了不加区分地、"一刀切"式地适用《侵权责任法》第 59 条或《民法典》第 1223 条存在以下危害：（1）医疗机构极易陷入诉讼，诊疗活动严重受影响，最终将影响医疗机构使用医疗产品的积极性，医疗服务质量和患者安全无法获得有效保障，整个患者群体将因此受害；（2）赋予医疗机构的追偿权常常是"画饼充饥"，医疗机构难以实现中间责任的转移，类似于医疗机构承担了对医疗产品生产者的"保险合同责任"，这显然有违公平；（3）医患之间的不信任进一步加剧，医患矛盾加深，治标不治本，暂时性地解决了个别患者的权益保障问题，却忽视了整个患者群体权益的保障；（4）背离新医改的改革导向。

确实，现行《民法典》第 1223 条如果要继续适用，并且在较长时间内保持不变，需要转换思路，缓和当前的医疗产品责任的严格性。主要的原因有以下两个方面：（1）原《侵权责任法》制定出台所处的社会医疗大背景正在发生改变，归结为一点

24　参见杨立新，岳业鹏：《医疗产品损害责任的法律适用规则及缺陷克服——"齐二药"案的再思考及〈侵权责任法〉第 59 条的解释论》，载《政治与法律》2012 年第 9 期，第 116-117 页。

25　参见林暖暖：《美国无过错医疗责任改革：制度缘起与法理启示》，载《中国社会科学》2010 年第 2 期。

26　杨立新：《侵权责任法》（第四版），法律出版社 2020 年版，第 473 页；程啸：《侵权责任法》（第三版），法律出版社 2020 年版，第 632 页。

便是医疗公益性要求逐步加强,自 2009 年以来国家每年都会出台医药卫生体制改革重点实施方案或医药卫生体制改革重点工作任务,公立医院诊疗服务费改革一直位列其中,近年来大力推行了"药品零加成""医疗器械零加成""耗材零加成"等医疗产品"零加成"改革,并且增加医疗卫生服务人员服务技术付费比重、调整绩效制度等。政府通过这一系列的调整措施加强对医药卫生体制改革公益性发展方向的把控,防止医疗卫生事业偏离我国社会主义基本公共卫生服务制度体系。[27]因此,基于医疗机构"加价销售"药品或者医疗器械即认为其是销售者似乎在论据上支撑不足;(2)2017 年 12 月 13 日,最高人民法院发布了《最高人民法院关于审理医疗损害责任纠纷使用法律若干问题的解释》(法释〔2017〕20 号)(以下简称《医疗损害责任解释(2017)》)为专门针对医疗损害责任的司法解释,《医疗损害责任解释(2017)》第 7 条、第 21 条、第 22 条、第 23 条专门针对医疗产品责任进行了细化,第 7 条[28]第 2 款通过准许患者方申请"鉴定"的方式进一步减轻了患者方的举证责任,同时结合第 7 条第 3 款以及第 11 条第 2 款第(4),[29]司法解释准许医疗机构、血液提供机构通过证明医疗产品不存在缺陷或血液合格免除责任,避免医疗机构和血液提供机构承担当时医疗技术水平无非预料的风险,避免对其课以过重的责任。[30]由此可见,司法实践的态度也是倾向于缓和医疗产品责任。[31]

27　参见陈云良,寻健:《构建公共服务法律体系的理论逻辑及现实展开》,载《法学研究》2019 年第 3 期;陈云良:《基本医疗卫生立法基本问题研究——兼评我国《基本医疗卫生与健康促进法(草案)》,载《政治与法律》2018 年第 5 期。

28　《医疗损害责任解释》(2017)第 7 条,患者依据侵权责任法第 59 条规定请求赔偿的,应当提交使用医疗产品或者输入血液、受到损害的证据。

患者无法提交使用医疗产品或者输入血液与损害之间具有因果关系的证据,依法申请鉴定的,人民法院应予准许。

医疗机构,医疗产品的生产者、销售者或者血液提供机构主张不承担责任的,应当对医疗产品不存在缺陷或者血液合格等抗辩事由承担举证证明责任。

29　《医疗损害责任解释》(2017)第 11 条,委托鉴定书,应当有明确的鉴定事项和鉴定要求。鉴定人应当按照委托鉴定的事项和要求进行鉴定。

下列专门性问题可以作为申请医疗损害鉴定的事项:

(一)实施诊疗行为有无过错;

(二)诊疗行为与损害后果之间是否存在因果关系以及原因力大小;

(三)医疗机构是否尽到了说明义务、取得患者或者患者近亲属书面同意的义务;

(四)医疗产品是否有缺陷、该缺陷与损害后果之间是否存在因果关系以及原因力的大小;

(五)患者损伤残疾程度;

(六)患者的护理期、休息期、营养期;

(七)其他专门性问题。

鉴定要求包括鉴定人的资质、鉴定人的组成、鉴定程序、鉴定意见、鉴定期限等。

30　邹海林,朱广新主编:《民法典评注·侵权责任编》,中国法制出版社 2020 年版,第 575 页。

31　参见江河:《论医疗机构产品严格责任之缓和——兼评〈侵权责任法〉第 59 条》,载《法律适用》2014 年第 7 期,第 101-105 页。

关于缓和医疗产品的路径，学界普遍认同的理念是在保持现有医疗产品无过错责任的主体性的基础上，采取类型化的处理方式弥补当前法律供给的"简单粗暴"。"天下之事，不难于立法，而难于法之必行。"怎样实现在现有的《民法典》第 1223 条为中心构建的医疗产品责任体系的框架下细化医疗产品责任，做好医疗产品责任与其他医疗损害责任的分野是今后一段时间的重要工作。

对此，杨立新、岳业鹏最早提出了自己的设想，其考量的维度主要有两个方面：其一，判断医疗机构的属性，这是专门针对现行法固有思维—医疗机构"销售"医疗产品而作的细化处理，即区别营利性医疗机构和非营利性医疗机构（公立医疗机构），营利性医疗机构承担"销售者"责任无可厚非；其二，判断医疗产品与医疗服务联系的紧密程度，即如果缺少该医疗产品的使用，该项医疗服务就无法正常进行或无法安全地运行，这些医疗产品已经被视为医疗服务的必要组成部分，应依据一般医疗损害责任（过错责任原则）进行评价。[32]笔者认为两位学者的意思实际是该类医疗产品没有超出所要提供的医疗服务的功能范围，是该项医疗服务所必须的医疗产品，那么这就不属于"销售"，判断的依据可以参考《临床诊疗服务指南》《临床路径》等诊疗规范。王竹专门提到了输血感染致害责任中适用过错责任归责原则的三种情形。[33]赵西巨的类型化处理方式最为全面，涉及医疗机构的类型化、服务商品区分的类型化、产品缺陷的类型化、医疗产品的类型化、医疗产品有关的责任类型化五个方面，基本做到了全面涵盖。[34]此外，还应注意，医疗机构、血液提供机构既然被视为"销售者""生产者"，他们同样适用《产品质量法》第 41 条产品责任的免责事由。

三、《民法典》医疗产品责任的特殊事项理解与适用

由前文可知，《民法典》医疗产品责任非第 1223 条这一单一的条文，它是一个责任体系，包含《民法典》第四章产品责任的一般规则、《民法典》第 1223 条以及《医疗损害责任解释（2020）》[35]中有关医疗产品责任的规范乃至相关公报案例、典型

32　杨立新，岳业鹏：《医疗产品损害责任的法律适用规则及缺陷克服——"齐二药"案的再思考及〈侵权责任法〉第 59 条的解释论》，载《政治与法律》2012 年第 9 期，第 120-121 页。

33　分别是（1）因《献血者健康检查标准》之外的其他医学指标检出或者超标导致的医疗损害；（2）医疗机构之间调剂的血液不合格导致的医疗损害；（3）采用自体输血技术输入不合格血液的医疗损害。参见王竹：《论医疗产品责任规则及其准用——以〈中华人民共和国侵权责任法〉第 59 条为中心》，载《法商研究》2013 年第 3 期，第 63-63 页。

34　参见赵西巨：《再访我国〈侵权责任法〉第 59 条：情景化、类型化与限缩性适用》，载《现代法学》2014 年第 2 期，第 184-191 页。

35　《医疗损害责任解释》（2020）是最高人民法院于《民法典》生效之前发布的第一批司法解释中的关于医疗损害责任专门司法解释，该新版解释没有对原《医疗损害责任解释》（2017）作实质性变动，仅对相关用词、法条序号、法律名称进行了调整。

案例。整个医疗产品责任体系基本没有发生大的变动,仅有两处较为特殊的变化值得重点关注,其一是在医疗产品责任主体中加入了"药品上市许可持有人"这一特殊责任主体,另外一个较大的变动发生在司法解释中,即首次明确了医疗产品惩罚性赔偿责任(损失加 2 倍以下惩罚性赔偿),这实际上是对《民法典》总则编、民事责任章第 179 条第 2 款和《民法典》侵权责任编、产品责任章第 1207 条的具体化,或者称是产品惩罚性赔偿责任在医疗领域的应用。两者均具有特殊性,如何理解与适用,有待进一步细化。

(一)药品上市许可持有人医疗产品责任理解与适用

药品上市许可持有人(Marketing Authorization Holder,MAH)是指取得药品注册证书的企业或者药品研发机构,该制度肇始于 1965 年欧盟指令,在美国、日本等发达国家已经运行多年,在我国却是刚刚起步。[36]依据《药品管理法(2019 年修订)》第 6 条之规定,[37]药品上市许可持有人归属于我国药品监督管理部门推行的药品上市许可持有人制度,[38]并且药品上市许可持有人负有全生命周期责任[39]——即药品上市许可持有人对"药品研制、生产、经营、使用全过程中药品的安全性、有效性和质量可控性"负责。该法第 30 条[40]第 2 款进一步细化了各个阶段为"药品非临床研究、临床试验、生产经营、上市后研究、不良反应监测及报告与处理"。在整个周期,药品上市许可持有人承担的责任实际上可以划分为三个主要的阶段,第一个阶段是"药品上市前责任阶段",包括药品非临床研究和药品临床试验研究,此时药品尚未投入市场;第二个阶段是"药品上市后责任阶段",包括药品生产和药品经营责任,这也是一般意义上的药品责任或医疗产品责任;第三个阶段是"药品上市后跟踪责任阶段",包括药品不良反应监测及报告与处理责任。这三个阶段也可以与前文的医疗产品缺陷的主要类型相对应。药品设计缺陷应包括第一个阶段,即药品非临床研究、临床试验中发生的缺陷;药品制造与警示缺陷应当包括第二个阶段,即药品生产、

---

36 参见杨悦:《药品上市许可持有人制度导读》,中国医药科技出版社 2018 年版,第 1-26 页;许安标:《〈药品管理法〉修改的精神要义、创新与发展》,载《行政法学研究》2020 年第 1 期。

37 参见袁杰,王振江,刘红亮等主编:《中华人民共和国药品管理法释义》,中国民主法制出版社 2019 年版,第 58-59 页。

38 2015 年 11 月 5 日全国人民代表大会常务委员会发布实施《全国人民代表大会常务委员会关于授权国务院在部分地方开展药品上市许可持有人制度试点和有关问题的决定》,2016 年 5 月 26 日国务院办公厅发布实施《国务院办公厅关于印发药品上市许可持有人制度试点方案的通知》(国办发〔2016〕41 号),2018 年 11 月 5 日全国人民代表大会常务委员会发布实施《全国人民代表大会常务委员会关于延长授权国务院在部分地方开展药品上市许可持有人制度试点期限的决定》。

39 参见王晨光:《药品上市许可持有人制度——我国药品注册制度改革的突破口》,载《中国食品药品监管》2016 年第 7 期。

40 《药品管理法》(2019 修订)第 30 条。

经营中发生的缺陷；药品跟踪缺陷应当包括第三个阶段，即药品不良反应监测及报告与处理中发生的缺陷。因此，可以看出药品上市许可持有人是负有药品全过程责任的。

药品上市许可持有人作为标准医疗产品责任的责任主体之一，其当然应当承担无过错的严格责任。但是，比较特殊的是，药品上市许可持有人可以自行生产、销售药品。例如，依据《药品管理法（2019 修订）》第 32 条之规定，[41]药品上市许可持有人只要取得了药品生产许可证就可以自行生产药品，这类似于医疗机构自制制剂，此时，药品上市许可持有人承担无过错责任，并且是自己责任。除血液制品、麻醉药品、精神药品、医疗用毒性药品、药品类易制毒化学品外（国务院药品监管部门有特殊规定的除外），药品上市许可持有人亦可委托具备药品生产资质的企业生产药品。后者会发生药品上市许可持有人与生产者身份的分离，且二者间仅具有委托生产合同关系。此时应当由谁承担药品损害责任呢？对此，张新宝教授认为，首先生产者是应当承担责任的，同时药品上市许可持有人既然要对整个药品生命周期负责，它也应当承担责任，两个责任主体之间为连带责任关系。[42]而满洪杰教授认为根据《药品管理法》对药品上市许可持有人的定位，无论是否由其自身生产药品，药品上市持有许可人都对上市后药品缺陷责任独立地承担全部责任，不存在与其委托的药品生产企业连带承担责任的问题，药品生产企业仅及于与药品上市许可持有之间的内部委托合同关系对药品生产企业承担责任。[43]笔者更为赞同后者，原因在于药品上市许可持有人与药品生产企业的关系为内部关系，而患者方作为外部权利人面对的应当是药品上市许可持有人；此外，《药品管理法》规定的药品上市许可持有人承担的药品全生命周期责任，并没有限定于药品上市许可持有人自行生产药品的情形。并且，药品上市许可持有人在承担责任后可依据药品委托生产合同关系向药品生产企

41　《药品管理法》（2019 修订）第 32 条，药品上市许可持有人可以自行生产药品，也可以委托药品生产企业生产。

药品上市许可持有人自行生产药品的，应当依照本法规定取得药品生产许可证；委托生产的，应当委托符合条件的药品生产企业。药品上市许可持有人和受托生产企业应当签订委托协议和质量协议，并严格履行协议约定的义务。

国务院药品监督管理部门制定药品委托生产质量协议指南，指导、监督药品上市许可持有人和受托生产企业履行药品质量保证义务。

血液制品、麻醉药品、精神药品、医疗用毒性药品、药品类易制毒化学品不得委托生产；但是，国务院药品监督管理部门另有规定的除外。

42　张新宝：《中华人民共和国民法典侵权责任编理解与适用》，中国法制出版社 2020 年版，第236 页。

43　邹海林，朱广新主编：《民法典评注·侵权责任编》，中国法制出版社 2020 年版，第 567 页；另有类似观点，参见赵静：《基于药品缺陷的药品上市许可持有人风险控制和转移机制研究》，载《中国药房》2021 年第 3 期。

业进行追责。另外,《药品管理法(2019 修订)》第 144 条[44]虽然设置了与《民法典》侵权编第 1223 条相类似的"首负责任制"——所谓的"不真正连带责任",但是从条文第 2 款的结构来看,其将药品上市许可持有人与药品生产企业并列为一类主体,亦即不真正连带的指向仍然是"生产者"与"经营者(包括医疗机构)",而非药品上市许可持有人与药品生产企业之间发生不真正连带责任。[45]

另外,司法部曾在 2018 年 6 月 25 日发布的《医疗器械监督管理条例修正案(草案送审稿)》第 8 条[46]中明确提出了要建立医疗器械上市许可持有人制度,但是后来2021 年正式完成修订的《医疗器械监督管理条例(2021 修订)》并未采纳这一意见,而设置了医疗器械备案人、注册人制度,[47]但是实质上的责任承担与药品上市许可持有人是重合的,只是因为时间差的原因,没有被纳入《民法典》,但是我们可以类推1223 条关于药品上市许可持有人责任的规定,认定医疗器械备案人、注册人责任。

(二)医疗产品惩罚性赔偿责任理解与适用

依据《民法典》总则编第 179 条第之规定,承担民事责任的主要方式除了该条第 1 款列举的十一种情形外,还有惩罚性赔偿。[48]依据该条之规定,惩罚性赔偿责任的适用必须有法律明文规定,其主要目的是限制惩罚性赔偿责任的适用,因为惩罚性赔偿责任违反了民事责任填平责任的基本属性,带有超越民事法律所独有的惩戒属性,实质上行使了公法对责任人的惩戒权力。因此,此处的"法律"应当作严格的解释、限缩解释,即只有全国人民代表大会及其常务委员会制定的法律才是此处所要求的"法律"。自 1991 年我国《消费者权益保护法》首次引入惩罚性赔偿制度后,

---

44 《药品管理法》(2019 修订)第 144 条,药品上市许可持有人、药品生产企业、药品经营企业或者医疗机构违反本法规定,给用药者造成损害的,依法承担赔偿责任。

因药品质量问题受到损害的,受害人可以向药品上市许可持有人、药品生产企业请求赔偿损失,也可以向药品经营企业、医疗机构请求赔偿损失。接到受害人赔偿请求的,应当实行首负责任制,先行赔付;先行赔付后,可以依法追偿。

生产假药、劣药或者明知是假药、劣药仍然销售、使用的,受害人或者其近亲属除请求赔偿损失外,还可以请求支付价款十倍或者损失三倍的赔偿金;增加赔偿的金额不足一千元的,为一千元。

45 袁杰、王振江、刘红亮等主编:《中华人民共和国药品管理法释义》,中国民主法制出版社 2019 年版,第 258-259 页。

46 《医疗器械监督管理条例修正案》(草案送审稿),载司法部政府网 2018 年 6 月 25 日,http://www.moj.gov.cn/pub/sfbgw/zlk/202008/t20200819_173803.html,2021 年 9 月 16 日。

47 《医疗器械管理条例》(2021)第 13 条,第一类医疗器械实行产品备案管理,第二类、第三类医疗器械实行产品注册管理。

医疗器械注册人、备案人应当加强医疗器械全生命周期质量管理,对研制、生产、经营、使用全过程中医疗器械的安全性、有效性依法承担责任。

48 参见王利明:《惩罚性赔偿研究》,载《中国社会科学》2000 年第 4 期。

目前在《食品安全法》《民法典》都有多处适用惩罚性赔偿责任的明文规定。[49]

至于医疗产品惩罚性赔偿责任，似乎并没有出现在《民法典》侵权责任编第六章医疗损害责任部分，第 1223 条也没有明确指明。但是，早在 2017 年发布的《医疗损害责任解释（2017）》第 23 条[50]就明确了医疗产品惩罚性赔偿责任，该条在《医疗损害责任解释（2020）》并未发生实质性改变，理当继续有效。问题在于，从文义上看，医疗产品惩罚性赔偿责任似乎是由司法解释或最高人民法院确定的，不是第 179 条第 2 款所谓的法律。但是，笔者认为应当作这样的解释，即医疗产品（除血液外）本属于产品的一种，依据《民法典》侵权责任编、产品责任第 1207 条之规定，[51]医疗产品的生产者、销售者以及药品上市许可持有人当然也可以适用惩罚性赔偿责任，因此，《医疗损害责任解释（2020）》实际上是对第 1207 条的进一步解释。

在医疗产品惩罚性赔偿责任的内部构造上，仍然面临着两个问题，即前文提到了医疗机构是不是应当承担惩罚性赔偿责任？输入不合格血液是否承担惩罚性赔偿责任？

首先，就惩罚性赔偿责任的主体而言。从《医疗损害责任解释（2020）》第 23 条的字面表述上看，仅有三类主体是惩罚性赔偿责任的责任人，即医疗产品的生产者、销售者、药品上市许可持有人，并没有医疗机构。对此，陈龙业法官认为，因为第 23 条是参照《中华人民共和国消费者权益保护法》第 55 条第 2 款制定的，可以将患者视同消费者进行保护，同时考虑医疗机构救死扶伤的公益性职能，在营利性医疗领域应当适用惩罚性赔偿责任。[52]但是，笔者认为，本着惩罚性赔偿责任与医疗产品责任属性、目的的巨大差异，应严格遵循《民法典》总则编第 179 条确定的设定限制，即在《民法典》第 1207 条和《医疗损害责任解释（2020）》第 23 条都明确没有提到医疗机构作为责任主体的情况下，不宜认定由医疗机构承担惩罚性赔偿责任。沿此逻辑，医疗产品惩罚性赔偿责任也不能像医疗产品责任那样采取不真正连带责任的责任分担模式，其是自己责任、独立责任且应当在第一层次医疗产品责任（填平责任）完全承担（包括精神损害赔偿）的情况下予以处理，中间责任人依据不真正连带责任规则履行"先行赔付义务"尚有保护患者获得充分救济权利的意

49　参见黄薇主编：《中华人民共和国民法典总则编解读》，中国法制出版社 2020 年版，第 585-586 页。

50　《医疗损害责任解释》（2017）第 23 条，医疗产品的生产者、销售者明知医疗产品存在缺陷仍然生产、销售，造成患者死亡或者健康严重损害，被侵权人请求生产者、销售者赔偿损失及二倍以下惩罚性赔偿的，人民法院应予支持。

51　《民法典》第 1207 条，明知产品存在缺陷仍然生产、销售，或者没有依据前条规定采取有效补救措施，造成他人死亡或者健康严重损害的，被侵权人有权请求相应的惩罚性赔偿。

52　参见陈龙业：《医疗损害责任承担法律适用规则的完善和发展——对〈最高人民法院关于审理医疗损害责任纠纷案件适用法律若干问题的解释〉第 18 条、第 20 条、第 23 条的解读，载《法律适用》2018 年第 3 期；杜万华，郭锋，吴兆祥，陈龙业：《〈关于审理医疗损害责任纠纷案件适用法律若干问题的解释〉的理解与适用》，载《人民司法(应用)》2018 年第 1 期。

义，而要让中间责任人再承担惩罚性赔偿责任显然已经超过必要限度。医疗产品惩罚性赔偿责任重在惩戒，这种类似于公法责任的责任形式可类推公法"责任自负"理论，不能由其他主体代替之，如果发生医疗产品惩罚性赔偿责任适用的可能，也只能对最终责任人实施。[53]而且，《民法典》第1207条和《医疗损害责任解释（2020）》第23条也未曾明确提到输入不合格血液，而是笼统地以"医疗产品"代之，结合《医疗损害责任解释（2020）》第25条第2款[54]及第21条、第22条，该解释所指的医疗产品应当不包括"血液"。最后，在医疗产品惩罚性赔偿责任构成要件上，主观方面要求医疗产品的生产者、销售者及药品上市许可持有人需要"明知"存在"缺陷"，客观方面要求该缺陷药品造成患者"死亡"或"健康严重损害"的损害后果。责任标准上，在赔偿损失的基础上可以获得2倍以下包括2倍的惩罚性赔偿金。

需要引起注意的是，同在《药品管理法（2019修订）》第144条，该法对药品（假药、劣药）这一类医疗产品的惩罚性赔偿仅计算方式作了特殊规定，即"受害者还可以请求支付价款十倍或者损失三倍的赔偿仅；增加赔偿的金额不足一千元的，为一千元。"笔者认为，基于保护受害者一方权益的原则，在药品损害赔偿案件中可以允许受害者选择最有利于其权益救济的惩罚性赔偿金计算方法。[55]

四、结　　语

随着新一轮医药卫生体制改革的推进，医疗机构逐渐与药品、医疗器械、高值耗材等医疗产品"加成"分离，基本医疗服务公益性属性逐渐增强。[56]《民法典》作为一部"固根本、稳预期、利长远的基础性法律"，其侵权责任编第六章"医疗损害责任"不仅有利于保障人民群众的生命权、健康权等基本人权，同时也是促进社会主义医药卫生事业健康发展的重要法治保障。因此，在保持以《民法典》第1223条为核心的医疗产品责任制度体系现状暂不改变的前提下，应采取综合考量的态度，类型化、精细化处理医疗产品责任纠纷，以期平衡患者权利救济与医药卫生事业发展，平衡个体患者利益保护与群体患者利益保护。

53　陈龙业：《医疗损害责任承担法律适用规则的完善和发展——对〈最高人民法院关于审理医疗损害责任纠纷案件适用法律若干问题的解释〉第18条、第20条、第23条的解读》，载《法律适用》2018年第3期，第55页。

54　《医疗损害责任解释》（2020）第25条，患者死亡后，其近亲属请求医疗损害赔偿的，适用本解释；支付患者医疗费、丧葬费等合理费用的人请求赔偿该费用的，适用本解释。

本解释所称的"医疗产品"包括药品、消毒产品、医疗器械等。

55　袁杰，王振江，刘红亮等主编：《中华人民共和国药品管理法释义》，中国民主法制出版社2019年版，第258-259页。

56　参见申卫星主编：《〈基本医疗卫生与健康促进法〉理解与适用》，中国政法大学出版社2020版，第28-30页。

Understanding and application of medical product liability in the Civil Code: Taking Article 1223 of the Tort Liability Code as the center

Heng Jing-zhi

Abstract：Deeply influenced by the first reform of the medical and health system (1985—1992), both medical product liability and medical damage liability have distinct Chinese characteristics. In order to reverse the declining trend of patients' liability for medical products, since article 59 of tort Liability Law, medical product liability has adhered to the principle of adequate relief for patients, and "medical institutions" and "blood providers" have the status of "sellers" and "producers". The quasi-use of "product" by "blood" makes the compulsory unification of medical product liability as strict liability in article 59 of tort Liability Law and Article 1223 of Civil Code, ignoring its internal institutional tension. From the perspective of interpretation and development, the understanding and application of the medical product liability system centering on Article 1223 of the Civil Code should adhere to the concept of comprehensive judgment and categorization application. The holder of a drug marketing authorization shall bear the quality assurance responsibility for the whole life cycle of the drug, and shall still bear the liability for drug damage compensation even if it entrusts production to other enterprises. Medical products punitive damages responsibility does not include the main responsibility of the medical institutions, also not the real joint and several liability shall not apply to share rules, medical products do not include "unqualified blood", in terms of drug damage calculation of punitive damages, based on the principle of protecting the victim party, can choose the most beneficial to allow the victim party its rights and remedies the punitive compensation calculation.

Key Words：medical product liability; reform of the medical and health care system; holders of marketing authorizations for pharmaceutical products(MAH); punitive damages

论公共卫生风险规制评估

——科学不确定情形下的行动论证[*]

苏玉菊

摘　要： 公共卫生领域是风险社会的典型场域，重大的公共卫生风险不仅威胁公众健康，甚至危及国家安全。面对公共卫生风险与危机，政府必须要采取措施加以防范与应对。但是风险的不确定性、信息与知识的欠缺，使得政府在决策时面临困境。政府需要遵循比例原则、社会正义原则等原则对公共卫生风险与规制措施进行评估，对公益与私益进行平衡，对利益与负担分配的公平性进行考量，从而为决策提供科学性、合法性、合理性基础。

关键词： 公共卫生　风险评估　规制评估　比例原则　社会正义原则

现代社会是一个充满风险的社会，德国社会学家卢曼（Luhmann）甚至说，我们生活在一个"除了冒险别无选择的社会中"[1]。这在公共卫生领域中表现得尤为明显，例如，时下发生的新型冠状病毒肺炎（Novel Coronavirus Pneumonia，NCP。以下简称"新冠肺炎"）疫情，毫无预兆，突如其来，亦如 2003 年发生的 SARS 疫情。尤为恐怖的是，疫情发生之初，全世界都没有可靠的检测病毒的手段，没有疫苗，没有确定有效的治疗手段，甚至连其感染方式与传播途径都不知晓。人们仿佛回到了"前医学"时代。政府则必须要采取措施应对风险与危机，而这显然是一个典型的"决策于未知之中"（Decision-making under uncertainty）的治理领域[2]。此时，政府应该

---

* 基金项目 1：2017 年国家社会科学基金立项课题：《公私合作（PPP）视域下的"新公共卫生"法律规制机制研究》（项目编号：17XFX004）。基金项目 2：2019 年海南省基础与应用基础研究计划（自然科学领域）高层次人才项目：《海南博鳌乐城国际医疗旅游先行区建设中的伦理与法律问题研究》（编号：2019RC224）。

苏玉菊，海南医学院马克思主义学院（人文社会科学部）教授，法学博士，海南省人文医学研究基地负责人，研究方向：卫生法学、行政法学。

1　Niklas Luhmann: Risk: A Sociological Theory. Berlin: de Gruytr, 1993, p.218.

2　参见张微林：《风险治理过程中的法律规制模式转型》，《科技与法律》2012 年第 6 期（总第 100 期），第 16 页。

如何行动？此外，只要公共卫生干预启动，就会引发公益与私益之间的冲突，政府应当如何进行平衡？再者，公共卫生干预需要动用、消耗资源，将会施加负担于个人与公众之上，政府需要考量手段与目的、成本与收益吗？若需要考量，又该如何考量？诸如此类的难题困扰着政府，使其身陷囹圄。本文将对此进行探讨，并提出最基本的评估原则与评估框架，以期为政府决策提供科学性、合法性与合理性基础。

一、公益与私益的平衡：比例原则下的公共卫生风险规制评估

公共卫生规制的重要使命是识别风险，采取干预措施，预防、减少风险发生，控制、减轻社会危害，从而维护公众健康与国家安全；但是，公共卫生规制措施的采用必然会对私人权利构成限制甚至侵害，如对公民的人身自由、自主权、隐私权、结社自由、信仰自由的限制；在某些情况下，还涉及对企业、社会组织与个人的契约自由与财产自由的限制。[3]因此，在公共卫生规制中，一个永恒的经典难题便是如何在公共利益与私人权益之间的进行平衡。[4]比例原则将为平衡公益与私益提供判断标准。

（一）比例原则的内涵与功能：行政法上的"帝王条款"

比例原则源自19世纪德国的警察法学，该原则要求警察权力的行使唯有在"必要时"，才能限制公民权利。[5]奥托•迈耶指出："警察权力不可违反比例原则。"[6]比例原则折射出法治国理念以及保护人民基本权利的思想。**德国宪法法院对比例原则作了进一步的阐释**："比例原则源于法治国原则，它是基于基本权利自身本质的需要，作为表述公民对抗国家的一般自由诉求的基本权利，只有当为了保护公共利益时，才能被公权力合比例地予以限制。"[7]比例原则体现的是对作为手段的国家权力与作为目的的人民权利之间的关系的权衡考量[8]，是对公共利益与私人利益的权衡考量；内含着对公正的价值追求。在古希腊哲人亚里士多德看来，公正就是守法与平等，不公正就是违法与不平等。[9]依此，在分配公正中，"公正必定是适度的、平等的"[10]；

3　参见苏玉菊，王晨光：《论公共卫生规制的伦理与法律原则——寻求公共利益与个人权益的平衡》，载姜明安主编：《行政法论丛》第16卷，法律出版社2014年版，第303-304页。

4　See Lawrence O. Gostin and Lindsay F. Wiley, *Public Health Law: Power, Duty, Restraint,* University of California Press; Third Edition,2015. Preface p.xxi.

5　陈新民：《中国行政法学原理》，中国政法大学出版社2002年版，第42页。

6　陈新民：《宪法基本权利之基本理论》（上），元照出版公司1999年第5版，第258页。

7　BVerfGE 19, 342(348 f.).转引自 [德] 安德烈亚斯·冯·阿尔诺(Andreas von Arnauld)：《欧洲基本权利保护的理论与方法——以比例原则为例》，刘权译，载《比较法研究》2014年第1期，第184页。

8　参见姜昕：《比例原则研究——一个宪政的视角》，法律出版社2008年版，第135页。

9　[古希腊] 亚里士多德：《尼各马可伦理学》，廖申白译，商务印书馆2003年版，第128-129页。

10　同上书，第134页。

而"合比例的才是适度的",因此,"公正就是合比例的"。[11]由此可见,合比例原则与公正理念之间有着直接的思想史渊源。英国现代著名法理学家哈特再次强调:"习惯上,正义被认为是维护或重建平衡。"[12]在中国文化中,据《论语·阳货篇》记载,孔子曾言:"割鸡焉用牛刀"[13],这成为比例原则的经典表达。可见,在东西方文化中,比例原则都内含着对正义(或公平)的价值追求。

行政法上的比例原则要求行政机关在行使裁量权时,应在其追求的目的和所采取的手段对相对人权益所造成损害之间进行适当的平衡,以保证**裁量权的适度行使**,不会为目的而不择手段,不会采取总成本高于总利益的过度行为。正如毛雷尔所言:"目的和手段之间的关系必须具有客观对称性。禁止任何国家机关采取过度的措施;在实现法定目的的前提下,国家活动对公民的侵害应当减少到最低限度。"[14]

通说认为,行政法上的比例原则包括三个子原则,即妥当性原则(Geeignetheit)、必要性原则(Erforderlichkeit)以及均衡性原则(Angemessenheit)。[15](1)妥当性原则(又称适当性原则),要求行政主体所采取的手段能够实现某项行政目的,即手段与目的之间不能"南辕北辙",此原则亦乃依法行政之当然要求。(2)必要性原则(又称最小侵害原则),要求行政权力的行使对相对人权益的影响不得超越实现行政目的的必要程度,即德谚所云"勿以炮击鸟"[16]。传统行政法所指的比例原则即意指此原则。(3)均衡性原则(又称法益相称性原则、狭义比例原则或比例性原则),是指在所有可以达到某一行政目的的手段中,如果采取对相对人造成最小损害的手段,其所造成的损害仍然超过该行政目的所追求的公益时,则该行政目的就不值得追求,应该放弃,即勿"杀鸡取卵"。[17]其中妥当性原则与必要性原则都侧重结果的考量与手段的选择,而对目的本身妥当与否并不关心;而均衡性原则则注重对"目的"本身的

---

11 [古希腊] 亚里士多德:《尼各马可伦理学》,廖申白译,商务印书馆 2003 年版,第 136 页。

12 [英] 哈特:《法律的概念》,张文显译,中国大百科全书出版社 1996 年版,第 157 页。

13 孔丘:《论语》,北京出版社 2008 年版,第 121 页(阳货篇第十七第 4 章)。

14 [德] 哈特穆特·毛雷尔:《行政法学总论》,高家伟译,法律出版社 2000 年版,第 106-107 页。

15 参见陈新民:《中国行政法学原理》,中国政法大学出版社 2002 年版,第 43 页;姜明安,余凌云主编:《行政法》,科学出版社 2010 年版,第 88 页;余凌云:《行政法讲义》,清华大学出版社 2010 年版,第 80 页。

16 此谚语出自 20 世纪初的一位出生于瑞士的德国著名行政法学者弗莱纳(F. Fleiner)之口。参见陈新民:《中国行政法学原理》,中国政法大学出版社 2002 年版,第 42 页。

17 均衡性原则与前述的妥当性原则及必要性原则存在明显的差异。妥当性原则与必要性原则以达成"措施目的"为着眼点,不会为"手段的后果"(不利于人权)而牺牲其"为目标之追求"。但是,均衡性原则则根本上允许"推翻"该目的的追求(只要被损害的人权重过所追求的目的的价值的话)。基于这种差异,依学者U.Zimmerli 之见解,妥当性原则与必要性原则是偏向"客观"的立场,来决定手段的取舍问题;而均衡原则则是以"主观"的角度,以"偏向人民"的立场来决定该"目的该不该追求",继而"手段要不要采取"之问题。学者 Hirschberg 认为,妥当性原则与必要性原则是以"实在"的"目的-手段"关系为前提;但均衡原则则摆脱了这种"实在因果律",而上升到"价值判断"的层次。参见陈新民:《宪法基本权利之基本理论》(上),元照出版有限公司 2002 年版,第 243-244 页。

考量，通过对手段负面作用大小的判断，来衡量目的的正当性，因而是比例原则的精髓。[18]总体来看，"比例原则是在符合宪法的前提下，先考察手段(法律文件也可视为一种手段)的有效性，再选择对公民权益侵害最小的手段来实现同样可以达到的目标，最后还必须进行利益上的总体斟酌"。[19]可见，比例原则就其功能来说，体现了平衡的正义。[20]在学者陈新民看来，比例原则是赋予法院审查行政案件的利器[21]，是限制行政权的最有效的原则，其在行政法中所扮演的角色，相当于"诚信原则"在民法中所居的"帝王条款"之地位，因此，比例原则也可被视为行政法上的"帝王条款"。[22]

（二）国际卫生立法与国内卫生立法中的比例原则

《国际卫生条例》（2005 年）[23]的相关规定体现了比例原则的精神。例如，第 2 条（目的和范围）规定："本条例的目的和范围是以针对公共卫生危害、同时又避免对国际交通和贸易造成不必要干扰的适当方式预防、抵御和控制疾病的国际传播，并提供公共卫生应对措施。"第 43 条（额外的卫生措施）规定，"本条例不应妨碍缔约国按照其国家有关法律和国际法之下的义务执行为了应对特定公共卫生危害或国际关注的突发公共卫生事件而采取的卫生措施"；但同时规定，"这些措施对国际交通造成的限制以及对人员的创伤性或干扰性不应大于可合理采取并能实现适当程度保护健康的其他措施"。

在我国，一些行政法教科书已经将比例原则列为行政法的基本原则之一。[24]在一些立法中，亦依稀可见比例原则的身影，例如《行政处罚法》第 4 条第二款规定："设定和实施行政处罚必须以事实为依据，与违法行为的事实、性质、情节以及社会危害程度相当。"这里的"过罚相当原则"在一定程度上体现了比例原则精神。[25]《突

18　参见郭春镇：《法律父爱主义及其对基本权利的限制》，法律出版社 2010 年版，第 172 页。

19　范剑虹：《欧盟与德国的比例原则——内涵、渊源、适用与在中国的借鉴》，载《浙江大学学报》（人文社会科学版），2000 年第 30 卷第 5 期，第 100 页。

20　同上。

21　即法院不仅可以审查行政行为是否合法，还可以依据比例原则审查行政行为是否"正确"、"合理"。

22　陈新民：《行政法总论》，台北三民书局 1995 年版，第 62 页；陈新民：《中国行政法学原理》，中国政法大学出版社 2002 年版，第 45 页。

23　《国际卫生条例》（2005 年），https://www.un.org/chinese/esa/health/regulation/

24　例如，姜明安主编：《行政法与行政诉讼法》（第 5 版），北京大学出版社、高等教育出版社 2011 年版；余凌云：《行政法讲义》（第 2 版），清华大学出版社 2014 年版；姜明安，余凌云主编：《行政法》，科学出版社 2010 年版；等。

25　过罚相当原则主要适用于行政处罚领域，体现在行政处罚的设定、实施过程中。过罚相当原则可以被视为比例原则在行政处罚领域的具体表现，而比例原则的适用不限于行政处罚领域。参见湛中乐：《行政法上的比例原则及其司法运用——汇丰实业发展有限公司诉哈尔滨市规划局案的法律分析》，载《行政法学研究》2003 年第 1 期，第 76 页。

发事件应对法》第11条规定："有关人民政府及其部门采取的应对突发事件的措施，应当与突发事件可能造成的社会危害的性质、程度和范围相适应；有多种措施可供选择的，应当选择有利于最大程度地保护公民、法人和其他组织权益的措施。"该条规定涵盖了比例原则所要求的妥当性、必要性以及均衡性这三个子原则。《精神卫生法》第30条、第31条确立了精神障碍患者的住院治疗以"自愿"为原则、以"非自愿"为例外，也体现了比例原则的理念。[26]《传染病防治法》第3条将法定的传染病分为甲类、乙类和丙类，并对之作明示列举；对于上述规定以外的其他传染病，则授权国务院卫生行政部门根据其暴发、流行情况和危害程度，考虑是否需要列入乙类、丙类传染病，若需要列入，则作出决定并予以公布。从本条规定来看，并不是对所有的传染病都按照《传染病防治法》来进行防控，也蕴含着比例原则的精神。

（三）基于比例原则的公共卫生风险规制评估

1. 风险评估

风险的识别、确定与评估是采取规制措施的前提。医学、生物学、流行病学、病理学、信息技术学等多学科合作将为风险评估提供客观、可靠的科学证据。风险评估主要进行以下四个方面的评估：风险的性质，风险的持续性，风险导致危害发生的概率，危害的严重程度。通常，重大风险是公共卫生规制的基础。

何谓重大风险？首先，风险所引发的死亡率、发病率、患病率、失能调整生命年（Disability Adjusted Life Years, DALYs）等指标**是最为直观的评估指标**。此外，公共卫生风险所引发的经济损失、社会恐慌、潜在的危害性对于民主回应性政府来说也是不得不考虑的重要方面。因此，我们便不难理解，为什么人们对于核泄漏、生物恐怖袭击这些发生几率较低的风险总是深表关切。新冠肺炎的死亡率也不是很高[27]，但是因其传播速度快，发病率与患病率高，若任其发展，将会导致大面积人群感染，引发社会恐慌、经济破坏、医疗资源不堪重负等潜在的重大危害，也被确定

---

26 《精神卫生法》第30条规定："精神障碍的住院治疗实行自愿原则。诊断结论、病情评估表明，就诊者为严重精神障碍患者并有下列情形之一的，应当对其实施住院治疗：（一）已经发生伤害自身的行为，或者有伤害自身的危险的；（二）已经发生危害他人安全的行为，或者有危害他人安全的危险的。"第31条规定："精神障碍患者有本法第三十条第二款第一项情形的，经其监护人同意，医疗机构应当对患者实施住院治疗；监护人不同意的，医疗机构不得对患者实施住院治疗。监护人应当对在家居住的患者做好看护管理。"

27 据报道，截至2020年2月11日，在中国内地44672例确诊病例中，共有1023例死亡，粗病死率为2.3%。80岁以上年龄组的粗病死率最高，为14.8%。男性的粗病死率为2.8%，女性为1.7%。未报告合并症者的粗病死率约为0.9%，有合并症患者的病死率则高得多，心血管疾病患者为10.5%，糖尿病为7.3%，慢性呼吸道疾病为6.3%。中疾控新冠病例分析：八成轻中症 死亡率男比女高。新浪网《中疾控新冠病例分析：八成轻中症 死亡率男比女高》。http://news.sina.com.cn/c/2020-02-19/doc-iimxyqvz4030364.shtml

为重大风险，需要果断采取干预措施加以遏制。再者，在对风险的认知与评估上，专家（科学家）、公众与政府之间存在很大差异。通常，一般公众更关注风险对自身造成的影响，他们希望食品中不含有任何添加剂（即便没有超标），不要建设核电站（因为担心一旦发生核泄漏，将无处可逃），他们不希望哪怕是微小的危害发生在自己及家人身上。但是，有时，他们又甘愿承受某些风险（例如，他们乐于享受吸烟带来的放松与愉悦，而甘愿承受吸烟所带来的危害）。可见，公众对风险的评估有一定的直观性与随意性，其判断往往存在偏差，常常会夸大较小的风险，而低估更大的风险。[28]而专家则依据科学，客观地评估风险。政府则不仅要考量风险本身的危害性，还要关注风险对社会、经济、政治的潜在危害与影响。另外，需要注意的是，媒体对某种风险的关注程度将会对公众、专家、政府评估风险产生或多或少的影响。尽管，专家依据科学方法而作出的评估结论将是政府决策的重要依据，但是，从社会政治意义而言，政府也需要对公众意见与诉求进行考量。

可见，风险评估是极其复杂与充满争议的过程，甚至并不总能为是否采取规制措施、采取怎样的规制措施提供一个清晰、明确的建议。但是，在公开透明制度的保障下，诉诸公共理性开展风险评估，能够在最大程度上获取信息、知识与证据，集思广益；再结合比例原则，考量风险程度对干预目的、干预措施的影响与选择；在此基础上作出的评估才有可能最具有合理性与科学性，依此而采取的干预措施也才具有正当性、合法性与可接受性。[29]

2. 规制效益评估

如前所述，公共卫生干预的目的是改变或降低影响公众健康的严重风险，追求"最大多数人的最大（健康）幸福"。鉴于任何一项干预措施都会涉及个人负担和社会成本，而社会资源又是有限的，因此，行政机关应该借助科学的数据来证明其所采取的干预措施**足够理性且富有效益**。这样的科学数据既包括前述的风险评估报告，还包括"手段/目的评定"（MEANS/ENDS TEST）[30]与"成本/效益分析"（COST-EFFECTIVENESS ANALYSIS，CEA）[31]——即效益评估。效益评估关注的是：政府

28　See, for example, Howard Margolis, *Dealing with Risk: Why the Public and the Experts Disagree on Environmental Issues* (Chicago: University of Chicago Press, 1996), 1; Stephen Breyer, *Breaking the Vicious Circle: Toward Effective Risk Regulation* (Cambridge, MA: Harvard University Press, 1993), 35-39.

29　环境法专家吕忠梅也认为，环境与健康风险评估在法律上被作为风险规制决策的科学基础，是环境与健康风险规制的核心制度。吕忠梅：《从后果控制到风险预防 中国环境法的重要转型》，刊《中国生态文明》2019 年第 1 期第 13 页。

30　See Lawrence O. Gostin, *Public Health Law: Power, Duty, Restraint*, University of California Press; 2 edition, 2008. p.63.

31　See Lawrence O. Gostin, *Public Health Law: Power, Duty, Restraint*, University of California Press; 2 edition, 2008. p.64.

对风险的评估是否精准，对干预措施在降低风险或减轻危害中的效果的评估是否严格，是否能够证明所采取的干预措施所增进的公共利益大于对个人所造成的负担与经济损失，是否在多种干预措施中选择了对私人权益影响最小、所耗社会成本（包括经济成本）最低的措施，等等。这一评估既是效益原则这一伦理原则的要求，也是比例原则这一法律原则的具体运用。

需要注意的是，即便经过了严格的效益评估，公共卫生干预措施也并不总是有效的、立竿见影的，况且，人的健康与生命的神圣性也并不总应该降低为用成本和收益来进行的数率化表示[32]。但是，科学、透明的效益评估将尽可能保证大多数干预措施是理性的、可接受的；而且，在社会资源与政府预算有限的情况下，进行效益评估，实现健康收益的最大化仍然具有重要的社会价值与政治意义。

3. 私人权益负担评估

公共卫生规制不仅会增加经济成本，而且还将侵涉私人的人身权益（包括自治权、隐私权、表达自由、结社自由以及信仰自由等）和财产权益（如商业利益、职业机会等）。当公共卫生规制影响到私人利益时，应当依据一定的伦理原则而实施。具体而言，如果私人行为已经或可能影响到他人或社会公众的利益，应该依据"不伤害"原则对其进行干预，例如，对特定传染病病人的强制隔离治疗。如果私人行为不会对他人或社会利益构成不利影响，只是可能对自身利益造成不利影响时，应当依据父爱主义原则对其进行干预，例如，对精神病人的监护、强制要求汽车驾驶者系安全带等。当然，很多情况下的私人行为既可能对他人或社会利益造成不利影响，也有可能对自身造成不利影响，例如，精神病人发病时，既可能对他人和公众造成伤害，也可能对自身造成伤害。此时，**应当是不伤害原则与父爱主义原则等多种伦理原则的联合适用。**

行政机关对私人行为实施干预时，除了要遵循相应的伦理原则外，尚需要在比例原则的指导下，考量如下几个因素：一是对私人事务的干预在什么程度上合适？二是对私人事务的干预在什么范围内合适？三是对私人事务的干预在多长期限内合适？总之，行政机关应当采取对个人权益侵害最小但却最有可能防控健康风险的干预措施。例如，为控制传染病的流行，就隔离措施来说，就有医学隔离、居家隔离、工作隔离、地理隔离等多种形式，到底应该采用哪种隔离形式呢？就应该在多种备选方案中选择对当事人权益侵害最小的隔离形式——比如，当通过居家隔离就可以实现阻断传染病流行的目的时，就无需采用医学隔离。

32　*See* Lawrence O. Gostin, *Public Health Law: Power, Duty, Restraint*, University of California Press; 2 edition, 2008. pp.65-66.

二、公平性考量：社会正义原则下的公共卫生风险规制评估

（一）社会正义的理论基础

提到社会正义理论，大家自然会想到约翰·罗尔斯（John Rawls）。罗尔斯在前人（以洛克、卢梭、康德为代表）建构的社会契约论的基础上，对之加以进一步概括，提出了"作为公平的正义"原则。罗尔斯的正义原则中的平等的自由原则系确保平等的自由；公平的机会平等原则与差别原则系确保平等的分配，除非不平等的分配有利于"最不利者"（the least fortunate group）。[33]罗尔斯的正义原则反映的是平等的自由主义精神，其精髓是平等：平等的自由原则、公平的机会平等原则和差别原则所强调的都是平等。[34]在罗尔斯看来：社会应该通过制度安排实行平等分配，能平等分配的东西都应该平等分配，除非不平等分配有利于最不利者。诺曼·丹尼尔斯（Norman Daniels)将罗尔斯的社会正义理论应用于卫生保健领域，创建了卫生保健正义理论。他认为卫生保障的目标是：关注特定群体的显著的不利因素并努力消除它们，从而保证机会的公平平等。[35]例如，当人的正常的物种机能（normal species functioning）遭受侵害（如患病）时，社会就需要采取积极措施（提供医疗保健服务）帮助其恢复正常的物种功能，从而获得追求工作与职位上的机会。[36]而对于秉持能力发展理念与进路的学者玛莎·C.纳斯鲍姆（Martha C. Nussbaum）来说，健康在她提出的核心能力清单中占有特别重要的地位，政府应该通过对包括健康能力在内的人的核心能力的保护与发展，来实现人性尊严所要求的生活；而人性尊严在所有的行动主体之间自始就是平等的。[37]可见，平等在纳斯鲍姆的能力理论（正义理论的一种）中占据一种初始的地位。[38]劳伦斯·O.高斯汀（Lawrence O. Gostin）和麦迪逊·鲍尔斯（Madison Powers）指出，社会正义要求公共卫生通过改善健康促进人类福祉，尤其是通过关注最弱势群体的需求达成这一目标。[39]

33　John Rawls, A Theory of Justice, Cambridge, Massachusetts: The Belknap Press of Harvard University Press, 1971, pp.72-73.

34　参见姚大志：《罗尔斯正义原则的问题和矛盾》，载《社会科学战线》2009 年第 9 期，第 40 页。

35　参见 Norman Daniels, *Just Health Care*. New York: Cambridge University Press, 1985: p46.

36　参见 Norman Daniels, *Just Health Care*. New York: Cambridge University Press, 1985: p57.

37　参见[美]玛莎·C.纳斯鲍姆：《寻求有尊严的生活——正义的能力理论》，田雷译，中国人民大学出版社 2017 年版，第 15、23、24、25 页。Martha Nussbaum. *Women and Human Development*, Oxford:Oxford University Press, 2000. Martha C. Nussbaum. *Frontiers of Justice*, Cambridge MA: Harvard University Belknap Press, 2006. Martha Nussbaum. *Creating Capabilities*, Harvard University Press, 2010.

38　由此可见，纳斯鲍姆认同罗尔斯的基本善清单与政治自由主义理念。

39　Lawrence O. Gostin and Madison Powers, "What Does Justice Require for the Public's Health? Public Health Ethics and Policy Imperatives of Social Justice," *Health Affairs,* 25 (2006): 1053–1060.

公共卫生的历史性梦想就是实现社会正义的梦想；[40]正义被视为公共卫生的核心使命，被当作公共卫生领域的核心价值。[41] "大道之行，天下为公"向来是中国人治国理政的道德标准，习近平总书记在不同的场合强调公平正义的重要性，他别强调要"完善包括机会公平在内的社会公平保障体系"[42]。《"健康中国 2030"规划纲要》《健康中国行动（2019—2030 年）》提出，健康中国行动的总体目标是：到 2030 年，基本实现健康公平。《中华人民共和国基本医疗卫生与健康促进法》规定，要保障公民"公平"地获得基本医疗卫生服务、基本药物。可见，实现公共卫生正义（本文中，正义与公正、公平互换使用）也是中国人的梦想与的目标。

公共卫生风险规制因涉及对卫生资源的配置，涉及对特定人群的自由与权利的限制，因而与公众的健康与权益密切相关，因此，需要在社会正义理念的指导下进行公平性评估。

（二）公共卫生风险规制的公平性评估

社会正义原则对公共卫生风险规制决策的指导体现在两大方面：即从宏观的卫生资源配置方面来看，每个公民应当能获得基本的医疗与公共卫生服务与保障，以维持每个人的基本健康机能，从而保障每个人能够获得教育、工作以及追求理想人生的平等机会与实质自由；从微观的干预方案的采取方面来看，政府应当将公共卫生服务配置给需要的人群，而应当对危及公众健康的人群施加必要的负担（含人身限制负担与经济负担等），当一项公共卫生方案能够对利益、负担与成本进行公平的配置时，才符合正义原则。

大多数的公共卫生风险规制措施都会针对特定的人群施行，进而产生利益攸关方，例如，疫苗预防接种主要针对儿童，强制隔离治疗针对特定的传染病患者以及严重的精神障碍患者，而基本医疗与公共卫生服务则针对全体公民。当然，对于哪些人属于某项公共卫生规制措施的利益攸关方，有时比较清晰，容易确定；有时则很模糊，需要公共讨论来确定。例如，政府针对罕见病的治疗与药物研发的资金投入，会涉及其他人群的医疗卫生资源的享有度，并会增加公众的税收负担，此时的利益攸关方就并非局限于罕见病人群与医药研发方，最终方案需要在公开讨论的基础上得以形成。无论在何种情况下，一个深思熟虑的公共卫生决策既要避免对利益相关方的包含不足（under-inclusiveness），又要避免包含过度（over-inclusiveness）。[43]

40　Dan E. Beauchamp, "Public Health as Social Justice," in New Ethics for the Public's Health, ed. Dan E. Beauchamp and Bonnie Steinbock (New York: Oxford University Press, 1999): 105-114.

41　Lawrence O. Gostin and Madison Powers, "What Does Justice Require for the Public's Health? Public Health Ethics and Policy Imperatives of Social Justice," *Health Affairs,* 25 (2006): 1053-60.

42　人民网-中国共产党新闻网：《习近平：完善包括机会公平在内的社会公平保障体系》，http://cpc.people.com.cn/xuexi/n1/2018/0130/c385476-29794931.html.

43　*See* Lawrence O. Gostin, *Public Health Law*: *Power, Duty, Restraint,* University of California Press; 2 edition, 2008. p.69.

所谓包含不足，是指决策虽然涉及某些人群，但是并没有涉及所有应当涉及的人群。例如，对青少年吸烟的干预，仅仅针对吸烟青少年的干预是不够的，还应当对家庭、学校、社区以及烟草制造销售商进行必要的干预（当然，针对不同群体，干预措施会有所不同）[44]，这应当是控烟立法所应当考虑的因素。所谓包含过度，是指干预所涉及的人群超过达成目标所应当涉及的人群，显然，无论是从经济成本的考量上还是从权益负担的考量上，都无此必要[45]。例如，倘若对所有的精神障碍患者都实施强制住院治疗的措施，则很显然是过度干预，因为，并不是所有的精神障碍患者都需要住院治疗（见《精神卫生法》第30条、第31条）。

三、结　语

概言之，在公共卫生领域，对风险以及规制措施的评估应当贯穿于决策的全过程。评估的进程呈现出——由风险严重性-规制效益-私人负担-基本的社会公平——逐层递进的进阶式特点。[46]比例原则、社会正义原则为评估提供了指引、方向与限制。当然，由于风险的复杂性以及科学的局限性，可能会导致评估结果的不确定性，并由此影响到建立在此基础之上的规制措施的科学性。但无论怎样，一个基本的评估

44　实证研究表明，吸烟者多是受教育程度低、收入低、社会阶层低的弱势群体，主要原因如下：第一，低收入和接受教育少的人群，对于香烟的危害认识不足，针对发达国家和发展中国家的研究均证实这点。第二，烟草公司更加注重对于低收入消费者的广告攻势，低收入或者移民社区中，香烟广告牌更加常见；各种香烟促销和优惠措施更是集中在这些社区中。第三，低收入群体成员对于吸烟往往持肯定态度，甚至作为身份认同的标准之一。第四，低收入群体面临各种更严重的压力，香烟往往被他们当成减压舒缓的工具。因此，吸烟这样一个个体行为选择，反映了其背后深层次的社会结构与环境因素。由此，对青少年吸烟的干预，就应该是一个涉及多元主体的、多层次的公共治理过程。对肥胖的干预也与此类似。参见洪延青：《公共卫生法制的视角转换——基于控烟和肥胖防控等新兴公共卫生措施的讨论》，载《环球法律评论》2012年第1期，第35-36页。

45　现以1900年发生在美国圣弗朗西斯科唐人街黑死病检疫隔离案为例对此加以说明。在黑死病发生早期，圣弗朗西斯科市卫生当局对唐人街的12街区实施了隔离措施，禁止这些区域的人员出入，近1万名唐人街居民的行动自由受到了限制。这些居民中的一些商人将此隔离行为诉至联邦法院，他们提出了两项诉讼理由：其一，该项隔离措施存在种族歧视的动机，因为这个隔离措施主要是针对华裔美国商业或者个人而实施的；其二，这项措施对于防止疾病的扩散并无实际效果。法院认可了这两项理由，并且认为这项措施超过了州权力所能采取的措施的范围。法院进而认为，这种歧视措施因违反了宪法第十四修正案所确立的平等保护条款而无效。*See generally* MARILYN CHASE, THE BARBARY PLAGUE: THE BLACK DEATH IN VICTORIAN SAN FRANCISCO (2004); See Jorge L. Contreras, *Public Health versus Personal Liberty ── the Uneasy Case for Individual Detention, Isolation and Quarantine,* The SciTech Lawyer Volume 7, Issue 4, at 2 (Spring 2011)。唐人街案标志着美国在公共卫生法的发展中跨出了重要的一步，它确立了州权力在控制疾病方面不是无限制的：隔离措施要有合理的范围，并且不得对被隔离者的公民权利造成不必要的侵害。

46　*See* Lawrence O. Gostin and Lindsay F. Wiley, *Public Health Law: Power, Duty, Restraint,* University of California Press; Third Edition,2015. p.43.

框架是作出决策的必不可少的前提与基础，[47]评估过程也是政府为干预行动承担论证责任的过程。[48]

On the Evaluation of Public Health Risk Regulation—Action demonstration under Conditions of Scientific Uncertainty

Su Yu-ju

Abstract：The field of public health is a typical field of risk society. Significant public health risks not only threaten public health, but even national security. In the face of public health risks and crises, the government must take measures to prevent and respond. However, the uncertainty of risk and the lack of information and knowledge make the government face difficulties in decision-making. The government needs to evaluate public health risks and regulatory measures, balance public and private interests, and consider the fairness of interest and burden distribution based on the principles of proportionality and social justice, so as to provide a scientific, legitimate and reasonable basis for decision-making.

Key Words：public health; risk evaluation; regulation evaluation; principle of proportionality; principle of social justice

---

47　吕忠梅认为，环境与健康风险评估制度的价值主要体现在三个方面：一是可以提高决策的科学理性；二是可以降低环境污染的健康风险，减少个人的健康焦虑和社会不稳定的根源；三是可以加强环境与健康风险预防能力建设。参见吕忠梅：《从后果控制到风险预防 中国环境法的重要转型》，载《中国生态文明》2019 年第 1 期，第 13 页。

48　*See* Lawrence O. Gostin and Lindsay F. Wiley, *Public Health Law: Power, Duty, Restraint*, University of California Press; Third Edition,2015. p.43.

国家行为视域下的流行病学调查初论

——兼谈《传染病防治法》修改建议

汤啸天[*]

摘　要： 国家疾病预防控制局挂牌意味着今后中国将强化疾控部门的行政权力，全面提升疫病防控水平和救治能力。但必须明确，传染病防治是国家行为，流行病学调查体现的是国家意志，被调查人必须无条件配合。目前，尽管多数人支持流调工作，但在实践中也遇到了困难。法律层面的原因是流调工作法律属性不明，现有法律规定操作性不强。为此，必须揭示流调工作的基本特点，实现流调工作有法可依、依法而为，明确公安机关协助流调的依据，廓清违反传染病防治法受罚的前提。强化流调工作法律支撑的制度设计建议：加快国家疾病预防控制局的实质性建设；明确疾控部门尊重事实、服从法律，具有独立性；明确流行病学调查具有行政性；规定接受流调如实陈述的义务及其后果

关键词： 国家行为　疾病预防控制　传染病防治法　流调　依法而为　法律支撑

据新华社报道，2021年5月13日10时，北京市海淀区知春路14号，国家疾病预防控制局正式挂牌。国家疾病预防控制局是隶属国家卫健委管理的副部级机构，将负责制订传染病防控及公共卫生监督的政策，指导疾病预防控制体系建设，规划指导疫情监测预警体系建设，指导疾控科研体系建设，公共卫生监督管理、传染病防治监督等。在国家卫健委内部原有的疾控中心属于事业单位，并没有行政权力。新机构的成立意味着疾控机构职能从单纯预防控制疾病向全面维护和促进全人群健康转变，不仅能更好地应对突发性公共卫生事件，组织并调动力量进行防控，还能顺应健康发展新趋势，积极应对人民健康发展新需求。从法学角度看，国家疾控局

* 汤啸天，上海政法学院教授，上海市社会建设研究会副会长，中国卫生法学会理事。

本研究得到上海市疾病预防控制中心主任付晨、上海市疾控中心传染病防治所所长吴寰宇、上海市疾控中心传染病防治所急性传染科主任潘浩的支持和帮助，特致谢！

这一新机构的成立,意味着今后中国将强化疾控单位的行政权力,全面提升疫病防控水平和救治能力。与此紧密相关的是流行病学调查有望成为具有高度专业性的行政行为,获得更加有力的法律支撑。

本文拟从传染病防治行为性质的角度,对完善流行病学调查法律支撑提出建议,并希望《传染病防治法》修订时能够采纳愚见。

一、传染病防治是国家行为

在新冠肺炎疫情防控期间,有人问笔者:只要疾控中心认为某某人是新冠肺炎患者的密切接触者,就可以通知其接受医学隔离观察,这种涉及公民人身权利的决定为什么不可以行政诉讼呢?笔者的回答是:传染病防控是国家行为,公民接受的是医学隔离观察,不能提起行政诉讼。明确传染病防治是国家行为的法律属性,既符合国家和人民群众的根本利益,又可以避免因为防治措施的实施出现大批行政诉讼,拖延刻不容缓的医学措施的实施。

(一)国家行为的基本概念

在法律上,国家行为是指运用国家自主权力的紧急行为,包括处理本国重大事务和涉及国与国之间关系的行为。国家行为是国家主权的体现,具有高度的政治性、紧急性和全局性,与国家存亡、人民利益有直接的关系,不能对之提起诉讼。如果国家行为确有失当,可以通过全国人民代表大会及其常务委员会予以纠正。这是因为,国家行为不是具体行政行为,不是行政机关以自己的名义对单个、特定对象实施的行政管理行为,而是宪法、法律授权的特定主体代表整个国家,以国家的名义实施的行为。早在 2007 年时任上海市委书记的习近平同志就说过:"举办世博会是国家行为"[1],迄今为止笔者还没有见到有异议。总不见得,举全国之力办好世博会是国家行为,集中全国之力防控新冠肺炎疫情的传播却不是国家行为了吧?习近平同志说:"中央政治局常委会、中央政治局召开 21 次会议研究决策,领导组织党政军民学、东西南北中大会战","我们举全国之力实施规模空前的生命大救援","第一时间向世界卫生组织、有关国家和地区组织主动通报疫情信息"[2],等等,也充分证明了传染病防治是国家行为。

(二)国家行为的主要特征

国家行为在实施过程中涉及公民权利和个人利益的,只要国家行为在适度范围

1　吴焰:《习近平:举办世博会是国家行为是重要发展契机》,载《人民日报》2007 年 8 月 6 日。

2　习近平:《习近平在全国抗击新冠肺炎疫情表彰大会上的讲话》,载《人民日报》2020 年 9 月 9 日,第一版。

内，公民的权利应当克减。[3]对内国家行为具有全局性、紧急性、政治性、依据的特殊性、不可诉性五大特点，体现的是国家的统一性和整体性，维护的是全国人民的根本利益和长远利益。

其一，国家行为的全局性是指为维护国家的整体利益和人民的根本利益，在整体上采取的统一行动，通常是以中华人民共和国的名义实施。如 1950 年，我国作出组成中国人民志愿军抗美援朝、保家卫国的重大战略决策就是考虑到唇亡齿寒、户破堂危的现实。又如，在 1998 年抗洪抢险过程中，解放军和武警部队共出动了 30 余万人，12500 辆各型汽车，1170 艘舟艇，200 余架飞机。这是新中国成立以来我军为抵御自然灾害动用兵力、装备最多的一次军事行动。

其二，国家行为的紧急性是指当国家利益、公民权利在整体上受到侵害或者实际威胁时，即便尚有部分公民的权益没有受到侵害，也必须从国家的整体利益出发，局部服从全局，立即采取紧急措施。例如，2008 年 5 月 12 日汶川发生强烈地震，第一批直升机在地震半小时后就起飞勘察灾情，而第一批救灾队伍在地震后 3 小时就抵达了灾区。仅在 3 天的时间里，中国军队就从全国各地组织了 11 万人的救灾力量到达灾区。

其三，国家行为的政治性是指国家要即时根据国际国内的政治、社会形势、灾情严重程度而实施行为，通常表现为是针对突发性政治、社会状况采取的规范化的紧急措施。政治的本质是规范化的社会管理。国家行为的政治性主要体现为要求全体社会成员行为的高度规范化。正如孙中山先生所说："政就是众人之事，治就是管理，管理众人之事，即是政治。"

其四，国家行为依据的特殊性是指其行为依据具有特殊性，一般是以国家宪法、某些专项法律以及规范国际关系的国际惯例、国际条约等为行为依据，由此也带来了国家行为的不可诉性。

其五，国家行为具有不可诉性，而具体行政行为是可诉的。具体行政行为针对特定公民、法人或者其他组织并处理国内常规行政事项，所依据的通常是国内法中次于宪法的各种行政法律、行政法规、地方性法规，甚至行政规章。流行病学调查和相关措施的落实，必须跑在病毒传播的前头才能够奏效。如果在流行病学调查期间出现阻碍医学隔离等措施实施的行政诉讼，疫情防控就将成为一句空话。

我国的《国家安全法》第 3 条规定："国家安全工作应当坚持总体国家安全观，

3　克减，作为法律用语最初使用在《公民权利和政治权利国际公约》中。其中，在第 4 条的一、二、三项中对"克减"作出了具体的规定："一、在社会紧急状态威胁到国家的生命并经正式宣布时，本公约缔约国得采取措施克减其在本公约下所承担的义务，但克减的程度以紧急情势所严格需要者为限，此等措施并不得与它根据国际法所负有的其他义务相矛盾，且不得包含纯粹基于种族、肤色、性别、语言、宗教或社会出身的理由的歧视。二、不得根据本规定而克减第六条、第七条、第八条（第一款和第二款）、第十一条、第十五条、第十六条和第十八条。三、任何援用克减权的本公约缔约国应立即经由联合国秘书长将它已克减的各项规定、实行克减的理由和终止这种克减的日期通知本公约的其他缔约国。"

以人民安全为宗旨，以政治安全为根本，以经济安全为基础，以军事、文化、社会安全为保障，以促进国际安全为依托，维护各领域国家安全，构建国家安全体系，走中国特色国家安全道路。"可以肯定地说，《宪法》和《国家安全法》等是国家行为的法律依据，总体国家安全观是国家行为的指导方针，维护各领域国家安全必须依法实施国家行为。

（三）国家行为与传染病防治的关系

有学者研究认为，"国家行为"一词在行政法学意义上到目前为止并无一个统一、确切的含义，我国也有学者称其为"统治行为""政府行为"。在国外其被解释为"与国家的重要政策有联系的行为"，"关系到国家存亡及国家统治之根本的、具有高度政治性的、国家最高机关（国会、内阁等）的行为"等。这都说明了国家行为具有的特殊性质。[4]正因为国家行为涉及国家安危存亡和人民群众的根本利益，其行为的力度也是一般行政行为不可比拟的。

据悉，有的学者不认同"传染病防治是国家行为"的提法，认为"传染病防治不能与国家行为等同"。笔者认为，国家行为包括对外与对内两大部分。对外国家行为是以国家名义实施的政策与行为，主要包括国防、外交、互联网信息控制三大类。对内国家行为是指经宪法和法律授权的有关国家机关（如卫健委、应急管理部等），在对国内全局性、战略性的国家重大事务中，代表整个国家对内实施的统治行为。对内统治的国家行为主要包括为保卫人民利益，捍卫国家政权，防止国家、民族分裂，防控传染病的流行，应对重大自然灾害，抵御信息或者生物、化学攻击等而采取的紧急动员、宣布戒严、组织救援以及其他全局性、紧急性措施的实施等。无论从人类发展史上与传染病的抗争，还是当今世界各国对防治传染病的决策看，传染病所造成的损失和防治传染病所投入的人财物力都远远高于战争。麦克尼尔在《瘟疫与人》中提醒人们，疾病，尤其是传染病，在人类历史上的地位被低估了，疾病不是配角，而是历史的基本决定因素之一。疾病是"行走的生化武器"，它可以塑造一个国家的内部结构，也能够影响世界的大格局。"从历史上看，面对瘟疫，人类应对能力是非常有限的，需要个人、社会和国家共同参与。"[5]就我国而言，2020 年为支援湖北省防控新冠疫情，共计派出 344 支国家医疗队、42322 位医务人员（其中各省市自治区 38478 人、军队 3844 人）驰援。[6]如此级别、如此规模的医务人员紧急调用，怎么能说不是国家行为呢？

我国现行的《传染病防治法》第 5 条规定："各级人民政府领导传染病防治工作。"

4　雷瑞甫，黄楠：《如何理解国家行为》，载中国法院网，2021 年 8 月 4 日访问。

5　仲伟民，李俊杰：《瘟疫与人类历史——传染病影响世界历史进程》，载《光明日报》，2020 年 3 月 14 日。

6　《各省（区、市）驰援湖北医护人员分布》，来源：新华网，2020 年 3 月 5 日，2021 年 8 月 6 日访问。

这里所说的"各级"理所当然包括国家级。在我国,传染病分为甲类、乙类和丙类。甲类传染病是指鼠疫、霍乱;乙类传染病是指传染性非典型肺炎、艾滋病、病毒性肝炎等;丙类传染病是指流行性感冒、流行性腮腺炎等。《传染病防治法》第 3 条规定:"国务院卫生行政部门根据传染病暴发、流行情况和危害程度,可以决定增加、减少或者调整乙类、丙类传染病病种并予以公布。"国家卫健委在 2020 年第 1 号文件中,明确将新型冠状病毒感染的肺炎纳入《传染病防治法》规定的乙类传染病,并采取甲类传染病的预防、控制措施。这就是说,鉴于传染病暴发、流行情况和危害程度,卫健委有权决定增加、减少或者调整乙类、丙类传染病病种并予以公布。在实际工作中,有的传染病可能只是局部性的,只需要该传染病发生地的地方政府作出决策,但毋庸置疑的是,传染病防治国家不能缺位。即便是某种疫情仅仅发生的局部,也需要国家层面的协调、支持甚至驰援。在学术研究中,将传染病防治统称为国家行为并无不妥。从当今世界对新冠肺炎疫情防控看,为有效控制疫情,各国大都投入巨大人财物力采取局部或者全面的隔离措施,封闭交通枢纽、限制人员流动、暂停商业运行、研发疫苗和特效药物,等等。同时,不少国家还采取断航、关闭边境等措施。难道这些都不足以说明传染病防治是国家行为吗?

二、对流行病学调查的法理学分析

流行病学调查(以下简称"流调")是指为预防和控制疾病,用流行病学的方法进行的医学调查研究。新冠病毒肺炎疫情防控以来,"流行病学调查"作为专业术语广泛见诸媒体,公众对流调既有神秘感,也有不理解,尽管多数人支持流调工作,但在实践中也遇到了困难,在一定程度上影响了疾病监测任务的完成。流调工作目前所遇到的困难,在法律层面上的原因有三:一是疾病预防控制中心的法律地位不够明晰;二是流行病学调查工作的法律依据不够完善;三是处罚规则的设计不够科学。

流调是传染病防控决策的基础,没有流调工作及时准确地提供数据,疾病监测的任务就会落空。正如新华社记者所言:疾控流调员,要尽量在最短时间内摸清楚每个上报病例的活动轨迹,分析出感染途径和传播链,并及时采取措施阻断病毒传播,从而将病毒的感染人群控制在最小范围。他们争分夺秒,不放过任何蛛丝马迹,犹如战斗在抗"疫"一线的"福尔摩斯"[7]。特别是,流调工作有一定的滞后性,需要当事人回忆若干天之前的活动轨迹和接触过的人员、动物、物品、环境,疾控流调员面对的是被调查人的疏忽、遗忘与可能的不配合交织在一起的复杂局面。疾控流调员不但要查清被调查人的行踪,而且要查清被调查人的活动

7　侠克:《疾控流调员——追踪新冠病毒的"福尔摩斯"》,载新华网,2020 年 12 月 5 日访问。

（接触了哪些人物、动物、物品、环境），以及是如何出现密切接触的。显然，面对如此艰巨、如此紧急的调查任务，理所应当明确流调工作的法律地位，赋予其相应的行政权力。

（一）流调工作的基本特点

流调是医学专业与行政执法属性兼具的特殊工作，是疾病预防控制机构的对外职能之一，基本特点有四：

一是彻查性，即流调工作要尽最大可能摸清病例的活动情况，时间不留空白段，空间不留空白点，"密接"不漏一人。为此，需要"复盘"发病前一个潜伏期周期内每一天的具体活动，关键的环节甚至要精确到分和秒，找到足以支撑被调查人陈述的证据，以防错讹。孙春兰副总理 2021 年 8 月 11 日在扬州调研疫情防控工作时强调，要加快流调进度，扩大排查范围，风险人员必须在 24 小时内流调和管控到位，杜绝漏管失控风险。[8]

二是溯源性，即流调必须对感染来源、感染途径作出准确的判断。如果找不到传染的源头，就意味着病毒仍然在四处游荡扩散，不断产生一代、二代、三代、N 代感染者。而每一个感染者都可能成为新的传染源，形成新的滚动式的传播链。如果某病人在发病前去过多个城市、参加过多次活动，判断此病例在哪个地方、哪个环节上传播了疾病，必须取得相关方面的配合与协作，才能组成完整的证据链。

三是紧急性，流调工作是与疾病的传播抢时间，切忌贻误战机。时间的延宕必然造成疾病更加广泛的传播，必须争分夺秒采取措施阻断传播链。[9]特别是当传染病是由"人传人"传播时，对关键环节某个人的漏查或查而无果会影响整个传播链条的发现。广州警方在对一起四代重点病例接触追溯过程中发现，第三代接触者与第四代接触者仅用 14 秒就完成新冠病毒变异毒株"德尔塔"（Delta）的传播。[10]

四是复合性，流调既是医学行为，又具有行政调查的性质，是为行政决策提供依据的基础性工作。接受流调的人员，对以往的行程可能有遗忘或者错记，如果被调查对象编造谎言、刻意隐瞒信息或者拒不回答提问，会使得流调工作更加困难。据媒体报道，"目前哈尔滨市流调排查切实有效，但受客观条件、配合程度等影响，

8　新华社扬州 8 月 11 日电：孙春兰在扬州调研时强调坚决堵住防控漏洞尽快遏制疫情扩散势头。

9　据《中国疾病预防控制中心周报》披露，2021 年 1 月发生在吉林省通化市的超级传播事件，该事件的超级传播者为 1 名 44 岁男性讲师，截至 1 月 31 日其已造成至少 141 个相关病例感染，且感染者多数为参加保健品讲座的老年人。该讲师举办了三场讲座，三场讲座参与者的新冠罹患率分别达到了 90%（40 人参加 36 人被感染），90%（31 人参加 28 人被感染）和 38%（26 人参加 10 人被感染）。资料来源：上观新闻，2021 年 2 月 17 日，访问时间：2021 年 2 月 21 日。

10　详见新京报 2021 年 6 月 21 日《紧急呼叫》报道。

还存在一定漏查隐患。"[11] 2008 年 6 月,《最高人民检察院、公安部关于公安机关管辖的刑事案件立案追诉标准的规定(一)》第 49 条规定,违反传染病防治法的规定,引起甲类或者按照甲类管理的传染病传播或者有传播严重危险的,应当按照妨害传染病防治罪立案追诉。现实中遇到的难题是,在流调期间,一般还未能掌握被调查人"引起甲类或者按照甲类管理的传染病传播或者有传播严重危险的"证据,所以往往连立案都很困难。

(二)流调工作本身也需要有法可依、依法而为

流调是公共卫生工作的一种基本方法,除了阻断传染病传播以外,在预防控制职业中毒事件、食品安全事件、不明原因疾病等各类突发公共卫生事件中,流调都有广泛的应用。流调主要调查病例的暴露情况、活动轨迹、与他人接触、就医购药等多方面的内容,确实涉及公民的隐私与企事业单位的内部活动(如人员集聚的状态、环境的封闭性、所接触的人与物、防护措施是否到位等)。显然,如此艰巨的任务,仅凭流调人员"两条腿"四处奔走和 "一张嘴"做政治思想工作肯定是不行的。这次新冠肺炎疫情全球大流行,我国绝大多数人是从政治上感觉到必须无条件服从流调才配合调查的,所以很少有人查问流调的法律依据。其实,公众对流调法律属性的知晓度很低。流调工作的对象是进入我国国境的所有人,本身也需要有法可依,依法而为,既严格履行法定职责,又妥善保护当事人的隐私。流调处在疾病控制的前沿第一线,不能仅仅依靠政治上的正确性开展工作。俗话说"人命关天",传染病的流行严重威胁人民安全,重大传染性疾病和生物安全风险是事关国家安全和发展、事关社会大局稳定的重大风险挑战,必须把流行病学调查放到维护人民安全、维护国家安全的高度加以认识。

流调是防止疾病传播和扩散的重要手段,承担的是对疾病的发生、流行进行监测,及时为决策提供准确依据的任务。流调的及时准确与否直接关系到决策的正确性。在宏观层面,监测传染性疾病的发生与流行是关乎人类健康与国家安全的重大任务,流调是对社会负责、对人民负责、对国家负责的公务行为;在微观层面,准确及时地提供传染病监测数据是政府正确决策的基础,任何闪失都会造成不可挽救的后果,是不可能事后弥补的。客观地说,查明感染来源与查明传播途径,与公安机关的侦查工作相类似,必须追根溯源、穷追不舍,获得第一手证据。两者的区别在于流调的对象是具有传染性的疾病而不是犯罪嫌疑人,但是,具体病例必然涉及法律意义上的自然人、法人以及非法人组织,流调工作的法律性质与行为边界亟待明确。正因为流调工作具有上述特殊性,且必须得到社会各

---

11 记者报道:《哈尔滨市:流调排查切实有效 坚决控制传染源》,中国新闻网,2020 年 4 月 18 日,2021 年 2 月 21 日访问。

方面的支持和配合，所以应当向公众普及流调工作兼具医学专业与行政执法属性的知识。

（三）公安机关协助流调的依据不明确

在流调工作中遇到当事人不配合的困难，疾控部门只得请求公安机关协助。[12] 但是，公安机关在协助开展流调时，并没有具体的法律依据，只能"借用"现行《传染病防治法》第 54 条的规定。《传染病防治法》第 54 条的原文是："县级以上人民政府卫生行政部门在履行监督检查职责时，有权进入被检查单位和传染病疫情发生现场调查取证，查阅或者复制有关的资料和采集样本。被检查单位应当予以配合，不得拒绝、阻挠。"显然，此项权力仅仅授予县级以上人民政府卫生行政部门在履行监督检查职责时实施，疾控部门在此有 "搭便车"之嫌。限于流调的主体是疾病预防控制部门，流调并不是卫生行政部门的监督检查职责，疾控与卫生监督均是卫健委的下属部门，两者的职责也需要厘清。

（四）违反传染病防治法受罚的前提需要廓清

现行《传染病防治法》第 77 条规定："单位和个人违反本法规定，导致传染病传播、流行，给他人人身、财产造成损害的，应当依法承担民事责任。"这一规定的疑点有三：一是违反传染病防治法追责的应当是"行为说"还是"结果说"？二是追责是否应当限定在"给他人人身、财产造成损害"的范围内？三是应当依法承担的仅仅是民事责任吗？

在法理上，规定予以处罚的有行为和结果两种情形。依据我国刑法的规定，行为犯是指以法定的犯罪行为的完成作为犯罪既遂标准的犯罪，结果犯是指犯罪行为必须造成犯罪构成要件所预定的危害结果的犯罪。概括地说，行为犯是以行为的完成为标志，具有某种法定行为即可处罚，称为 "行为说"；结果犯是行为导致出现某种法定后果才能处罚，称为 "后果说"。在流调范围内的特殊性在于，被调查人并不一定能够最终确诊为患者，与被调查人具有"密接"的人也不一定确实感染疾病，不配合流调的行为也不一定出现给他人人身、财产造成损害的后果。上述三个"不一定"实际上使得违反传染病防治法的行为难以被追究法律责任。疾病预防控制部门面对法律规定的"后果说"，深感"远水解不了近渴"。以哈尔滨市"1 传 80+"为例，拒不配合流调的行为，使得更多的人"密接"、更多的人被隔离观察。这种客

12　据 2020 年 4 月 10 日来自黑龙江省卫健委的消息：由于确诊者郭某明、无症状感染者王某苓不配合流调工作，给追溯传染源、查清密切接触者带来极大困难，哈尔滨市公安机关已第一时间介入并开展立案调查。现经哈尔滨市疾控中心与公安侦查机关联手调查，王某苓的女儿曹某可能接触境外入哈人员所污染的环境致病，进而导致家庭成员集聚感染。资料来源：《哈尔滨现一传十感染链：连续四天共确诊 11 例，警方已立案》，载澎湃新闻，2021 年 2 月 12 日访问。

观上延长传播链的行为，已经扰乱了公共秩序，是应当受到处罚的。这就是说，感染某种疾病的人不具有可罚性，拒不配合流调的行为具有可罚性。法律是引导人们诚实守信的利器，如实提供情况是不可逾越的底线。在传染病防治管理范围内，只要有拒不提供真实情况的行为，无论是否造成严重的后果，都应当受到惩罚。造成严重后果，只是从重处罚的依据。

三、现行立法对流行病学调查的规定亟待改变

现行的《传染病防治法》第 12 条规定："在中华人民共和国领域内的一切单位和个人，必须接受疾病预防控制机构、医疗机构有关传染病的调查、检验、采集样本、隔离治疗等预防、控制措施，如实提供有关情况。疾病预防控制机构、医疗机构不得泄露涉及个人隐私的有关信息、资料。"这作为流行病学调查的法律依据是明确的，但是对拒不配合调查的行为缺少明确的制约手段。例如，在新冠肺炎疫情调查中查行踪、查聚集、查密切接触者（简称"密接"）是必须刨根问底的重点，在调查聚餐行为时，必须报出所有共同聚餐人的姓名住址，甚至要求当事人回忆邻桌的是哪些人。有人提出，即便是在刑事诉讼过程中，犯罪嫌疑人都可以保持沉默，为什么"必须接受疾病预防控制机构、医疗机构有关传染病的调查，……如实提供有关情况"呢？不想说不可以吗？据媒体报道，2021 年 7 月 21 日，从南京到扬州的马某宁（已被刑事拘留），隐瞒行程、隐瞒黄码、隐瞒南京旅居史，频繁出入人口密集场所，在其打麻将的 4 天，仅她一个人，就导致棋牌室中 47 人被感染。当前，扬州市疫情处于集中暴发期，出现社区、家庭广泛传播，底数不明，防控形势复杂严峻。归根结底，都与马某宁隐瞒行程、隐瞒黄码、隐瞒南京旅居史，频繁出入人员密集场所，拒不配合流调的行为有关。目前，马某宁已被刑事拘留，等待她的将是法律的制裁。

第一，必须说明，流行病学调查具有单方意志性，即流调是国家意志，流调不可能在与被调查人协商的基础上进行，被调查人必须无条件配合调查。第二，我国刑事诉讼法并没有规定"沉默权"，只是规定"不得强迫任何人证实自己有罪"，新修订的《刑事诉讼法》第120条规定："犯罪嫌疑人对侦查人员的提问，应当如实回答。但是对与本案无关的问题，有拒绝回答的权利。"流调并不是要求当事人"自证其罪"，只是了解其行踪与聚集状态，尽快阻断传播链。第三，流行病学调查与刑事诉讼不适用同一原则。有关传染病的调查是医学领域的专业调查，只是调查传染病流行的轨迹，不存在"定罪量刑"问题，但绝对不能允许撒谎或隐瞒真相。当事人如实回答与疾病控制有关的问题是对自己、对社会负责。第四，流调针对的是流行病而不是公民个人。在疾病控制领域，患者是无辜的，阻断疫情传播刻不容缓。一个人不如实报告真相，会错失对一批人采取医学措施的时机，可能造成疫情的大规

模传播。无论客观上存在什么情况，只要如实提供情况就应当得到肯定，反之则应当受到处罚。

《上海市传染病防治管理办法》（2017 年 11 月 29 日上海市人民政府令第 60 号公布）也规定"涉及传染病疫情和疑似传染病疫情的单位和个人，应当接受并配合调查核实。"换句话说，疾控部门在调查核实疫情时，有关单位和个人应当配合，但如果出现拒不配合的局面，疾控部门应当如何作为却语焉不详。2020 年 2 月 7 日，上海市人大常委会通过《关于全力做好当前新型冠状病毒感染肺炎疫情防控工作的决定》的第 11 条规定："个人有隐瞒病史、重点地区旅行史、与患者或疑似患者接触史、逃避隔离医学观察等行为，除依法严格追究相应法律责任外，有关部门还应当按照国家和本市规定，将其失信信息向本市公共信用信息平台归集，并依法采取惩戒措施。"这一规定明确拒不配合流调就是失信，必须予以制裁，但因为仅是上海市的地方法规，只在上海市的范围内有效。

显而易见，流调内容深度涉及个人隐私，法律法规赋予疾控机构开展流调的法律保障也亟待明确和加强。特别是，流调是针对各种情况人群的紧急调查任务，必须具有明确的工作"抓手"。据韩国媒体报道，2020 年 5 月 2 日和 3 日，教师 A 某曾两次前往梨泰院夜店，但 A 某最初在接受防疫部门调查时，不仅自称无业，还隐瞒行程继续上课，最终除了 A 某本人确诊，还造成 6 名学生（5 名高中生和 1 名中学生）、1 名家长和 1 名同事被感染。[13] 诸如此类隐瞒行踪的情况在我国也有多次出现，"你曾经到过哪里""和哪些人有过接触"的提问往往令被调查人不愿回答，但这又是必须尽快查清的关键问题。随着疫情防控常态化和散在偶发病例的随机出现，流调工作的量和难度都在增加。以查清某一位患者的行踪为例，本人能够如实陈述是最省时省力的，但如果被调查人不说实话或者编造谎言，流调工作的难度和工作量就会陡增。特别是无症状感染者因为自己身体并无不适，接受调查时往往很不耐烦。一旦传播链未被切断，就会出现感染人数的激增。"一个人坑一座城"的说法虽有片面之嫌，但也切中要害，作为立法就应当尽最大可能防止出现"一个人坑一座城"的局面。

四、强化流调工作法律支撑的制度设计

在新冠肺炎疫情防控之初，钟南山院士曾明确表示："我们 CDC 的地位太低了，这是一个技术部门。CDC 的特殊地位没有得到足够的重视，要一级一级上报。它应该有一定的行政权。"[14] 随着国家疾病预防控制局的成立，疾病预防控制部门的行政权已经得到落实，但还有"如何行使行政权"等问题希望能够尽快解决。特别是，我国现有的卫生健康工作管理体制确实具有"重临床治疗、轻公共卫生"的弊端，

13　《韩国一老师隐瞒夜店行程去上课 致 6 名学生确诊》，载人民网，2020 年 7 月 3 日访问。

14　钟南山：《CDC 特殊地位并没有得到足够重视》，载《环球时报》2020 年 2 月 27 日。

修订《传染病防治法》正是从源头上拨乱反正的契机。可喜的是,《传染病防治法》（修订草案征求意见稿）已经公布[15]（为便于表述,以下简称"新传法"）。我现结合"新传法"的修订,提出具体的制度设计方案如下:

（一）加快国家疾病预防控制局的实质性建设

国家疾病预防控制局已经在 2021 年 5 月 13 日正式挂牌成立。[16]国家疾病预防控制局的成立意味着,我国疾控机构职能正在从单纯预防控制疾病向全面维护和促进全人群健康转变,不仅能更好地应对突发性公共卫生事件,组织并调动力量进行防控,还能顺应健康发展新趋势,积极应对人民健康发展新需求。据相关消息,新成立的国家疾病预防控制局,将聚合原国家卫健委内设的疾病预防控制局、应急办、卫生健康监督中心等部门,以及中国疾病预防控制中心。此次国家疾病预防控制局的强势成立,也宣告了我国公共卫生领域的深度改革拉开了序幕。但是,国家疾控局的挂牌只是全面建设的起点,"三定"方案明确以后,人员到位、内部分工、对外行使职权等实质性的建设必须抓紧进行。各省市自治区疾病预防控制机构的建设也要尽快启动。以人民健康为中心不是一句口号,行政权力和专业力量都很重要,在推进人民健康事业中,行政权力与专业力量犹如鸟之双翼、车之双轮,缺一不可。在疾病预防控制机构具体运行中还需要冲破陈旧观念的束缚,让疾病预防控制回归正位,真正能够"说了算"。

细菌与病毒先于人类在地球上存在,人类对传染病的认识还有许多知识盲点。人类在可以预见的短时期内战胜传染病,或者在开放条件下保持一国范围内的病毒"清零"只是一厢情愿。人类的理性选择应当是,在与病毒共存的前提下,有效地控制流行病的传播。为此,必须遵循医学规律,充分发挥国家对人民健康的指引、促进和维护作用,协调整合各方面的力量,坚持常态化的"外防输入、内防扩散"。"新传法"必须明确规定传染病防治体现的是国家意志,各级政府要始终把人民群众的身体健康放在首位。建议新的《传染病防治法》第 7 条修改为"传染病防治是国家行为。国家疾病预防控制局牵头负责全国传染病防治及其监督管理工作"。

（二）明确疾控部门尊重事实、服从法律,具有独立性

现行我国现行的疫情报告制度实行"属地管理"原则。现行《传染病防治法》

15　2020 年 10 月 2 日,国家卫生健康委根据全国人大常委会关于《中华人民共和国传染病防治法》修改工作部署,对传染病防治法进行了修改完善,研究形成《中华人民共和国传染病防治法》（修订草案征求意见稿）,向社会公开征求意见。

16　据中新社报道,国家疾控局属国务院部委管理的国家局,行政级别为副部级。国家疾控局将负责制订传染病防控及公共卫生监督的政策,指导疾病预防控制体系建设,规划指导疫情监测预警体系建设,指导疾控科研体系建设,公共卫生监督管理、传染病防治监督等。

第 33 条规定疾控部门"接到甲类、乙类传染病疫情报告或者发现传染病暴发、流行时，应当立即报告当地卫生行政部门，由当地卫生行政部门立即报告当地人民政府，同时报告上级卫生行政部门和国务院卫生行政部门。"逐级审核上报的机制尽管能减少误报，但明显效率低下，且难以控制地方政府的瞒报、漏报问题，其中隐而不言的原因是疾控中心只是负责"技术管理和服务"的机构。笔者认为，新的《传染病防治法》要旗帜鲜明地为国家疾病预防控制局撑腰，明确其尊重事实真相，只服从法律的独立性。建议新的《传染病防治法》应增加如下内容："疾病预防控制机构开展疾病预防控制工作，应当依循尊重事实、服从法律、客观独立、公开公正的原则，不受任何可能干扰其技术判断因素的影响，确保数据真实、完整、可靠，作出的判断不受其他组织或者人员的影响。"

（三）明确流行病学调查具有行政性

现行《传染病防治法》第 54 条的规定应当修改，建议新的《传染病防治法》明确规定："县级以上人民政府卫生行政部门在履行流行病学调查、监督检查职责时，有权进入被调查、检查单位或者个人的传染病疫情发生现场调查取证，询问有关人员，查阅或者复制有关资料和采集样本。被调查、检查单位或者个人应当予以配合，不得拒绝、阻挠。必要时，调查、检查人员有权请求公安机关协助。"与一般行政行为相比较，流调是执行传染病防治管理法的政府行为，现场调查取证中的观察、询问、查阅、复制、取样、采集标本等行为必然深度涉及公民的隐私，如果没有法律的明确规定或授权，疾病控制部门是难以高效率开展工作的。

特别需要说明的是，流调行为具有单方意志性，流调不可能在与被调查人协商的基础上进行，即流调是国家意志，被调查人必须无条件配合调查。一般而言，被调查对象虽然害怕疾病的传染，但并不愿意被追根究底，回避或者不配合调查的可能性较大。如在查问聚餐人员时，有的人说"我们就是在一起吃饭，没有做坏事"。其实，流调并不涉及是否"做坏事"，只是必须清楚确切地掌握共同就餐的人员，以采取防控措施。在某种意义上说，流调是与疾病的传播抢时间，任务紧迫，刻不容缓，在立法上应当给与更加强有力的支撑。尤其是被调查人觉得自己的行踪、与他人接触等信息属于隐私，不必要向他人透露，就可能使得流调陷入僵局。在立法时明确被调查人具有如实陈述和配合调查的义务并不是对人权的忽视，而是从根本上保障人权。如果立法时不明确被调查人具有如实陈述和配合调查的义务，流调就会流于形式。

目前，当公安机关协助开展流调时，行政行为的意志单方性就得到了较好体现。新的《传染病防治法》作出"必要时，调查、检查人员有权请求公安机关协助"的规定，既可以体现行政执法的严肃性，又便于调查、检查人员操作。公安机关在协助疾控部门流调时，可以使用归集手机定位、现场支付、行踪轨迹、视频监控资料等多种手段，并通过手机警报、媒体呼吁相关人员主动接受调查，提高调查的效能。

（四）规定接受流调如实陈述的义务及其后果

新的《传染病防治法》第 11 条规定："中华人民共和国领域内的一切单位、团体和个人有责任和义务协助、支持和配合传染病防控工作。"相比旧法有了明显进步，但还不够。建议进一步明确规定："中华人民共和国领域内的一切单位、团体和个人有责任和义务接受医疗机构、疾病预防控制机构有关传染病的查询、检验、调查以及预防、控制、诊疗措施，并有检举、控告违反传染病防治管理法的权利。"理由是"协助、支持和配合传染病防控工作"的提法比较模糊，作为义务性的规定应当进一步明晰，同时，也应当赋予相应的权利。

众所周知，行政行为是以国家强制力保障实施的，带有强制性，行政相对方必须服从并配合行政行为。否则，行政主体将予以制裁或强制执行。感染疾病或者与患者有过密切接触都是无辜的，但流调不是可以接受或者不接受的自由选项，配合流调是公民必须履行的法定义务。建议新的《传染病防治法》明确规定："流调人员在调查开始前，应当向被调查人告知具有如实回答与疾病控制有关问题的义务，要求配合开展调查。被调查人拒绝配合调查或者隐瞒事实真相，足以影响调查工作进行的，列入失信人员名单，并对有关责任人员依法给予行政处分或者纪律处分；触犯《治安管理处罚法》的，由公安机关依法予以处罚；构成犯罪的，依法追究刑事责任。"这样规定的益处有四：第一，强化程序，明确流调人员首先向被调查人告知具有如实回答与疾病控制有关问题的义务；第二，明确罚则，规定拒绝配合调查或者隐瞒事实真相必受处罚，彰显了立法的严肃性；第三，明确足以影响流调工作进行的行为将受到处罚，避免了形成后果才予以处罚的不合理性；第四，明确不同处罚的尺度，体现以事实为依据，以法律为准绳的原则。

（五）新的《传染病防治法》的文字表达应当更加精准

笔者注意到，《传染病防治法》（修订草案征求意见稿）第 96 条规定："单位和个人违反本法规定，导致传染病传播、流行，给他人造成损害的，应当依法承担赔偿责任。情节严重构成犯罪的，依法追究刑事责任。"这里"单位和个人"的表述有歧义，应当改为"单位或个人"。理由是"和"的含义是"二者皆有"，如"A 和 B"；"或"的含义是"有一即是"，如"A 或 B"。如果某人有违反传染病防治法的行为，受罚时其辩称，法律规定是"单位和个人违反本法规定"，我只是个人违法，故不应当受罚，就会导致"法无明文规定不为罪"的结果。

More Clear Legal Support Should be Given to Epidemiological Investigation

Tang Xiao-tian

Abstract：At present, although most people support the work of epidemiological investigation, they also encounter difficulties in practice.At the legal level, the reason is that the legal attribute of epidemiological investigation is not clear and the existing provisions are not very operational.Therefore, it is necessary to reveal the basic characteristics of the epidemiological investigation work, realize that the epidemiological investigation work can be done according to the law, clarify the basis for the public security organs to assist the epidemiological investigation, and clarify the premise of punishment for violating the law on prevention and control of infectious diseases.Suggestions for strengthening the system design of legal support for epidemiological investigation: first, change the law on prevention and control of infectious diseases into the law on management of prevention and control of infectious diseases; second, make clear the authorization of disease prevention and control institutions; third, make clear that the CDC respects the facts, obeys the law, and is independent; fourth, make sure that the epidemiological investigation is administrative;fifth, stipulate the obligation and consequences of accepting the truthful statement of epidemiological investigation.

Key Words：epidemiological investigation; disease prevention and control;act according to law; legal support; administrative

中药企业技术秘密保护法律制度研究[*]

宋民宪　康　琪　宋浩伟　张海燕　杨　男

摘　要： 当前由于缺乏适用于中药企业技术保护制度，在一定程度上影响了中药企业合法权益。因此，中药技术秘密的保护制度需要完善。首先，本文以已上市中成药品种的药品标准和相关技术秘密保护的法律法规作为研究对象，具体分析了中药技术秘密的形成，包括源于生产条件、源于传承或持续的研究等情况。其次，针对就职者、劳动者、第三人的法律关系，提出了中药技术秘密与竞业限制应予区别。最后，通过对相关研究的梳理及先行司法解释解决法律适用分析，得出如下结论及建议：（1）中药技术秘密保护制度需要以技术作为基础，且该技术或技术方案的应用不为公知；（2）中药企业与劳动者或离职者签订的保密条款中理应引入脱密期概念；（3）中药技术秘密涉及面较小，专业较强，对于中药行业的发展和保护具有重要意义，以司法解释形式明确中药技术秘密保护与纠纷法律适用原则具有可行性。本文中药技术秘密的相关研究结论扩展后可以适用于中药材种养殖、产地加工、中药饮片炮制等领域内中药技术秘密保护。

关键词： 中药　中药企业　技术秘密　竞业限制　脱密期

中药企业技术秘密系基于已批准持有的中药品种疗效、安全性相关的生产、质量控制技术，包括研究及已应用的技术。本文所指中药企业技术秘密仅指中药生产企业所持有的中成药技术秘密，不包括中药饮片炮制技术，以及中药种植养殖和产地加工技术秘密。目前，我国已批准上市的中成药品种数达到9300余个，大部分品种处方、制法等项目在药品标准中予以公开，部分品种未公开处方或处方全部药味、剂量、制法，在药品标准层面起到了对中药企业技术秘密的保护作用。但是作为事关生命健康的产品，医生、患者、药品销售者的知情权同样受到《中华人民共和国宪法》（以下简称《宪法》）、《中华人民共和国民法典》（以下简称《民法典》）、《中

---

　* 基金项目：四川医事卫生法治研究中心重点项目（YF21-Z07）。

　宋民宪，江西中医药大学药学院特聘教授，博士生导师。研究方向：药事法学。康琪，成都中医药大学药学院。宋浩伟、张海燕，北京东卫（成都）律师事务所。杨男，四川大学华西药学院。

华人民共和国药品管理法》（以下简称《药品管理法》）等法律保护。2018 年，国家药典委员会发布的《中华人民共和国药典》（以下简称《中国药典》）2020 年版编制大纲提出除国家保密品种外，收入药典的中成药实现处方与制法全部公开。中药品种标准项目的全部内容公开是一种趋势。同时，由于药品生产受到严格的法律管制，处方药味及剂量一般情况下不允许变更，生产工艺及变更等均需要经过审批，除监管部门对中药企业的技术秘密负有保密责任，中药企业对技术秘密保护意识、措施是决定保密效果的关键。中药企业的技术秘密可以以国家秘密的方式予以保护，但是纳入国家秘密保护的中成药品种仅有 7 个，均为传统中药品种，没有中药新药。对应的药品标准处方、制法收载情形有以下 5 种：（1）处方、制法均不公开；（2）处方中公开了部分药味，未公开药味剂量、制法；（3）公开处方全部药味，未公开药味剂量、制法；（4）公开处方全部药味、制法，未公开药味剂量；（5）公开处方全部药味、剂量、制法。前 4 种情形技术难度秘密保护可能较小，药学领域内技术人员根据公开内容可以较为容易的制备出相应产品，而第 5 种情形则技术秘密保护难度较大，可见按国家秘密保护的中药数量有限，对绝大多数中药企业而言不具有可行性。因此，对中药企业技术秘密保护的研究具有普遍意义。

一、中药企业技术秘密的产生机制

（一）源于生产条件

逍遥颗粒、逍遥胶囊、逍遥片药品标准制度规定均加水煎煮二次，第一次 2 小时，第二次 1 小时，煎煮液滤过后浓缩，分别加入辅料后制粒，装胶囊，压片制成逍遥颗粒、逍遥胶囊、逍遥片。其中，逍遥颗粒加蔗糖 1200～1350g 及适量糊精，制成 1500g，按此推定煎煮药液含干膏重量为 150～300g。逍遥胶囊药品标准处方项药味剂量是逍遥颗粒的 2 倍，煎煮后干膏应为 300～600g，要求制成 1000 粒，每粒 0.4g，即制剂总重量为 400g，按照对逍遥胶囊药品标准制法项煎煮后干膏收得的一般理解，必须通过控制加水量、滤过条件降低干膏收得率，否则不可能制成 400g 的制剂总量。逍遥片药品标准处方项药味剂量是逍遥颗粒的 2.5 倍，煎煮后干膏应为 375～770g，要求制成 1000 片，每片重 0.35g，即制剂总重量为 335g，如按照对逍遥颗粒制法中干膏收得率，依据药品标准规定的制法不可能制成符合规定的逍遥片。以上案例说明，中药药品标准中的制法并不是完整的制造工艺，中成药的具体制造工艺应属于中药企业的技术秘密。

（二）中药企业技术秘密源于传承或持续的研究

安宫牛黄丸为历版《中国药典》收载品种，共有 100 余个中药企业获得上市许可。其处方、制法全部公开，但唯有北京同仁堂股份有限公司生产的安宫牛黄丸被列为国家秘密。处方为牛黄 100g、水牛角浓缩粉 200g、麝香或人工麝香 25g、珍珠 50g、朱砂 100g、雄黄 100g、黄连 100g、黄芩 100g、栀子 100g、郁金 100g、冰片 25g，制法如下：以上十一味，珍珠水飞或粉碎成极细粉；朱砂、雄黄分别水飞成极细粉；黄连、黄芩、栀子、郁金粉碎成细粉；将牛黄和水牛角浓缩粉、麝香或人工麝香、冰片研细，与上述粉末配研，过筛，混匀，加适量炼蜜制成大蜜丸 600 丸或 1200 丸，或包金衣，即得。处方牛黄有三种基原（天然牛黄、培植牛黄、体外培育牛黄）的可能，珍珠有三种基原（马氏珍珠贝、三角帆蚌、褶纹冠蚌）的可能，黄连有三种基原（黄连、三角叶黄连、云连）的可能，郁金有四种基原（温郁金、姜黄、广西莪术、蓬莪术）的可能，加上麝香或人工麝香可选，安宫牛黄丸仅处方因药材基原或来源不同可以有 216 种不同组合，筛选形成最优组合可能成为企业技术秘密。该品种制作方法上珍珠可水飞或粉碎之分，炼蜜有老、中、嫩之分，是否包金衣之分，制法与处方药味基原或组合数可以达到 4320 种之多。可见，不同企业生产的相同处方、相同制法、相同的检验项目生产的同一中药亦可能因技术秘密存在质量、安全性、疗效上的差异。以上传统的中药技术秘密多源于传承，并无充分的技术研究证实。

中药企业除传承的技术秘密外，还可能因持续研究优化所持有的中药生产技术方案，阐明所持有中药产品质量、疗效、安全性优势。仍以安宫牛黄丸为例，处方中麝香与人工麝香的差异是显而易见的，其他药味因基原不同药效存在差异的研究报道，例如：不同基原的黄连清热泻火功效存在差异，[1] 不同基原的郁金药理作用有比较明显的差异。[2]《药品管理法》规定药品上市许可持有人应当制定药品上市后风险管理计划，开展药品上市后研究，对药品的安全性、有效性和质量可控性进行进一步确证。所谓"确认"即为持续性研究，在确认过程中变更原有技术方案，可能持续产生技术秘密。根据《药品管理法》的规定，对药品生产过程中的变更，按照其对药品安全性、有效性和质量可控性的风险和产生影响的程度，实行分类管理。属于重大变更的，应当经国家药品监督管理局批准，其他变更应当按照规定备案或者报告。经确认的持续性研究结果，经审批、备案、报告后用于中药生产，变更后的技术方案有别于公开的药品标准，而成为中药企业的技术秘密。

尚在研究中的技术虽然未用于应用，但可能用于生产或对于相关研究具有借鉴意义的技术仍然应当视为中药企业技术秘密。因此，中药企业技术秘密涵盖范围较宽，是否纳入企业技术秘密管理的主动权由企业掌握，涉及的保密范围越宽，则保护难度越大，保密管理更为复杂。

1　李继书：《不同基源黄连清热泻火功效差异性研究》，成都中医药大学 2010 年度博士论文。

2　蒋浩等：《不同基原郁金的比较药理研究》，载《中华中医药杂志》2015 年第 12 期，第 4491-4494 页。

二、中药企业技术秘密保护的法律制度

（一）社会、民商、经济法

《民法典》合同编技术合同章使用技术秘密一词，并就技术秘密的所有权、转让权、使用权等作出了与专利权相似或相同的表述，即意味中药企业技术秘密同样具有财产属性，其所有权属于中药企业，中药企业的劳动者不因劳动合同关系而成为技术秘密的所有者。

《中华人民共和国劳动合同法》（以下简称《劳动合同法》）规定，用人单位与劳动者可以在劳动合同中约定保守用人单位的商业秘密和与知识产权相关的保密事项。对负有保密义务的劳动者，用人单位可以在劳动合同或者保密协议中与劳动者约定竞业限制条款，并约定在解除或者终止劳动合同后，在竞业限制期限内按月给予劳动者经济补偿。竞业限制的人员限于用人单位的高级管理人员、高级技术人员和其他负有保密义务的人员，竞业限制期不得超过二年。

《中华人民共和国反不正当竞争法》（以下简称《反不正当竞争法》）规定，经营者实施侵犯商业秘密的行为，明知或者应知商业秘密权利人的员工、前员工或者其他单位、个人实施侵犯商业秘密违法行为，仍获取、披露、使用或者允许他人使用该商业秘密的，视为侵犯商业秘密。

广东省、珠海市、浙江省、宁波市制定有企业技术秘密保护地方法规或规章，《广东省技术秘密保护条例》规定，单位可以与知悉技术秘密的有关人员签订竞业限制协议。单位与知悉技术秘密的人员约定在解除、终止劳动合同后，在一定期限内，被竞业限制人员不得到与本单位生产或者经营同类产品、从事同类业务的有竞争关系的其他用人单位，或者自己开业生产或者经营同类产品、从事同类业务。竞业限制的时间不得超过二年。在竞业限制期间，单位应当向被竞业限制人员支付一定的竞业限制补偿费。

《浙江省技术秘密保护办法》规定，权利人要求本单位或者与本单位合作的涉及技术秘密的相关人员保守技术秘密的，应当签订保密协议或者在劳动(聘用)合同中作出明确具体的约定。相关人员应当严格按照保密协议或者合同约定履行义务。没有签订保密协议或者没有在合同中作出约定的，相关人员不承担保密责任。保密协议或者合同约定的部分内容不明确的，相关人员只对约定明确的内容承担保密义务。签订保密协议或者合同约定的相关人员，合同终止后仍负保密义务的，应当书面约定，双方可以就是否支付保密费及其数额进行协商。

以上法律法规关于通过竞业限制对企业技术秘密技术保护时限明显偏短，特别不利于中药企业技术秘密的保护。如前所述，一些中药技术秘密可能持续相当长的时间，对于负有保密义务人员的二年的竞业限制期明显不足以保护中药技术秘密。如对法律法规规定作字面解释，二年竞业限制期后，原负有保密义务人员即成为中药技术秘密合法的持有人，具有所有权和处置权，可以使用或许可他人使用，这显然不能得到法理和公德支持。原负有保密义务人员因工作需要对相关中药技术秘密获得知悉，并非因此获得中药技术秘密的所有权，或因无竞业限制约定，以及竞业限制期后具备所有权。按一般理解，竞业限制系指离开原单位后，不得在生产同类产品或经营同类业务且有竞争关系的其他单位任职，或者自己生产、经营与原单位有竞争关系的同类产品或经营同类业务。对于中药技术秘密而言，更为重要的是应当限制到生产同一产品或相同处方不同剂型的单位就职。法律有关竞业限制期的规定和解释并未充分体现中药技术秘密保护的特点，至少其概念存在不明确的地方。对中药技术秘密负有保密义务人员未经原单位同意，或原单位已经公开，不得使用、擅自披露，或向第三人转让。所以，对于中药技术秘密保护中竞业限制概念的解释需要进一步明确，中药技术秘密属于私权利，其所有权不会因劳动合同关系而发生改变。

对法律法规相关的竞业限制作字面解释，竞业限制期后，离职人员即可以具有该技术秘密的相应权利，可以享有到新的就职单位使用原就职单位的技术秘密，甚至自己开办企业使用同一技术生产同一产品，对外转让技术秘密，以技术秘密内容构成技术方案申请专利等权利，这显然不符合立法本意，也不符合社会基本道德的共同标准。

（二）行政法

《中华人民共和国中医药法》（以下简称《中医药法》）明确，国家支持中医药科学研究和技术开发，鼓励中医药科学技术创新，国家保护传统中药加工技术和工艺，支持传统剂型中成药的生产，推广应用中医药科学技术成果，保护中医药知识产权，提高中医药科学技术水平。中医药传统知识持有人对其持有的中医药传统知识享有传承使用的权利，对他人获取、利用其持有的中医药传统知识享有知情同意和利益分享等权利。国家对经依法认定属于国家秘密的传统中药处方组成和生产工艺实行特殊保护。

《药品管理法》（2019 年修订）规定，国家保护野生药材资源和中药品种，鼓励培育道地中药材。《中药品种保护条例》（2018 年修正）规定，国家鼓励研制开发临床有效的中药品种，对质量稳定、疗效确切的中药品种实行分级保护制度。据了解，该条例的修订将于 2022 年完成，修订方案已将中药饮片纳入保护范围，获得中药品种保护的品种含有技术秘密是不言而喻的。

《中华人民共和国保守国家秘密法》（以下简称《保守国家秘密法》）规定，国家秘密的保密期限，应当根据事项的性质和特点，按照维护国家安全和利益的需要，限定在必要的期限内；不能确定期限的，应当确定解密的条件。国家秘密的保密期限根据密级，分别为不超过 30 年、20 年、10 年。涉密人员离岗离职实行脱密期管理。涉密人员在脱密期内，应当按照规定履行保密义务，不得违反规定就业，不得以任何方式泄露国家秘密。

《中华人民共和国科学技术进步法》（以下简称《科学技术进步法》）规定，国家实行科学技术保密制度，保护涉及国家安全和利益的科学技术秘密。国家依法保护企业研究开发所取得的知识产权。

《中医药法》强调对中药传统技术的保护，但尚未制定实施细则，其保护原则有待细化落实。《中药注册分类及申报资料要求》规定，通用名称、处方、剂型、功能主治、用法及日用饮片量与已上市中药相同，且在安全性、有效性、质量可控性方面不低于该已上市中药的制剂，即同名同方的注册申请应当提供与该已上市中药的制剂比较的全部研究资料，即意味着申请人基于独立研究获取的技术秘密受到认可。依据《中药品种保护条例》受保护的中药品种将允许在药品标签上使用中药品种保护标志，以表示国家药品监管部门对其技术秘密的认可。《科学技术进步法》多数内容是对国家立项的科技项目管理规定，对企业研究开发获得的知识产权保护没有具体的表述。获国家秘密保护的中药品种的技术秘密保密期限均因设定解密条件而获得不确定期限保护，只要未解密，涉密人员就不得以任何方式泄露秘密，违者可能追究刑事责任。因此，《保守国家秘密法》对中药技术秘密保护最为有力。

《最高人民法院知识产权法庭裁判要旨（2020）》摘要。5. 未经许可使用他人技术秘密申请专利时的权利归属。在上诉人天津青松华药医药有限公司与被上诉人华北制药河北华民药业有限责任公司专利权权属纠纷案【（2020）最高法知民终 871 号】（最高人民法院知识产权法庭网站，http://ipc.court.gov.cn/zh-cn/news/view-1068.html）中，最高人民法院指出，技术秘密权利人以侵害技术秘密作为请求权基础，主张有关专利申请权或者专利权归其所有的，人民法院应当审查专利文件是否披露了或者专利技术方案是否使用了该技术秘密，以及技术秘密是否构成专利技术方案的实质性内容。如果技术秘密确为专利文件所披露或者专利技术方案所使用，且其构成专利技术方案的实质性内容，则技术秘密权利人对有关专利申请或者专利享有相应权利。

（三）刑法

《中华人民共和国刑法修正案（十一）》（以下简称《刑法修正案（十一）》）将刑法第 219 条修改为："有下列侵犯商业秘密行为之一，情节严重的，处三年以下有期徒刑，并处或者单处罚金；情节特别严重的，处三年以上十年以下有期徒刑，并处罚金：（一）以盗窃、贿赂、欺诈、胁迫、电子入侵或者其他不正当手段获取权利人的商业秘密的；（二）披露、使用或者允许他人使用以前项手段获取的权利人的商业秘密的；（三）违反保密义务或者违反权利人有关保守商业秘密的要求，披露、使用或者允许他人使用其所掌握的商业秘密的。明知前款所列行为，获取、披露、使用或者允许他人使用该商业秘密的，以侵犯商业秘密论。"

修订后的侵害商业秘密罪不再要求造成重大损失，以情节严重取代之，由结果犯变为情节犯，扩大了刑法对侵犯商业秘密罪的打击范围。最高刑由七年提高到十年，加强了刑法对侵犯商业秘密罪的打击力度。增加了贿赂、欺诈、电子侵入行为，与《中华人民共和国反不正当竞争法》（以下简称《反不正当竞争法》）保持一致，增加了刑法对侵犯商业秘密罪的打击面。将违约型侵犯商业秘密确定为违反保密义务，细化了侵犯商业秘密行为。

2019 年，默沙东公司审查离职的一位研发主管发现，其涉嫌在离职前通过电子邮件和 U 盘传输了数千份公司内部的研究文件给竞争对手。公司对每位员工笔记本电脑的数据传输行为都进行监控，以及任何外部存储设备进行的文件传输行为。USB 活动日志显示，当事人将至少 7 个未经授权的 USB 连接插入公司计算机设备，并将大约 1597 个文件传输到一个或多个 USB 大容量存储设备。当事人面临商业盗窃罪和未经授权的商业秘密传播罪，可能会因此受到最高 10 年的监禁和 25 万美元的罚金或 2 倍于金钱收益或损失赔款。[3]

（四）技术秘密裁判司法实践

最高人民法院知识产权法庭裁判要旨（2020）摘要。"5. 未经许可使用他人技术秘密申请专利时的权利归属一案"。

在上诉人天津青松华药医药有限公司与被上诉人华北制药河北华民药业有限责任公司专利权权属纠纷案【（2020）最高法知民终 871 号】最高人民法院知识产权法庭在该案的判决书中所涉提出，技术秘密所有权人提供了未涉及技术秘密受让证据，而专利权人系受技术秘密所有权人委托生产药品而获得该技术秘密。最高人民法院认为，专利文件披露并使用了该技术秘密，该技术秘密对涉案专利作出了实质性贡献。该案例说明，司法实践中强调对技术秘密所有权人的保护，裁判观点认为当事人以侵害技术秘密作为请求权基础主张专利权权属时，应当考察专利文件是否披露了技术秘密和专利技术是否使用了技术秘密。专利文件披露了技术秘密或者专利技术方案使用了技术秘密的，即构成对技术秘密的侵害。技术秘密的所有权并不因正常民事活动知晓而丧失，除非技术秘密权利人同意。

三、讨论与建议

中共中央、国务院《知识产权强国建设纲要（2021—2035 年）》要求推动中医药传统知识保护与现代知识产权制度有效衔接，进一步完善中医药知识产权综合保护

3　参见《默沙东前研发执行官涉嫌盗取公司大量研究数据》，https://www.haoyisheng.com/yq/news/10389。

体系,建立中医药专利特别审查和保护机制,促进中医药传承创新发展。纲要提出,制定修改强化商业秘密保护方面的法律法规,完善规制知识产权滥用行为的法律制度以及与知识产权相关的反垄断、反不正当竞争等领域立法。修改科学技术进步法,结合有关诉讼法的修改及贯彻落实,研究建立健全符合知识产权审判规律的特别程序法律制度。说明中医药知识产权综合保护体系尚不够完善,有关法律需要进一步修改。

(一)关于对中药技术秘密相关研究

中医药保护应当以技术秘密保护为主,专利制度无法识别中药配方、工艺新颖性,[4]技术秘密保护制度在中医药领域具有天然的保护优势,中医药保护体系的构建应依循以私法保护手段为基础的路径。[5]以上观点符合中药技术秘密的特点,大量的中药技术秘密可能来源于传承或现有技术的优选组合,技术秘密具有不公开、保护时间长的优势。还有研究认为,中医药技术秘密权利生成不清晰,[6]对中医药隐性技术秘密的保护,公法和私法的手段都必不可少,其中公法应着重解决的是技术传承机制的完善及对中药传承人权益的保护,私法则应借助契约的签署和中医药隐性知识的转化来克服侵权风险。[7]就中药技术秘密权利生成而言是清楚的,由传承者主体身份决定,或因根据现有知识和研究的优化组合并应用于中药生产者。公权力主要指依据行政法进行的保护,因此,公权力对中药技术秘密的保护出于当事人的选择,并不具有强制性,其保护具有较高的要求,中药技术秘密难以满足保护条件。此外,中药技术秘密的生成是一个动态过程,而公权力保护不能实时跟进,及时保护。《刑法修正案(十一)》将侵害商业秘密罪由结果(情节严重)犯修订为违法、违反义务的行为犯,因此,违约不是构成该罪的构成要件。修正后的《刑法》对包括中药技术秘密在内的商业秘密保护符合《知识产权强国建设纲要(2021—2035年)》要求,而其他与中药技术秘密相关的法律法规规章应予修订或制定。

(二)中药技术秘密保护制度的考量

中药技术秘密保护制度需要以技术作为基础,且该技术或技术方案的应用不为公知。绝大多数中药企业以满足国家药品标准规定处方、制法为目的的习惯不能认为属于技术秘密,中药国家药品标准是基本的技术规定,而非中药的工业生产标准。长期以来,由于对中药的研究缺乏明晰的思路和原则,已上市中药的生成技术的提高处于方向不明和停滞状态。因此,中药技术秘密保护制度应当将鼓励已上市中药

---

4 卞先银:《中医药技术秘密保护研究》,中国科学技术大学 2021 年度硕士论文。

5 王艳翚:《中医药技术秘密保护路径分析——商业秘密制度与国家秘密制度的选择》,载《河北法学》2016 年第 3 期, 第 101-110 页。

6 王艳翚等:《中医药技术秘密的权利保护及制度完善——以权利规则与义务规则的应用为视角》,载《科技管理研究》2019 年第 7 期, 第 177-182 页。

7 王艳翚等:《中医药隐性技术秘密的法律保护》,载《中国药房》2019 年第 11 期, 第 1449-1452 页。

的创新发展作为一个重点考虑。将以下概念和机制纳入中药技术秘密保护制度设计可能具有现实意义。

1. 脱密期

《劳动合同法》未就离职后技术秘密设立有关脱密期规定，一般理解为竞业限制期即保守原用人单位技术秘密期限，以不超过二年为限。而《保守国家秘密法》规定，涉密人员离岗离职实行脱密期管理。涉密人员在脱密期内，应当按照规定履行保密义务，不得违反规定就业，不得以任何方式泄露国家秘密。如所涉秘密期限管理依《保守国家秘密法》可能以 10 年、20 年、30 年为限，设定为附条件脱密的，脱密期限理论上可能是无限期。虽然国家秘密不只限于技术秘密，但包括技术秘密。比较以上两部法律，对于具有公权力性质的国家秘密比私权利性质的企业技术秘密保护力度更大，对于私权利的技术秘密保护较弱。

中药技术具有相对稳定的特点，一些技术具有长期不变的特点，并不会因劳动合同的解除或终止而发生改变。竞业限制要求离职人员不得到与本单位生产或者经营同类产品、从事同类业务的有竞争关系的其他用人单位就职，或者自己开业生产或者经营同类产品。对于中药行业而言，持有同类品种的企业很多，持有同一品种也是一种普遍现象，中药企业更关注的是离职人员是否到生产同一中药品种，或使用主要技术生产同一处方不同剂型的中药品种的，由此可见，中药技术秘密竞业限制范围相对较窄。由于中药技术秘密中具有稳定性较强的内容，在中药企业与劳动者或离职者签订的保密条款中理应引入脱密期概念，约定脱密期限或脱密条件，该约定能够很好地保护中药企业的技术秘密，也不妨碍离职者在其他单位就职。就中药企业技术秘密保护而论，对离职人员不超过二年期的竞业限制应当作具体适用的法律或司法解释，明晰竞业限制内容、期限。明确中药企业无论是在职或离职人员均不具有所知悉的中药技术秘密的所有权，不得披露就职企业所有的中药技术秘密，对离职人员可以不设竞业限制期限。

《刑法》中侵犯商业秘密罪并未明确竞业限制期，第三人获取离职人员披露或使用原就职单位技术秘密的行为视为合法。该罪将违反保密义务与违反权利人有关保守商业秘密的要求，披露、使用或者允许他人使用的行为作为犯罪行为评价。刑法将保密义务、商业秘密并列，显然有所区别，刑法之外的部门法中将增设技术秘密的表述，纳入保密义务更为恰当，对于中药企业技术秘密尤为如此。即其他法律中商业秘密需要进一步拆解分类，将技术秘密独立，分别对竞业限制作出明确规定。

2. 中药技术秘密的价值评价

一般认为商业秘密具有不为公众所知、具有实用价值、保密性的特点，药品的安全性、有效性是包括中药在内药品的特殊价值，针对中药技术秘密而言还有中医药文化渊源的价值。

中药技术秘密具体技术可能部分或全部为本领域内技术人员公知，但以其具体技术组合形成的技术方案不为公众所知，或关键设备、技术参数不为公众所知。中医药文化渊源并不是一个抽象概念，例如，药品标准收载多基原药材的本草考证，生产中药所使用的中药饮片炮制方法确认，经典名方煎煮、制作方法的验证均属于中医药文化内容，即"守正"内涵。

对中药技术秘密没有价值评判标准和机制，中药企业可以将自认为具有以上特点的技术作为技术秘密进行管理。国家对申请上市药品注册和已上市药品变更实行技术审评和行政审批管理，大多数中药技术秘密的实用性可以以是否获得审评审批作为判断参考，以其市场占有率、是否进入基本药物目录或医保报销药品目录作为经济与社会价值的评价参考。

技术秘密的设立是一项自由度极高的民事权利，用人单位与负有保密义务者或第三人发生的纠纷按照《民法典》《劳动合同法》《反不正当竞争法》《民事诉讼法》或《刑法》等法律途径进行救济。可以简单归纳为只需要在法律中明确商业秘密的所有权属和分类即可，技术秘密宜与商业秘密并列。除非所有权人同意或披露，合作者、就职者、离职者对因工作所获知的技术秘密不具有所有权。相对而言，中药技术秘密涉及面较小，专业性较强，对于中药行业的发展和保护具有重要意义，以司法解释形式明确中药技术秘密保护与纠纷法律适用原则具有可行性，并在此基础上探讨我国技术秘密保护法律和司法制度的完善。

3. 不排除他人自主研究获得

由于中药技术秘密权利设立的要求较低，且很难建立识别他人是否使用了该技术秘密的特征检测方法，也不能排除第三人独立建立的相同或等同的技术方案。如果发生纠纷，按民事诉讼有关要求分配举证规则即可。在药品通用标准以外建立与中药技术秘密相关的检测识别方法有助于增强中药企业自我保护能力和保护效果。第三人可以采用自己技术秘密方案的研究启动时间、研究记录、公共已有技术，以及合法的获取方式等予以抗辩。其司法救济程序遵循知识产权审理程序即可，即中级人民法院一审，最高人民法院知识产权法庭二审为终审。

Research on the legal system of technical secrets protection of traditional Chinese medicine enterprises

Song Min-xian　Kang Qi　Song Hao-wei　Zhang Hai-yan　Yang Nan

Abstract：At present, the lack of technical protection system to traditional Chinese medicine (TCM) has affected the legitimate rights and interests of the TCM enterprises. Therefore, the protection system of TCM technical secrets needs to be perfected. Firstly, this study took the national drug standards of Chinese patent medicine and the laws and regulations on the protection of technical secrets as the subjects and analyzed the source of TCM technical secrets, including production conditions, inheritance of technology or continuous research. Secondly, according to the legal relationship between enterprises, employees, and third person, it is proposed that the technical secret of TCM should be distinguished from the restriction of competition. Finally, through the combing of relevant studies and the analysis of judicial interpretation, the conclusions and suggestions are as follow: (1) The protection system of technical secrets of TCM should be based on technology, and the application of this technology or technical scheme has not been well known; (2) The declassification period should be introduced into the confidentiality clauses signed between TCM enterprises and employees or the leavers; (3) It is feasible to clarify the legal application principles of TCM technical secret protection and disputes in the form of judicial interpretation. The results of TCM technical secrets in this study can be applied in the fields of TCM planting and breeding, primary processing, preparation of TCM pieces and so on.

Key Words：traditional Chinese medicine; traditional Chinese medicine enterprises; technical secrets; declassification period

人类基因编辑技术立法的价值定位及其进路研究[*]

杨　芳

摘　要： 基因编辑技术在促进基础科学稳健发展和助力精准医学转化应用方面潜力巨大，目前尚存在诸多技术不确定性和社会风险性。"基因编辑婴儿"事件表明我国现有伦理审查机制和外部治理体系存在明显不足。我国未来立法应积极回应，努力用法律的制度刚性激发科技创新活力，凝聚科学共识，巩固伦理精神，确保基因编辑技术增益健康福祉和维护人类尊严同向同行。

关键词： 基因编辑　生殖系　人格尊严　法律规制

（人类）基因（组）编辑（gene editing / genome editing）技术为在分子水平上通过编辑或修饰人类 DNA 基因编码有效精准地治疗和预防疾病注入了新的动能。国际社会对基因编辑的巨大技术突破及其临床转化潜能一直高度关注，并对其潜在风险进行全面评估，积累了丰富的伦理审查经验，形成完备的监督治理体系。2018 年 11 月曝光的"基因编辑婴儿"事件暴露我国现有规范体系的滞后和行业自律机制的漏洞。[1]"基因编辑婴儿"事件以后，争议迭起的生殖系基因编辑的伦理规约问题在

---

* 项目基金：安徽省高等学校人文社会科学研究重大项目"人类基因编辑技术的伦理调控与法律规制研究"（SK2017ZD13）和中国法学会委托项目"生物安全和基因编辑法律问题研究"。

杨芳，博士，教授，硕士生导师，研究方向：民法和卫生法。

1　第二届国际人类基因组编辑峰会召开之际，来自中国深圳的科学家贺建奎宣布，一对名为露露和娜娜的基因编辑婴儿已于 11 月在中国降生。由于事件严重，科学界、伦理界和法律界集体发声谴责这一行为，国家卫健委、科技部、中国科协、广东省卫健委、深圳卫计委等主管机关和相关部门相继介入调查。这是一起严重违反科研伦理和实施非法辅助生殖的个案，理由如下：第一，研究过程不严谨。贸然敲除孩子的具有免疫功能的 CCR5 基因不是预防艾滋病所必须，也使孩子比其他孩子更易感染流感等流行病，违反科学精神。第二，知情同意过程不完整。未告知孩子父母阻断艾滋病母婴感染的其他安全有效方法，知情同意书设计了若干无效的免责条款，并给受试夫妇 28 万元，违反了自由同意原则。第三，伦理批件不真实，所有涉事单位和个人均否认伦理审查文件的签字与己有关，说明伦理审查是无效的，甚至可能是伪造的。第四，研究行为不合法。违反《人类辅助生殖技术规范》和《人胚胎干细胞研究伦理指导原则》关于"禁止对配子、合子、胚胎实施基因操作""利用体外受精、体细胞核移植技术、单性复制技术或遗传修饰获得的囊胚，其体外培养期限自受精或核移植开始不得超过 14 天""不得将前款中获得的已用于研究的人囊胚植入人或任何其他动物的生殖系统"等条款。基于以上规定，该行为也存在违反保护后代原则和社会公益原则的行为。

科学共同体、生命伦理学家和社会公众的共同努力下取得丰硕成果，但是，制度化和法律化视角的研究成果相对薄弱，民法学领域的考察尤显不足。值此民法典编纂之际，我国民法典应有所为有所不为，积极汇聚国际科学共识、伦理精神和监管经验，依法防范以防止基因编辑技术不当使用、过度使用和肆意滥用，同时保持适度的包容和开放，为基因编辑技术预留充分

发展空间，确保基因编辑技术保障人类福祉与提升人类尊严同向同行。现将基因编辑立法的价值理念和民法进路阐述如下，以飨同好。

一、依法护航基因编辑创新

创新是引领发展的第一动力，医学科技创新为促进公众健康起到基础支撑和先行引领作用，并为医学健康事业的发展不断开拓新前沿，提供新机遇，为应对各种疾病的挑战提供高效的个性化防治带来新希望。随着基因组学的迅猛发展以及人类对自身疾病认识的不断深入，科学家萌生了从基因水平防治疾病的梦想。基因治疗是通过遗传物质操作从根本上防治一些现有常规疗法不能解决的单基因疾病或多基因疾病。基因编辑技术的出现，促进了人类细胞中高效、多功能的基因修饰（gene modification），人类基因治疗乃至种系基因改造都不再是梦想。

基因编辑技术是从分子水平对基因组特定位点进行靶向修饰、替换、嵌入、敲除等基因操作。作为最受瞩目的生物医学突破技术之一，基因编辑技术 2011 年荣膺《自然方法》（*Nature Methods*）年度最佳技术，2013 年两篇发表在《科学》上的论文开创了基因组编辑技术的新时代，这一技术使精确修饰人类 DNA 成为可能。2015年 3 月一篇名为《设计完美婴儿》的文章曾激起了科学界的激辨。[2]同年 4 月我国中山大学黄军就课题组发表了全球首篇人类胚胎编辑基因研究成果，[3]他使用的基因编辑工具 CRISPR 系统被《科学》评为 2015 年度突破性成果。黄军就也被《自然》评选为 2015 年度全球十大科学人物。此后，伴随着各种基因编辑工具本身的突飞猛进和应用需求迅速激增，基因编辑技术的研究热度迅速提升，相关科学论文和专利申请逐年攀升，目前已经成为比较成熟的生命科学核心基础性技术，并受到学术界和产业界的广泛关注，基因编辑技术商品化和产业化态势明显，一批专注基因编辑的初创型科技企业应运而生并蓄势待发，大规模的国家科技战略也指日可待，基因编辑的应用范围也快速拓展，广泛应用于微生物基因编辑、植物基因编辑、动物基因编辑以及人体基因编辑的研究。

在生物医学领域，基因编辑技术主要有两个应用方向：科学研究和临床应用，前者包括基础和临床前研究（basic and preclinical research）以及临床研究，后者按照

2　Regalado Antonio. Engineering the Perfect Baby, Technology Review, 2015, 118(3): 25-33.

3　Liang P, Xu Y, Huang, J.CRISPR/Cas9-mediated gene editing in human tripronuclear zygotes, Protein & cell, 2015, 6, 363-372.

应用目的可分为治疗性、生殖性和增强性应用，目前其具体进展和应用前景大致如下：第一，基因编辑技术本身屡获突破，不断开发出更为精准、高效、低成本的基因编辑工具。常用基因编辑工具包括锌指核酸酶技术（zinc-finger nucleases, ZFNs）、转录激活因子样效应物核酸酶（transcription activator-like effector nucleases, TALENs）以及成簇规律间隔短回文重复序列（clustered regularly interspaced short palindromic repeats, CRISPR）/Cas 9 等，其中，被誉为"基因魔剪"的 CRISPR/Cas 9 以其高效精准、简单易用、成本低廉，彻底革新了基因编辑技术，使基因编辑如虎添翼，并迅速应用到动、植物和微生物的基因功能研究。[4]这把自带导航系统的基因剪刀，以特异性改变遗传物质靶向基因序列为目标，从理论上可以高效、方便、快捷地修饰任何遗传疾病的病因，进而达致预防和治疗疾病的目的，在修正遗传突变、防治遗传性罕见病以及研究人类胚胎发育方面前景广阔。

　　第二，CRISPR/Cas 9 作为一项重要的基础性工具，被广泛用于实验室开展人类组织、细胞科学研究。实验室基础研究是生物医学进步的关键环节，旨在发现基因功能、DNA 修复机制以及发病机理。基础研究不涉及人类受试者，主要使用皮肤、肝脏和心脏细胞等体细胞。也有及于人类配子、早期胚胎、胎儿组织和胚胎干细胞等生殖系（germline）细胞的实验室研究，这对认识人类生殖生育和早期发育以及提高辅助生殖技术和发展再生医学都具有重要科学价值。生殖细胞基因编辑研究虽然不引发怀孕也不会将基因改变传递给下一代，但是因为人类生殖细胞的伦理和法律地位特殊，对其进行的收集、使用和研究也涉及一定的伦理、监管问题。可喜的是，关于胚胎学研究的国际规范和国内法已经相对健全，因而，从理论上看，生殖系基因组编辑（germline genome editing）研究是可管理、可控制的。

　　第三，基因编辑和基因治疗的探索，为恶性肿瘤、遗传疾病等多种重大疾病提供了新的治疗路径，但是临床应用领域目前尚处于早期开发阶段，无论是无生殖能力的体细胞干预，还是未来可能引入临床的生殖细胞干预，都不同程度地面临诸多技术瓶颈和伦理难题。[5]本文探讨的生殖系基因编辑作为可遗传的基因改变面临的挑战最大，目前还是临床应用的禁区。改变胚胎或配子的 DNA 可以让携带致病基因突变的父母拥有健康的基因子女，但是生殖细胞干预与体细胞的基因治疗不同，是对种系细胞、原始生殖细胞、配子、受精卵和胚胎等生殖系细胞的基因修饰，旨在改

　　4　梁普平，黄军就：《推开人类胚胎基因研究的神秘大门》，载《生命科学》2016 年第 4 期，第 420-426 页。

　　5　在体细胞基因编辑的临床实践方面，技术不确定性和社会伦理风险都相对较小。采用基因编辑技术改变传统放化疗罔效的晚期癌症患者的体细胞免疫细胞编程以便预防和攻击癌症，其安全性、准确性安全性和效率已经在规范化伦理监督下得到一段时间的验证，并随着基因编辑技术的优化而不断改善。体细胞基因编辑临床应用针对的非生殖性体细胞，其效应仅影响被治疗的患者本人，而不遗传给患者后代。因而，若能在综合评估其风险与益的基础上，体细胞基因组编辑的临床应用是没有伦理障碍的，包括在体细胞内增强基因表达用于治疗疾病的基因编辑。以上参考美国国家科学院,美国国家医学院,人类基因编辑科学、医学、伦理指南委员编：《人类基因组编辑：科学、伦理与管理》，曾凡一，时占祥译，上海科学技术出版社 2018 年版，第 4 页。

变基因组，是可遗传的，而且不良影响可能影响几代子女。[6]因而，对于严重遗传疾病遗传高风险的准父母而言，可遗传的基因编辑一旦从实验室走向临床应用，便有机会从中获益，从而免受遗传疾病的困扰。

综上所述，基因编辑技术不仅推动了科学研究从观察性基因解读发展到操纵性基因编写，而且能够助力基础研究和精准医学增进人类健康福祉，甚至可以改变人类生物特征和制造新型物种，因而是一场真正的遗传性革命，具有巨大的颠覆作用。[7]正因为如此，基因编辑技术比其他传统基因治疗技术具有更多优势的同时也比其他生物医学技术具有更大风险，风险大小与其使用目的和应用领域紧密相关，生殖系基因编辑尤其倍受争议。[8]生殖系基因编辑若精准并安全地应用于临床需要面对两大挑战：首先是难以预测的技术难题，诸如脱靶效应、嵌合现象、污染人类基因池、可替代方案的备选等；其次是不可逾越的伦理挑战，诸如个体受益-社会风险的平衡、对人格尊严的挑战、对优生学的亵渎、对社会公正的冲击、技术滑坡（朝向非治疗性的基因增强方向发展）。[9]基于此，基因编辑需要在审慎地评估各方利益、儿童健康、父母的自主性、主管部门的监管能力、伦理规范的效力等情况下才能应用于临床。[10]生殖系基因编辑有效性的不确定和风险性的不可控是其社会伦理风险的重要来源之一，因而临床应用条件尚未成就，时机尚未成熟。也恰是如此，2018 年 11 月 26 日的"基因编辑婴儿"事件才会引起石破天惊。该事件表明我国基因编辑技术用于疾病预防领域再次获得历史性突破，但是也暴露了生命科学领域的法律规范的缺失、自我监管的失控和外部监管的缺位。当然，我们也不能因噎废食更不能放任自流，而应发挥法治对促进科技创新的制度保障作用，加紧开展立法调研，尽快建立健全立法，运用法治思维和法治方式激发创新活力，提升国家创新体系整体效能，[11]调整科技创新领域出现的社会关系和利益矛盾，防范技术风险和技术滥用问题。

二、依法凝聚国际科学共识

科学共识是特定时代特定情境下科学共同体对某一科学议题达成或持有的共同认知、价值信念和规范体系。人类基因组编辑技术在学术界精英和产业界先锋的共

---

6 李卓，吴景淳，裴端卿：《人类基因编辑的前景与挑战》，载《生命科学》2018 年第总 30 期第 9 期，第 911-915 页。

7 美国国家科学院，美国国家医学院，人类基因编辑科学、医学、伦理指南委员编：《人类基因组编辑：科学、伦理与管理》，曾凡一，时占祥译，上海科学技术出版社 2018 年版，译者序。

8 Matthew H Porteus, Christina T Dann.Genome Editing of the Germline: Broadening the Discussion. Molecular Therapy, 2015, 23(6): 980-982.

9 National Academies of Sciences, Engineering, and Medicine, Human Genome Editing: Science, Ethics, and Governance, Washington, DC: The National Academies Press, 2017,15-27.

10 美国国家科学院，美国国家医学院，人类基因编辑科学、医学、伦理指南委员编：《人类基因组编辑：科学、伦理与管理》，曾凡一，时占祥译，上海科学技术出版社 2018 年版，第 4 页。

11 习近平：《努力建设世界科技强国》，载《人民日报》（海外版），2018 年 5 月 29 日，第 1 版。

同推动下，为治疗一系列重大疾病提供崭新的工具和路径，也和其他生物医学一样面临诸多利益冲突、管理风险、社会问题和伦理影响等问题，其中，如何评估和平衡基因编辑技术的医学前景和意外风险将是应对这项颠覆性技术的最大挑战，围绕可接受的生殖系基因修饰带来的高度争议和监督管理问题，尤其需要科学共同体将社会观念、文化背景和伦理价值等科学共识融进临床决策和政策考量。

(一)首届人类基因组编辑国际峰会的初步共识

2015 年 12 初，黄军就的人类胚胎基因编辑研究成果及其论争直接推动了中、美、英三国科学家在华盛顿首次就人类基因组编辑召开国际峰会（以下简称华盛顿峰会）。[12]华盛顿峰会在对基因编辑技术的研究现状、发展前景、潜在风险、科学价值、社会影响以及国家管制等问题进行广泛讨论和全面评估的基础上，承认人类基因编辑研究对了解胚胎早期发育和治疗遗传疾病具有巨大潜力和研究价值，应当在科学有效的管理的前提下审慎开展，但不具备临床生殖治疗的技术条件和伦理基础。[13]根据华盛顿峰会声明，人类基因编辑技术被区分为三种情况予以分别对待：第一，鼓励在适当的道德约束和法律规范下积极开展人类基因编辑的基础和临床前研究（basic and preclinical research），但研究中若对生殖细胞或者早期人类胚胎进行基因编辑，不得将被修饰的细胞用于妊娠目的；第二，争议较小的体细胞（somatic cells）基因编辑很有科学前景和临床价值，其临床应用（包括临床研究和治疗）影响的只是被编辑者个体并不波及后代，但仍需在现有基因治疗监管框架（regulatory frameworks）内严格评价才可以开展临床应用；第三，任何把生殖系基因编辑技术投入临床使用的做法都是不负责任的，[14]除非将来其安全性和有效性问题已得到解决

12　峰会为期三天（2015 年 12 月 1 日—3 日），由美国国家科学院（National Academy of Sciences）、美国国家医学院（National Academy of Medicine）、英国皇家学会（the Royal Society）和中国科学院共同主办。

13　Baltimore David, Baylis Francoise, Berg Paul, et al. On Human Gene Editing: International Summit Statement by the Organizing Committee, Issues in Science and Technology, 2016, 32(3): 55-56.

14　《华盛顿声明》指出：以 CRISPR 技术对人类生殖细胞基因编辑投入到临床应当予以禁止。生殖系基因编辑存在的问题和挑战在于：（1）生殖系基因编辑具有不确定性，如脱靶效应（off-target mutations）和嵌合体（mosaicism）问题，前者可能编辑了非目标基因而误伤无辜，后者可能遗漏了目标基因导致被修饰过的胚胎继续发育；（2）在人类所经历的各种情况下，包括与其他遗传变异和与环境的交互作用下，很难预测遗传变化可能产生的有害影响；（3）有义务深入审视对携带遗传修饰的个人和后代的影响；（4）一旦将基因改变引入生殖治疗，就很难消除，而且不会停留在任何单一社区或国家内；（5）基因增强可能加剧社会不平等或被强制使用，而我们对人类基因组的作用机制的有限认知尚不足以对自然选择进行干涉。（6）利用该技术有目的地改变人类进化过程需要审慎地进行伦理考量，保持对自然的尊崇和对生命敬畏。总而言之，目前尚不具备进行生殖系基因编辑临床应用的安全性条件，特别是生殖系基因编辑还存在各种技术层面、社会层面以及伦理道德层面的问题，且生殖系基因编辑的临床应用原则上将会使配子和胚胎发生基因改变，被子代所有细胞携带，并成为人类基因库中的一部分遗传传给下一代，该影响是不可逆、不受地域限制的。参见 Organizing Committee for the International Summit on Human Gene Editing, International Summit Statement, 1 to 3 December 2015, Washington, DC (National Academies, Washington, DC, 2015). http://www8.nationalacademies.org/onpinews/newsitem.aspx? RecordID=12032015a.

并受到适当监管，并且推荐的临床应用已经达成广泛的社会共识。[15]《华盛顿声明》也指出：随着科学知识的进步和社会认知的发展，对生殖系基因编辑的临床使用也应定期重新评估。为此，华盛顿峰会呼吁国际社会建立一个持续的国际论坛，讨论基因编辑的潜在临床用途、收益、风险及其监督问题，努力建立和协调人类生殖细胞系编辑可接受用途的基本规则，以便在增进人类健康和福祉的同时阻止不可接受的活动，同时交流各国修改政策、制订修改建议及指引，以及促进国家间的协调。[16]在此背景下，2018 年 11 月 27—29 日第二届人类基因组编辑国际峰会在香港召开，以进一步增进全球认识和理解人类基因组编辑相关研究的科学和伦理问题，确保人类基因组编辑安全、合理、有效且负责地进行和造福全社会。

（二）国际干细胞研究学会的指南

基因编辑和线粒体移植等开创性技术的发展，对干细胞基础研究和临床转化构成严重挑战。2016 年 5 月 12 日，国际干细胞研究学会（International Society for Stem Cell Research, ISSCR）组织了来自于欧美、亚洲和澳大利亚的 25 位科学家共同制定了新版《干细胞研究与转化指南》（*Guidelines for Stem Cell Research and Clinical Translation*, 2016），旨在促进基础研究和临床转化负责地开展。成立于 2002 年的国际干细胞研究学会是一个独立的非盈利组织，先后于 2006 年和 2008 年发布了旨在规范干细胞行业发展和推动科学发展的《胚胎干细胞研究指南》和《干细胞研究临床转化指南》。新版《干细胞研究与转化指南》阐明细胞基础研究和临床应用的五个核心伦理原则（包括科研诚信、病人利益优先、尊重受试者、公开透明原则和社会公正）；增加了人类胚胎研究的特殊监管和伦理审查，诸如规定：（1）涉及人发育的植入前阶段、人胚胎或从胚胎衍生的细胞或（2）当人的配子接受授精测试或用来产生胚胎时要求体外产生人的配子的所有研究，应接受特殊的人胚胎研究监管程序（embryo research oversight, EMRO）的审查、批准以及持续的检测，并拓宽了干细胞研究审查范围，以涵盖所有人类胚胎研究，包括基因组修饰以及胚胎嵌合体，并与美国、欧洲以及英国的胚胎研究政策相一致；增加了基础研究方面的特殊规定，如禁止任何试图以生殖为目的而修改人类胚胎核基因组的研究；对胚胎的核基因组进行编辑的基础研究和临床前研究，但需接受严格详尽的胚胎研究监管程序；允许对提供卵母细胞的妇女提供合理的补偿，只要这种补偿不构成不正当的经济引诱；有关人类发育的新研究领域，必须与时俱进地根据科学的进展和持续的审议来重新

15　Organizing Committee for the International Summit on Human Gene Editing, International Summit Statement, 1 to 3 December 2015, Washington, DC (National Academies, Washington, DC, 2015). http://www8. nationalacademies.org/onpinews/newsitem.aspx？RecordID=12032015a.

16　Baltimore David, Baylis Francoise, Berg Paul, et al. On Human Gene Editing: International Summit Statement by the Organizing Committee, Issues in Science and Technology, 2016, 32(3): 55-56.

评价伦理审查的具体要素，以及可允许实验与不可允许实验之间的区别：在临床前研究与临床转化方面的新规定。[17]新指南在科研诚信、保护患者利益、尊重研究对象、知情同意、公开透明和社会公正等共同原则的支持下确立良好临床实践的中心地位。[18]国际干细胞研究学会与其他机构相互配合、前呼后应，在力促科学研究规范化的同时也大大缓解了国际社会的忧虑。[19]

（三）香港第二届人类基因组编辑国际峰会共识

这次峰会重点关注首届峰会以来基因编辑取得的科学进展、临床应用潜力和最新技术挑战，临床应用可能产生的伦理和社会问题，以及制定国际监管框架的规划和前景等。峰会声明要旨如下：第一，人类基因组编辑研究的发展。声明指出，基础研究和临床前研究快速推进了体细胞和生殖系基因组编辑科学的发展，目前，脱靶现象已经大大减少，效率和精度也显著提高，患者体细胞基因组编辑如预期的那样已在测试之中。然而，可遗传的基因编辑依然风险难估，遗传变化影响的多样性加大了险益评估的难度。当然，这不排除生殖系基因组编辑将来在风险得到解决并满足一定条件的情况下可能会被接受（这些条件包括严格的独立监督、迫切的医疗需求、无合理替代方案、长期随访计划明确以及关切社会影响），接受程度也可能因司法管辖区而异，并导致不同的政策回应。基于此，声明指出，目前对临床实践的科学认识和技术要求尚不确定，风险太大，生殖系基因编辑临床试验不应当被允许。第二，建议的（临床）转化途径（translational pathway）。声明指出，根据过去三年的进展以及本次峰会的讨论，现在是时候为人类基因编辑试验确定严格、负责任的转化途径了，这一途径将需要建立临床前证据和基因修饰准确性的标准（包括临床研究中广泛接受的标准以及过去三年有关机构发布的基因组编辑指导文件阐明的标准），评估临床试验从业人员的能力，强制执行专业行为标准，与患者和患者倡导团体建立强有力的伙伴关系。第三，生殖细胞编辑的临床应用报告。由于贺建奎的惊世之举把峰会的讨论热点聚焦于"基因编辑婴儿"问题上。峰会组委会指出，即使这些基因修饰被核实，该试验也是不负责任的，不符合国际准则，其缺陷包括医学适应症不足、研究方案设计不佳、未能达到保护受试者福祉的伦理标准，且在临床试验的制定、审查和实施等过程方面缺乏透明度等。第四，持续组织国际论坛。组委会呼吁持续组织国际论坛，以促进广泛的公众对话，制定增加公平获取服务需求的战略、加快

17　International Society for Stem Cell Research (ISSCR). (2016). Guidelines for stem cell research and clinical translation. http://www.isscr.org/guidelines2016.

18　Daley George Q, Hyun Insoo, Apperley Jane F, et al.Setting Global Standards for Stem Cell Research and Clinical Translation: The 2016 ISSCR Guidelines, .Stem Cell Reports, 2016, 6(6): 97-787.

19　Daley George Q, Hyun Insoo, Apperley Jane F, et al.Setting Global Standards for Stem Cell Research and Clinical Translation: The 2016 ISSCR Guidelines, Stem Cell Reports, 2016, 6(6): 97-787.

管理科学的发展，为有关治理方案提供信息交流平台，为制定共同监管标准做出贡献，开展计划中的和正在进行的试验的国际注册，加强研究和临床应用的协调。除了组织国际论坛外组委会还呼吁全球学术界、医学院校和学术团体继续举办国际峰会，审查基因组编辑的临床应用，收集和提供不同的观点，交流决策者的决策、建议和指导方针，以及促进不同国家和司法管辖区之间的协调。总之，基因编辑有望作为一种可供未来需要者选择的替代方式，在没有更有效的治疗手段提供的情况下，基因编辑临床研究应该保持谨慎的态度，在广求公众意见和建议的情况下严加监管，这项研究才是科学的和有意义的。

除此之外，2017 年 8 月，包括美国人类遗传学协会（American Society of Human Genetics, ASHG）、英国遗传学护士与咨询师协会（UK Association of Genetic Nurses and Counsellors）、加拿大遗传咨询师协会（Canadian Association of Genetic Counsellors）国际遗传流行病学会（International Genetic Epidemiology Society）和亚洲遗传咨询师职业学会（Professional Society of Genetic Counselors in Asia）等在内的 11 个国际组织组成国际团体就人类生殖系基因编辑研究发布联合声明：第一，鉴于基因编辑的科学、伦理和政策问题都悬而未决，目前反对将这项技术用于妊娠目的。第二，不反对以公共资金支持有适当监督和捐赠者同意的生殖系基因组编辑研究。第三，将来若开展人类生殖系基因组编辑的临床应用，除非满足以下条件：（1）有令人信服的医学理论基础，（2）有临床应用的循证支持，（3）伦理上是恰当的，（4）过程要公开透明，以征求和吸收利益相关者的意见。[20]

2017 年 10 月 5 日，《细胞·干细胞》（*Cell Stem Cell*）在线发表多名国际知名学者联合署名文章，阐述了科学界组织人类基因编辑委员会和国际学术峰会讨论人类基因编辑特别是可遗传的基因编辑指导意见的重要性，并阐述了人类胚胎基因编辑对基础研究（如胚胎发育）的重要推动作用，以及国际学术合作对未来临床应用的重要意义。文章重申了国际共识并倡议进一步合理放开人类胚胎基因编辑研究的限制，以扩大人们对人类胚胎基因编辑的理解和支持。文章呼吁通过国际合作解决人类胚胎基因编辑面临的诸多问题（如经费困难、政策冲突、供胚紧张以及重复研究）。[21]

基于以上论证，国际科学共同体对基因编辑研究和应用达成了如下共识：第一，实验室基础研究、体细胞基因的临床试验和应用能够获得伦理辩护，可以在严格的伦理审查和有效的知情同意前提下实施；第二，生殖系基因编辑不安全因素复杂，不可控后果多样，无论是临床前研究、临床试验还是用于辅助生殖和基因增强，其

20　Ormond Kelly E., Mortlock Douglas P.,Scholes, Derek T., et al.Human Germline Genome Editing, The American Journal of Human Genetics, 2017, 101(2): 167-176.

21　Pei Duanqing, Beier David W, Levy-Lahad Ephrat, et al.Human Embryo Editing: Opportunities and Importance of Transnational Cooperation, Cell Stem Cell, 2017, 21(4): 423-426.

风险-受益比至今难以科学地准确评估，故必须遵循先临床前研究、临床试验再应用于临床的基本规律。临床前研究证明安全有效后，经主管部门组织专家鉴定审批后方可进入临床试验，安全有效的证明临床前研究（尤其是动物研究）的成果数据必须公开并且可重复实验方可证明其效果。

综上所述，科学共同体就基因编辑技术达成的科学共识为当前的人类基因编辑研究和应用画了一条不可逾越的"红线"，尽管上述声明和指南并无强制拘束力，影响力也非常有限，[22]但仍不失为国际人类基因编辑技术发展的"底线"，[23]即"目前状况"下用于"人类生殖"相关基因编辑是"禁止"的。[24]守住这条"红线"和"底线"，法律应当有所作为，也能够有所作为。

三、依法涵育生命伦理精神

科学共识促进了人类基因编辑国际伦理精神的培育和伦理审查机制的建设。其实，关于人类基因编辑的伦理规约可以追溯到 20 世纪 70 年代的国际科学界对基因治疗的伦理关切。科学界经过多年研讨已达成如下默契：体细胞基因修饰和治疗的临床研究可以得到伦理辩护，但是非医学目的的基因修饰（包括生殖性基因修饰和增强性基因修饰）的临床试验不容乐观，[25]除非经过若干年的经验积累后生殖系基因治疗被证明是安全有效的并且为公众所支持才能进行生殖系基因改造的临床试验。在当时的技术情景下，绝大多数国家立法禁止基因改造或修饰，但是国际法规范中尚无类似明确条款。[26]基因编辑技术比常规医疗技术更加复杂，技术风险更大，伦理困境更多。为此，各国政府在技术监管和风险防控问题上均保持高度的谨慎和警惕，并且密切关注和适时调整相关监管政策，持续开展伦理审查评估和法律监督管理，最大限度控制技术难题和伦理风险。

自 CRISPR/Cas 9 问世以来，学术界就已经开始警惕这项明星技术应用于人类生殖系基因编辑的伦理问题了。当年黄军就发表的论文尽管只是实验室研究成果，尽管用的是废弃的三原核合子胚胎，尽管阐明了胚胎基因编辑技术尚未达到临

22 Baltimore D,Baylis F, Berg, P, et al. On Human Gene Editing: International Summit Statement by the Organizing Committee, Issues in Science and Technology, 2016, 32(3): 55-56.

23 赵欣，赵迎泽：《对话周琪：华盛顿共识》，载《科学通报》2016 年第 3 期，第 283-284 页。

24 中国科学院动物研究所副所长、本次人类基因编辑国际峰会组委会成员之一周琪院士的评论，参见赵欣，赵迎泽：《对话周琪：华盛顿共识》，载《科学通报》2016 年第 3 期，第 283-284 页。

25 Michel Morange. Genetic modification of the human germ line: The reasons why this project has no future, Comptes Rendus Biologies, 2015, 338, (8-9): 554-558.

26 Nuffield Council on Bioethics. Genome Editing and Human Reproduction: social and ethical issues, London: Nuffield Council on Bioethics, 2018, 159.

床前实验的技术要求，[27]但是论文一发表即引起国内外巨大不安和热烈议论，[28]纷纷呼吁科学家暂停人类生殖系基因编辑。[29]反对的理由是多方面的，包括安全性探讨严重不足、结果难以预见和控制、有说服力的益处有限、有操纵生殖细胞之嫌、缺乏有效的知情同意、可能沦为纳粹优生的手段、陷入科学主义陷阱、为许多国家监管制度所禁止等。[30]在人类基因编辑伦理评估问题上卓有成效的是美国和英国。

首届人类基因组编辑国际峰会后，美国国家科学院和美国国家医学院组织了由22 位成员参加的人类基因编辑研究委员会（National Academy of Sciences and the National Academy of Medicine），就人类基因编辑的科学、伦理与监管问题开展历时14 个月的调查研究，2017 年 2 月 14 日向全世界发布了《人类基因组编辑：科学、伦理与管理》指南。指南将人类基因编辑分为基础实验室研究、体细胞基因编辑和可遗传的基因组编辑三大部分，并分别就其研究现状、伦理问题以及应用方向进行了伦理分析，提出了系统性的监管建议和伦理原则。[31]具体伦理建议如下：（1）人类基因编辑研究和应用的总原则是增进福祉、透明、合理医疗、负责任的科学研究、尊重人、公平和跨国合作。（2）基础实验室研究领域：体细胞和生殖系细胞的实验室研究对生物医学进步是至关重要的，建议在现有管理框架下继续开展体细胞、干细胞、人类胚胎的基因组编辑的基础研究，以确保实验室安全和保护组织和细胞捐赠者和研究者的利益。（3）体细胞基因编辑领域：在治疗或预防疾病和失能方面，可以依据现有管理程序监管开展体细胞的基因组编辑临床试验。（4）可遗传的生殖系基因编辑：谨慎从事但不盲目禁止，仅当有严格的监管制度和风险受益评估才允许进行可遗传生殖基因组编辑的临床试验。（5）基因增强：人类基因组编辑不得用于疾病和失能的治疗或预防以外的目的，不得用于修改身体性状和获取超能力的应用。（6）公众参与：将人类基因编辑扩展到治疗和预防疾病以外的任何临床试验之前应当鼓励公众讨论和决策咨询，尤其是可遗传的生殖系编辑的临床试验需要审慎的风险评估和公众参与。关于人类基因组编辑监管原则如下：（1）增进福祉原则（即有利和不伤害原则），即促进个体的健康和福祉，确保风险和利益的合理平衡。（2）透明性原则，即尽可

27 梁普平，黄军就：《推开人类胚胎基因研究的神秘大门》，载《生命科学》2016 年第 4 期，第 420-426 页。

28 Cyranoski David, Reardon Sara.Embryo editing sparks epic debate, Nature, 2015, 520(7549): 593-594.

29 Ishii Tetsuya.Germline genome-editing research and its socioethical implications[J].Trends in Molecular Medicine, 2015, 21(8): 473-481.

30 王张生，周韵娇，唐增：《人类胚胎基因编辑的伦理思考》，载《医学与哲学》2016 年第 1 期。

31 委员会特别提出可遗传生殖系统基因编辑需满足的 10 个规范标准：1）别无其他可行的治疗方法；2）仅限于预防某种严重疾病；3）仅限于以基因编辑缓解严重疾病令人信服；4）仅限于编辑人群中普遍存在的基因变异并且无副作用；5）风险和潜在的健康红利均具有可信的临床前和临床数据；6）临床试验期间对受试者具有持续的严格监督；7）具有长期的多代综合随访计划；8）和病人隐私相符的最大透明程度；9）持续反复评估公众健康、社会福祉和风险；10）可靠的监管机制来防范除重大疾病治疗外的滥用。National Academies of Sciences, Engineering, and Medicine, Human Genome Editing: Science, Ethics, and Governance, Washington, DC: The National Academies Press, 2017, 61-160.

能完全和及时地告知信息，使信息对利益攸关者可及和可理解。（3）合理医疗原则，对招募进行研究或接受临床医疗的病人当有充分和可靠的证据支持时才进行医疗，医疗要小心谨慎，要有适当的监测，经常进行重新评估。（4）负责任的科学原则，要求"从板凳到床边"的研究坚持最高标准，符合国际和专业规范。（5）尊重人原则，认可所有个体的人格尊严，尊重个人的选择和决定，无论其基因质量如何。（6）公平原则，公平分配研究的负担和受益，对人类基因组编辑临床应用产生的受益应公平可及。（7）跨国合作原则，承诺对研究和治理采取合作态度，尊重不同的文化情境，尊重不同国家的政策，尽可能协调管理标准和程序，在不同科学共同体和负责管理机构之间的跨国和数据分享。[32]

2018 年英国智库纳菲尔德生命伦理委员会(Nuffield Council on Bioethics)也发布了一份详尽有据的独立调查报告《基因编辑和人类生殖：社会和伦理问题》（*Genome Editing and Human Reproduction: Science, Ethics, and Governance*）。该报告明确提出：如果改变人类胚胎的遗传物质符合未来孩子的福祉，并且不会加剧已成事实的社会分裂现象，那么，这种做法能够获得道德辩护。这份报告虽然没有要求英国修改法律开放人类基因编辑，但是呼吁对该做法的安全性和有效性及其社会影响进行广泛讨论和研究，并建议建立一个高效的可遗传的基因编辑干预环境，以利于确保人类遗传基因编辑的安全性。该伦理委员会相信，未来如果能够证明安全性和可靠性达到可接受的水平，随着技术条件的发展，基因组编辑可能进入临床应用的方式，最初是在遗传疾病或严重疾病易感性的罕见且迄今难以治愈的病例中，但之后可能在更广泛的环境中。基因组编辑在人类生殖领域具有产生变革性技术（transformative technologies）的潜力。这些技术条件和因素包括科学、技术和社会因素，以及可能阻碍或促进这些发展的道德、政治、法律、规章和经济条件。[33]据此，该伦理委员会向研究机构提出两点建议：应当基于"公共利益"开展基因编辑临床应用安全性和可行性研究，以便于提供以循证医学为基础的临床应用标准；同时应当开展基于公共利益的社会研究，以裨益于理解经过可遗传基因编辑干预措施所生孩子的福利的含义。[34]基于此，该伦理委员会向英国和其他政府提出如下建议：其中包括英国修改任何法律开放遗传性基因组编辑干预之前应该充分开展广泛和包容性的社会讨论，鉴于基于基因变异可能产生的新形式的歧视，英国和其他政府应重新充分评估可遗传基因编辑的社会风险，尤其是对普遍的社会利益的间接影响，

32　National Academies of Sciences, Engineering, and Medicine, Human Genome Editing: Science, Ethics, and Governance, Washington, DC: The National Academies Press, 2017,181-195.

33　Nuffield Council on Bioethics. Genome Editing and Human Reproduction: social and ethical issues, London: Nuffield Council on Bioethics, 2018, 156.

34　Nuffield Council on Bioethics. Genome Editing and Human Reproduction: social and ethical issues, London: Nuffield Council on Bioethics, 2018, 159.

并提供合法有效的机制来纠正这些影响和修改相关政策；政府应考虑政府监管和知识产权的作用，包括建立一个独立于政府和现有监管机构的委员会，以促进公众对遗传性基因组编辑干预措施的安全性、有效性和伦理性的兴趣和理解；允许遗传性基因组编辑干预，这些干预应受到国家主管当局的严格管制和监督。建议英国和其他国家的政府与欧洲理事会（Council of Europe）和教科文组织（UNESCO）等国际人权机构合作，促进在可遗传基因组编辑研究和创新方面的国际对话和治理；建议提出一项国际宣言确认已被基因编辑的人有权充分享受人权。[35]关于可遗传基因组编辑的许可和监管，纳菲尔德伦理委员会建议：只有经国家主管部门（如英国的 HFEA）评估不良结局的风险后，基因编辑才应获得临床使用许可；可遗传基因编辑干预措施的许可应具体问题具体分析，并且要精心设计和严密监管，定期向国家协调机构报告，应该尽可能严密监控可遗传基因组编辑对个人（包括子代）和社会的影响，适当协调相关人员的隐私。[36]

总之，随着基因编辑技术的发展以及科学共同体的积极推动，一些国家也适时调整伦理规范来监督基因编辑技术的基础研究和临床应用。法律是成文的道德。丰富的伦理审查经验为立法规制奠定了坚实的伦理基础。

四、依法借鉴他国治理经验

通过制度创新，不断完善科技创新治理体系，是有效激发创新活力的有力支撑，也是各国增强科技软实力的制度保障。根据日本北海道大学发表的一份关于体外授精基因编辑全球立法概览的研究报告，在接受调查的 39 个国家中有 29 个国家通过法律（statute）或指南（guideline）禁止进行以生殖为目的的人类生殖系基因修饰，其中 25 个国家的禁令具有法律约束力。[37]在立法禁止或限制种系干预的国家，大多数情况下都伴随着刑事制裁（例如澳大利亚、英国、比利时、巴西、加拿大、法国、德国、以色列和荷兰）。其中，英国于 1990 年制定了《人类受精和胚胎研究法》（*Human Fertilization and Embryology Act, 1990*），旨在规范人类受精与胚胎研究的发展、禁止从事特定的胚胎及基因实验、建立人类受精与胚胎研究的主管机构和许可制度、将利他的治疗性代孕上升为治疗不孕症的法定手段和依法保障不孕症患者获得治疗并成为孩子父母的权利（parent's right）。其主要内容如下：建立人类受精与胚胎研

35　Nuffield Council on Bioethics. Genome Editing and Human Reproduction: social and ethical issues, London: Nuffield Council on Bioethics, 2018: 160-161.

36　Nuffield Council on Bioethics. Genome Editing and Human Reproduction: social and ethical issues, London: Nuffield Council on Bioethics, 2018: 162.

37　Araki Motoko, Ishii Tetsuya. International regulatory landscape and integration of corrective genome editing into in vitro fertilization, Reproductive Biology and Endocrinology, 2014, 12, 1-12.

究管理局（HFEA），实行人类受精与胚胎研究许可制度；为确保胚胎及生殖细胞的合理与合法使用，非经授权不得创造、保留或使用胚胎及生殖细胞，禁止使用受精超过 14 天的胚胎，禁止将非人类之胚胎植入女性体内；胚胎筛检上，准许对会导致严重医学疾病、残障或流产的基因或染色体异常的胚胎进行筛检，但蓄意选择不健全胚胎的筛检则被禁止。修订后的《人类受精和胚胎研究法》（2008 年）适应胚胎学研究的发展规定，维持禁止非医学原因的性别选择（sex-selection for non-medical reasons），确保所有人体外之人类胚胎均受到法规管制；扩大合法胚胎研究的范围（包括备受争议的种间胚胎。德国 1990 年制定的《胚胎保护法》一度被认为是欧洲最严厉的一部胚胎保护法，为了保护"人性尊严"，《胚胎保护法》设置生殖技术滥用罪、人类胚胎滥用罪、禁止性别筛选罪、人体胚源细胞人为改变罪、无性繁殖罪以及杂种及混种嫁接罪、恣意受精、恣意植入胚胎及死亡后人工受精罪等。《胚胎保护法》作为一部特别刑法，以刑事制裁的方式来禁止多项胚胎操作，如故意制造人类胚胎以提供研究目的之用的行为（第 1 条第 1 项第 3 款）、人体胚源细胞之基因移植的行为（第 5 条）等，从而避免胚胎成为他人的工具。澳大利亚是世界上对基因编辑研究管制最严的国家之一。根据澳大利亚《禁止克隆人法案》（*prohibition of human cloning reproduction Act, 2002*）第 2 部分"禁止的行为"规定了可遗传的基因改变罪，即"以某种方式改变人类细胞中的基因，并使这种改变能够通过细胞被改变者的后代遗传，并且在改变基因时，有意识地使基因的改变能够为细胞被改变者的后代通过遗传继承下来。此外，为了收集能够存活的人类胚胎而将人类胚胎从妇女体内取出，以及明知或不考虑胚胎是否属于被禁胚胎，[38]故意将其放置到妇女体内，也犯此罪，违者均有可能面临 10 年有期徒刑。[39]加拿大《人类辅助生殖法》（*Assisted Human Reproduction Act, 2004*）也禁止包括使用任何技术创造克隆人或克隆人植入人类或任何非人类生命形式、非以生殖目的创造体外胚胎或提供辅助生殖程序、以创造人类为目的以从取自胚胎或胎儿的细胞或细胞的一部分创造人类或植入人类胚胎以创造人等，违者将视情节轻重处以罚金或有期徒刑。

不过，伴随着科学界和社会公众对基因编辑的接受，近来有些国家开始考虑适度放开该技术应用的可能性。美国和英国对人类基因编辑的监管政策进展及核心思

38　被禁止的胚胎是指：（1）不是通过用人类精子使人类卵子受精的办法产生的人类胚胎；或（2）在妇女体外产生的人类胚胎(除非这个人创造胚胎的目的是为了使一个情况特殊的妇女怀孕)；或（3）包含着两个人以上提供的基因遗传物质的人类胚胎；或者（4）在妇女体外培养时间超过 14 天(不包括胚胎发育暂停的时间)的人类胚胎，或者（5）利用从人的胚胎或者人的胎儿身上取下的原始细胞制造的人类胚胎；或者，（6）含有基因已被进行了可遗传性改变的人类细胞的人类胚胎；或（8）为了收集可存活的人类胚胎而从妇女体内取出的人类胚胎；或者（9）嵌合胚胎或者杂合胚胎。

39　Australia, Prohibition of Human Cloning for Reproduction and the Regulation of Human Embryo Research Amendment Act, Act no. 172 (2006); Australia, Prohibition of Human Cloning for Reproduction Act 2002 (last amended by Act no. 144), (2008).

路最值得注意。英国一直走在生命科技创新和制度变革前列，也是率先为该技术松了绑的国家。在英国，有着紧密而又宽松的监管与透明的公众辩论框架相结合的历史，因此，英国处于有利地位，可以启动审查进程，其中包括探索科学的最新进展，并呼吁证据来探索公众的态度和伦理影响。线粒体置换术（mitochondria replacement therapy, MRT）合法化之争促进了生殖细胞系基因组编辑临床应用合理性和可行性的讨论。线粒体置换术被认为具有阻止变异线粒体 DNA（只能通过母系遗传）传递的潜力，是用捐赠者卵子的健康线粒体 DNA 置换父母的细胞核 DNA 后构建一个胚胎，即将线粒体 DNA 异常的备孕母亲卵子中的细胞核 DNA 抽提出来，植入女性捐赠者的已移除细胞核 DNA 的正常卵子中，组装出一个完全正常的备孕卵细胞，生成的胚胎将携带父母的细胞核 DNA 和捐赠者的线粒体 DNA，而不出现基因表达的可见异常或者染色体数目异常，从而预防线粒体病母婴传播，开辟了遗传性线粒体疾病治疗的新天地。这种饱受诟病的技术因对胚胎进行遗传方面的修改，因而扩展了体外受精程序的适用范围，而被称为第四代"试管婴儿"技术；因人工重组卵细胞受精后所生子女携带母亲、父亲的细胞核 DNA 和女性捐赠者线粒体 DNA，而被称为"三亲"（three parents）宝宝。英国人类受精与胚胎管理局（*human fertilisation and embryology authority*, HFEA）对线粒体置换技术的安全性、有效性和伦理性进行了多年的监测和评估。作为授权管制这项技术的机构 HFEA 的广泛科学审查和公众咨询推动社会达成了广泛的一致意见。HFEA 应卫生部要求先后于 2011 年、2013 年、2014 年、2016 年组织了四次科学审查，负责收集证明线粒体置换技术 MRT 的安全性和有效性的证据，并提供临床许可的建议。[40]公众协商和公众对话也是 HEFA 凝聚国家共识的惯常做法，[41]提议的行动路线虽然会受到质疑，但基本上被接受。[42]英国 30 多年的辅助生殖历史、20 多年的 HFEA 监管以及公众的高度理解最终支持在英国实施线粒体置换。在此基础上英国国会 2015 年初批准使用线粒体置换技术进行生殖系基因治疗，2016 年 HFEA 宣布正式批准伦敦弗朗西斯·克里克研究所（Francis Crick）研究员对人类胚胎进行编辑的请求，这是世界首例获国家监管机构批准的人类胚胎编辑研究。[43]虽然 HFEA 要求在许可任何临床试验之前进行更多研究，但是终究为生殖系基因治疗的伦理屏障打开了方便之门。

英国取消基因编辑禁令激发了美国放松线粒体置换的管制。[44]事实上，美国食品

40　HFEA. Scientific review of the safety and efficacy of methods to avoid mitochondrial disease through assisted conception: 2016 (2016).

41　HFEA, 2013. Authority Paper: Mitochondria replacement Consultation: Advice to Government. http://www.hfea.gov.uk/7796.html.

42　Darnovsky M.A.A slippery slope to human germline modification, Nature, 2013, 499(7457): 127.

43　Philip Ball. Kathy Niakan: at the forefront of gene editing in embryos, The Lancet, 2016, 387(10022): 935.

44　Ishii Tetsuya.Potential impact of human mitochondrial replacement on global policy regarding germline gene modification, Reproductive BioMedicine Online, 2014, 29(2): 150-155.

药品监督管理局（Food and Drug Administration, FDA）在英国研究解除生殖系基因编辑禁令的可行性期间也在评估线粒体替换的医疗价值和可能风险。[45]美国现行法律允许在实验室里进行胚胎基因修改研究，但不允许将经人为修改的胚胎置入子宫发育。自 2015 年 12 月起，美国国会要求 FDA 不再受理涉及修改人类胚胎基因的新药临床试验申请。美国新希望生殖医学中心（New Hope Fertility Center）张进团队实施的全球首例"三亲婴儿"是在美国完成线粒体移植，再将胚胎转至没有明确禁令的墨西哥，着床于中东女性子宫内。2016 年 4 月首例"三亲婴儿"诞生，健康状况良好。[46]张进因此被选为《自然》2016 年度十大科学人物。张进是 EDITAS 医药公司的创立者，也是 CRISPR/Cas 9 技术发明者之一，2016 年 4 月他向 FDA 提交书面申请希望进行新药临床试验申请前咨询（Pre-IND Meeting, PIND），以便开展围绕"用线粒体移植法进行线粒体疾病患者辅助生育"的临床试验。但 FDA 拒绝了张进的这个书面申请。但是，2018 年 11 月 30 日，贺建奎"基因编辑婴儿"项目的讨论热潮还没过去，EDITAS 医药公司宣布已经获得 FDA 批准合法开展 EDIT-101 疗法的人体临床实验，EDIT-101 疗法是基于 CRISPR 技术的一种基因疗法，它将编码 Cas 9 的基因和两个指导 RNA（gRNA）装载进 AAV5 病毒载体，并通过视网膜下注射，直接注射到患者感光细胞附近，将基因编辑系统递送到感光细胞中，从而治疗遗传性视网膜衰退疾病。这有望成为世界上第一种在人体内使用 CRISPR 技术的疗法。我们注意到，英国立法方向的转变受益于软法之治和其他约束机制的经验，包括促进公众辩论和民主参与的学术和专业社会和机构的推动作用。[47]

英美两国解除禁令的影响非常深远，可能有助于其他国家解除禁令和启动线粒体替代。[48]以色列法律本来明确禁止生殖系基因修饰，但其法律中有例外条款，即经咨询委员会建议以色列可允许进行这种修饰。因此，以色列卫生部长可根据咨询委员会的建议批准医疗程序，在不损害人的尊严的情况下开展生殖系基因编辑。英国解除禁令也对日本产生了重要影响。2018 年 9 月 28 日，日本卫生和科学部门旗下的专家小组公布了允许在人类胚胎中使用基因编辑工具的指导方针草案。这一指导方针草案将于 11 月开始公开征求公众意见，并可能在 2019 年上半年实施。日本还

45　FDA, 2014. Meeting Materials, Cellular, Tissue and Gene Therapies Advisory Committee. http://www.FDA. gov/AdvisoryCommittees/CommitteesMeetingMaterials/BloodVaccinesandOtherBiologics/CellularTissueandGeneTherapiesAdvisoryCommittee/ucm380047.htm.

46　Rebecca Dimond, Atina Krajewska. Comment on mitochondrial replacement techniques and the birth of the "first", Journal of Law and the Biosciences, 2017, 4(3): 599-604.

47　Nuffield Council on Bioethics. Genome Editing and Human Reproduction: social and ethical issues, London: Nuffield Council on Bioethics, 2018: 156.

48　Ishii T.Potential impact of human mitochondrial replacement on global policy regarding germline gene modification, Reproductive BioMedicine Online, 2014, 29(2): 150-155.

围绕人类基因编辑发布一系列研究报告，初步构建了基因编辑政策框架。[49]另外，印度和爱尔兰也有相关指南，但没有强制执行力而且面临着修订，并有开放生殖系基因编辑的可能性。

胚胎植入前基因诊断（preimplantation genetic diagnosis, PGD）政策的发展演变及其临床应用的扩展，也为生殖系基因编辑研究及其应用提供一个合适的发展方向和政策模型。PGD 最初也是一个备受争议的技术，但是目前许多国家开始允许对着床前的胚胎进行基因检测。[50]PGD 适应症的范围通常取决于遗传缺陷的"严重"与否以及有无替代疗法，否则，跨越了这个边界就可能构成违法犯罪。英国、加拿大、澳大利亚、以色列、荷兰和日本等有类似规定的国家在确定 PGD 的严重性时增加了限定词"重大风险（substantial risk）"，这就增加了一个影响 PGD 可接受性的过滤器。[51]其实，在任何司法管辖区，风险的程度均未明确定义，因而只允许 PGD 预防"不可治疗"（untreatable）和"不可治愈"（incurable）的疾病遗传给子代的"风险"在行业准则和国家立法中仍然是含糊不清的。可能是受其影响，第一次人类基因组编辑国际峰会声明提出，种系基因编辑临床研究和治疗范围从避免严重遗传疾病到"增强"人类能力而异。总之，PGD 监管模型为划定重大风险的阈值提供了一种相对稳健的监管方法，尽管"风险"的概念还有待准确厘定。随着基因组编辑在疾病预防方面的预期利益逐渐凸显，公众的接受态度可能会发生变化。与此相应，相关监管政策终将因时而化。此外，由于人员、知识和技能具有国际流动性，财富和获取技术的不平等依然存在，人类基因编辑在不同国家的国家立法中表达不同的伦理价值观。尽管如此，国际科学共识的达成和治理经验的积累也为未来立法提供了一个框架基础。

五、我国未来的立法选择

发展与风险并存的 21 世纪是生命科技的时代。可以预言，迅猛发展的生命科技必将助力改善人类健康福祉。人类基因编辑技术作为一种风险技术，可以惠泽人类也可能肇祸致害。在科技强国和依法治国两大现实背景下，以立法方式规制基因编辑技术是大势所趋。未来立法尤其需要不断回应基因编辑技术进步提出的新挑战新问题，依法规制人类基因编辑有助于遏制技术滥用行为和道德规制模式带来的"市

49　Rosario Isasi, Kleiderman E, Knoppers B. M. Editing policy to fit the genome？, Science, 2016, 351(6271): 337-339.

50　Bartha M. Knoppers,Rosario M. Isasi.Regulatory approaches to reproductive genetic testing, Human Reproduction, 2004, 19(12): 2695.

51　Knoppers BM, Bordet S, Isasi RM. Preimplantation genetic diagnosis: an overview of socio-ethical and legal considerations, Annual Review of Genomics and Human Genetics, 2006, 7: 201-221.

场失灵"和"政府失灵"现象；立法同时更要保持适度的前瞻性和开放性，为基因编辑技术的发展预留一定的法律空间，确保基因编辑技术与保障健康福祉与维护人类尊严同向而行。

我国目前人类基因编辑技术规制模式尚处于政府行政规制和行业自律阶段，目前仅有原卫生部 2001 年颁布的《人类辅助生殖技术规范》、2003 年发布的《人类辅助生殖技术规范》和《人类辅助生殖技术和人类精子库伦理原则》、科技部和原卫生部 2003 年联合发布的《人胚胎干细胞研究伦理指导原则》、2016 年原国家卫生计生委颁布的《涉及人的生物医学研究伦理审查办法》、2017 年科技部发布的《生物技术研究开发安全管理办法》、国家卫生健康委员会 2018 年发布的《医疗技术临床应用管理办法》等，上述规范均属于国务院职能部门的行政规章，内容较为粗糙，法律层级偏低，针对性不强，可操作性较差，惩罚力度不够，法律效力不足，治理效果较差。

立法机关应当积极开展人类基因编辑立法调研，分析人类基因技术规制的伦理基础与立法依据，考察国内外人类基因技术规制模式的成败得失及经验启示，针对人类基因技术立法存在的问题，从立法理念、规范体系、立法与司法对接等方面制定多层次法律规制对策，民法、行政法和刑法并举，依法遏制人类基因编辑技术滥用，确保技术安全和惠泽健康事业。民法是最具伦理性的法，民法典人格权编更应当发挥法律保障作用。

（一）坚持问题导向，积极开展立法调研，汇聚民意集中民智

鉴于人类基因编辑技术所涉伦理和法律问题相当复杂，牵一发而动全身，当务之急是积极开展立法调研，找准找好立法重点难点问题，探索研究人类基因编辑立法的规律性、科学性和时代性。笔者认为，未来立法调研应围绕以下重点内容有序展开：

第一，全面评估人类基因编辑技术的社会风险及其伦理困境。这是立法的现实基础。立法者应在科学评价人类基因编辑技术的医疗价值与社会意义的基础上全面评估其效果的不确定性与技术的风险性，进一步考察可能产生的技术滥用及其复杂社会背景，重点分析"市场失灵"和"政府失灵"的原因及其危害，为进一步研究其法律规制和分类管理奠定实证基础，确立伦理调控和法律规制的现实意义、目标选择、价值理念和制度框架。

第二，客观分析人类基因编辑技术法律规制的伦理基础和法律依据。总结、阐述国内外人类基因技术规制理论与立法实践的现状，为进一步调查研究提供理论基础和立法经验。然后对我国现有相关法律法规和行业规范进行历史回顾和综合评价，分析我国人类基因编辑技术现有规制模式的得失及发展方向，划定道德规制和法律规制的疆界和禁区，重点探寻目前行业自律机制和伦理审查制度的缺陷以及法律手

段对克服"市场失灵"的独特价值，从而论证人类基因编辑技术法律规制的正当性和可能性。

第三，准确定位我国未来人类基因编辑立法的基本宗旨和价值目标。对未来立法的人本价值、安全价值、公平价值和秩序价值等进行剖析，提出风险控制的终极价值在于确认和保障人格尊严，促进不同主体利益的共生。在此基础上确立我国人类基因编辑技术立法的基本原则和规范体系，明确人类基因编辑技术的"基础和临床前研究"及"在体细胞层面上的临床应用"的边界，厘定基因编辑技术滥用的认定标准。

第四，合理借鉴国外人类基因编辑技术法律规制模式及其立法经验。尽可能研究美国、英国、德国及日本立法的发展趋势及主要内容，归纳抽象出普适规律和本土特色，总结其立法经验及其可资我国借鉴的方面。从国外基因编辑技术规制的发展趋势来看，无论是规制组织效率化、规制程序民主化，还是规制指标具体化，都有一个日趋制度化和法治化的倾向，科学设计人类基因编辑的法律规范。

第五，精心设计我国人类基因编辑技术规制体系的制度框架和可操作性规范。首先依据人类基因编辑技术成熟度及其安全性、伦理性、有效性和社会适应性，将人类基因编辑技术分为实验室基础研究、临床前研究和体细胞基因编辑临床应用和胚胎基因编辑临床应用四种情况进行分类管理，进一步构建以分级分类规制、分阶段日常化规制、全程动态规制为基础的科学有效的外部监管与内部管理相结合的监管制度，实现从"准入"到"退出"的全程性、分阶段、日常化动态控制，具体包括准入制度、监管制度、预警制度、应急制度、恢复补救性制度和社会分担制度结合的治理体系。

（二）突出务实管用，健全法律制度，以良法促善治

在立法调研的基础上，我国应尽快启动立法程序，把道德律令变为法律义务，用法律的制度刚性巩固和增强现有监管机制，为科学家和临床医生划定行为的边界和底线。未来基因编辑立法应从以下几个方面着力：

第一，提高法律位阶，提高立法效能。人类科技文明承载着工具理性和价值理性的光辉。发展基因编辑技术的目的不是把人边缘化、工具化、手段化和客体化，而是造福人类，使人之为人，尊重人类命运共同体的价值和每个生命个体的尊严。通过法律的国家强制力保护社会的共同价值和伦理精神，并借助法律的威慑力止却人们跨越边界和踩踏红线，维护人类命运共同体的基本尊严。我国不乏涉及人的生物医学研究的规范性文件，只是法律层级低下，效力较弱。为此，我国应当加快立法步伐，提高整体法律位阶，将现有相关法律法规进行整理，废除过时的规范，修订不合理的规范，出台保护受试者的规范，规定科学研究的行为底线，并考虑制定一部内容和谐统一的《生物安全法》或《生命伦理法》，凝聚全球科学共识，协调生

命科技活动，增强其法律治理能力。

第二，规范人类基因编辑技术的过程控制和伦理审查。《涉及人的生物医学研究伦理审查办法》等规范规定了医学伦理委员会的职责和任务，明确了伦理委员会的独立审查权，对保护受试者的正当权益和促进生命科技研发意义重大。医学伦理委员会也确实发挥了伦理审查、自我监督和风险防范的作用，但医疗实践中伦理审查委员会建设跟不上形势，审查能力有限，尚未完全摆脱内部利益的困扰和干预，难以保证伦理审查的独立、透明和公正。其重要影响因素在于现有制度和规范性文件过于笼统、抽象和框架化，伦理审查过程中解读空间过大、主观随意性过强，不同伦理委员会的审查结果不一致。未来立法应进一步统一和细化审查规程和操作标准，设立生物研究监督体系（bioresearch monitoring program, BIMO），健全备案注册制度和定期报告制度，明确长期随访计划，强化科研课题立项和科研论文发表前的伦理管理，为基因编辑技术的伦理审查提供规范、统一、科学的指导。

第三，明确生殖性基因编辑基础研究和临床应用的优先顺序和行为禁区。首先，目前法律许可的范围应当被严格限定在那些风险可控、效果可证的实验室基础研究和临床前研究以及部分体细胞修饰领域。其次，以"增强或改良"为目的以及以"生殖"为目的的生殖系基因编辑和修饰的临床应用，在其风险性尚未得到有效控制、效果难以有效验证、社会共识尚未达成以及监管机制尚未到位的情况下应当采取强有力的措施予以禁止，其学术研究也应严格限定在实验室范围内。

第四，鉴于改变胚胎或配子的DNA可以使携带缺陷基因的父母拥有健康的孩子，因此开展可遗传的基因组编辑研究（包括临床前研究）是必要的也是正当的，但是，必须具备下列条件：已持续开展受益-风险评估，没有任何其他合理的治疗办法，仅限于预防严重疾病；仅限于业已证实的易感性基因的编辑，已经获得足够的可信的前临床和临床数据，已制定周密的长期随访计划（多代的），充分尊重个人自主性和隐私，公开透明和公众充分参与，伦理审查规范严格。

第五，落实人类基因编辑研究受试者和临床治疗对象优先保护制度。受试者权益保护是所有相关机构和人员的共同责任，伦理审查机制和知情同意制度是最重要的。针对伦理审查和知情同意流于形式等问题，最根本的是受益者利益优先保护观念落实不到位。因而需要建立受试者权益全方位保护制度，加强人类配子、合子和人类胚胎的管理，明确其法律地位、捐赠条件、捐赠程序、使用、保存和销毁的规则和程序；进一步落实人类基因编辑技术研究和应用的基本原则；细化《涉及人的生物医学研究伦理审查办法》中的知情同意、控制风险、免费和补助、保护隐私、依法补偿、特殊保护六项具体原则；加强对科研机构和相关人员的制度约束，制裁严重违背科研伦理的不端行为，可依照情节轻重和危害程度追究其相应的民事、行政或刑事责任。[52]

52　Gary E. Marchant. Legal Risks and Liabilities of Human Gene Editing, Scitech_Lawyer, 2016, Fall, 27-29.

第六，在民法典分则人格权编设置相关条款，设立人类基因和胚胎的特殊保护制度。基因编辑婴儿事件对维护人的主体性以及人格尊严造成了严重的现实威胁。保护人格尊严是法律的重要目标。[53]我国《宪法》第 33 条规定："国家尊重和保障人权。"第 38 条规定"中华人民共和国公民的人格尊严不受侵犯。"人格尊严也是人格权法的核心要素，具有不可克减性。[54]据此，1987 年的《民法通则》第 101 条规定"公民的人格尊严受法律保护"。2001 年的《最高人民法院关于确定民事侵权精神损害赔偿责任若干问题的解释》第 1 条第 1 款第（3）项一度将人格尊严权、人身自由权解释为具体人格权，规定："自然人因下列人格权利遭受非法侵害，向人民法院起诉请求赔偿精神损害的，人民法院应当依法予以受理：……（三）人格尊严权、人身自由权。"民法典编纂工程启动以来，人格尊严保护进入了新的历史阶段，新颁《民法总则》第 109 条首次从宏观层面保护了"人身自由"和"人格尊严"，二者并列共同构成了一般人格权。人格尊严进入《民法总则》被视为我国民法上的人格权一般条款，[55]为人格权一般保护提供了民法规范依据，[56]也为人格权独立成编奠定了价值基础。一般人格权条款在全国人大常委会法工委草拟的《中华人民共和国民法典人格权编(草案)》(征求意见稿)第 7 条具体表达为："除本编规定的人格权益外，自然人享有基于人格尊严产生的其他人格利益。"2018 年 8 月 27 日全国人大常委会审议的《中华人民共和国民法典各分编(草案)》一审稿和二审稿第 774 条第 2 款将其调整为"除本编规定的人格权外，自然人享有基于人身自由、人格尊严产生的其他人格权益。"不同的是，征求意见稿将一般人格权的价值基础表述为"人格尊严"，而审议稿则将其表述为"人身自由、人格尊严"。人格权法律制度的根本目的在于保护人的人格尊严，各项人格权都体现了人格尊严的保护要求。[57]该条款作为人格权保护的兜底条款，宣示了人格权立法的基本宗旨和根本价值，即尊重和保护人的人身自由、人格尊严，体现了现代民法的人文情怀，[58]具有补充具体人格权立法之不足的重要作用，可以为未来新型人格利益的保护提供法律依据。人类基因编辑不仅可能带来个体生命和健康，还危及人格尊严。因而，民法典分则人格权编应当设置相关条款，设立人类基因和胚胎（未出生者）的特殊保护制度，规范人类基因新技术临床研究与转化应用，促进医学进步，保障医疗质量安全，维护人的尊严和生命健康。为此建议将人格权编第二章"生命权、身体权和健康权"第 789 条之一"从事与人体基因、人体胚胎等有关的医学和科研活动的，应当遵守法律、行政法规和国家有关规定，不得危害

53　王利明：《论人格权独立成编的理由》，载《法学评论》2017 年第 6 期，第 1-11 页。

54　上官丕亮：《论宪法上的人格尊严》，载《江苏社会科学》2008 年第 2 期，第 77-83 页。

55　梁慧星：《民法总论》，法律出版社 2017 年版，第 92 页。

56　尹志强：《论人格权一般保护之民法实现——兼评《中华人民共和国民法总则》第 109 条》，载《新疆社会科学》2017 年第 4 期，第 100-108，160 页。

57　朱晓峰：《民法一般人格权的价值基础与表达方式》，载《比较法研究》2019 年第 2 期，第 60-71 页。

58　王利明：《论人格权独立成编的理由》，载《法学评论》2017 年第 6 期，第 1-11 页。

人体健康，不得违背伦理道德。"修改为"从事涉及人类基因、人类胚胎等的医学科学研究及其临床应用活动的，应当遵守法律、行政法规和国家有关规定，不得损害人格尊严，不得违背伦理道德。"

On Value Orientation and Practical Approach of Human Gene Editing Legislation

Yang Fang

Abstract：Gene-editing has great potential in promoting the steady development of basic science and facilitating the translational application of precision medicine. At present, there are still many technical uncertainties and social risks. The "Gene Editing Baby" incident shows that the existing ethical review mechanism and external governance system in China are obviously inadequate. China's legislation in the future should respond positively, strive to use the rigidity of the legal system to stimulate the vitality of scientific and technological innovation, build up scientific consensus, consolidate the ethical spirit, and ensure that gene editing technology can benefit health and welfare and maintain human dignity.

Key Words：gene editing; germline; human dignity; legislation

大数据背景下地方公共卫生安全风险防控法律制度供给不足与完善

——以大连市为研究样例

荣振华[*]

摘　要： 大数据在新冠肺炎疫情防控中发挥着重要作用，也对现行法律提出新的诉求，为此，各地围绕地方大数据和公共卫生发展需求，出台和修正相关法规或规章。盘点近两年地方法规和规章的变化，再结合大连公共卫生规章的内容，总结出现行地方法规和规章存在两方面问题：一是在宏观体系上，公共卫生风险防控规章制度缺乏对大数据融合的耦合性。二是在微观制度上，公共卫生安全风险防控法律缺乏对大数据治理的回应。地方法规或规章需要在宏观体系设计上将大数据与公共卫生安全风险防控深度融合，设计融合的主要理念，贯穿整个法规或规章，同时在微观制度上，建构健康码等大数据保障制度，完善公共卫生事件预防制度，扩大监测主体，细化预警主体并简化预警程序，并在监测与预警制度中融入智能化因素。通过相关制度完善，为依法防控公共卫生提供制度保障。

关键词： 大数据　公共卫生　健康码　预警　监测

一、问题：大数据融入公共卫生风险防控中的应用与挑战？

2020 年新冠肺炎疫情发生以来，人们亲身经历了公共卫生的风险，即具有高不可知性、高控制度难度和对人类最具灾难性。[1]大数据在此次疫情防范管制、疫情分析监测、医疗医治增效以及疫情期间复工复产等方面展现出"大数据防疫抗疫的硬

---

* 荣振华，法学博士，博士后，大连医科大学法学系卫生法教研室主任，教授，硕士导师。

1 孙祁祥，周新发：《为不确定性风险事件提供确定性的体制保障——基于中国两次公共卫生大危机的思考》，载《东南学术》2020 年第 3 期，第 13 页。

核实力"，以至于被人们认为"大数据是这场没有硝烟战疫中的克敌制敌的法宝"，甚至被媒体直接称为"大数据防疫"。大数据应用于公共卫生风险防控之中主要体现在四个方面：首先在疫情防范管制方面，大数据能够通过健康码、体温筛查、疫情寻人等方面做到精准定位，最快速度找到个体传染源，有利于相关部门及时采取隔离防范措施，同时运用大数据将疫情防控数据汇聚与共享应用，使疫情防控工作做到精准。其次在疫情预警分析方面，能够通过信息整合和网上通报等方式及时进行疫情预警，例如，北京"城市疫情预警系统"的运用，能够动态精准地进行疫情预警。再次在疫情疾病诊治方面，通过医疗资源创新整合，电子处方、在线支付、预约挂号、视频复诊、健康咨询等线上医疗健康服务等方式，为疫情诊疗提供了方便快捷的服务，同时推进医疗健康数据汇聚、融通和共享，充分利用信息化手段，推动医疗卫生机构提供智能化的健康管理、签约服务、预约转诊和健康信息查询等服务。最后在疫情复工复产复学方面，通过大数据赋能健康码等方式，使企业和高校等各单位能够顺利地复工复产复学。

任何新生事物在促进社会发展的同时，也会对现有的社会制度提出新的诉求，大数据融入公共卫生安全防控工作过程中，也需要相关制度的背书，因此，我们国家近两年无论国家层面还是地方层面都加快了与大数据有关的立法，仅 2020 年至2021 年国家层面就出台了《中华人民共和国密码法》（以下简称《密码法》）、《中华人民共和国民法典》（以下简称《民法典》）、《中华人民共和国数据安全法》（以下简称《数据安全法》）、《中华人民共和国个人信息保护法》（以下简称《个人信息保护法》）等法律，地方也加紧了立法的步伐，有的省市发布针对健康医疗大数据的立法，例如，山东省和贵阳市分别在 2020 年 2018 年发布了针对健康医疗大数据的《山东省健康医疗大数据管理办法》[2]和《贵阳市健康医疗大数据应用发展条例》，有的地方省市发布大数据方面的法规，例如，山东省、安徽省于 2021 年分别发布《山东省大数据发展促进条例》和《安徽省大数据发展条例》，有的省市发布数据方面的法规，例如，深圳市于 2021 年发布《深圳经济特区数据条例》（2022 年 1 月 1 日生效），有的省市发布公共卫生方面的地方法规或规章，例如，2021 年宁夏、河南、山东等发布《宁夏回族自治区公共卫生服务促进条例》《河南省突发公共卫生事件应急办法》和《山东省突发公共卫生事件应急办法》。

大连市针对公共卫生安全风险防控法律制度严重迟滞于社会发展，截至目前，大连针对突发公共卫生事件出台的地方规章只有《大连市突发公共卫生事件应急办法》，此规章于 2003 年 10 月 20 日通过，主要从预防与应急准备、报告与信息发布、

---

2 《山东省健康医疗大数据管理办法》第 2 条第二款规定，健康医疗大数据，是指在疾病防治、健康管理等过程中产生的，以容量大、类型多、存取速度快、应用价值高为主要特征的健康医疗数据集合，以及对其开发应用形成的新技术、新业态。

应急处理等方面做出规定，至今从未进行修订。[3]然而，从 2003 年发展至今，《大连市突发公共卫生事件应急办法》所依据法律不断完善与修正，其产生的社会背景已经发生了"质"的飞跃，网络空间与现实空间无缝转换、智能治理手段的突飞猛进，致使《大连市突发公共卫生事件应急办法》中多数制度内容与时代脱节，同时也无法满足疫情防控的诸多诉求。基于此，本课题组参酌国家及各地方立法，对大连市公共卫生安全风险防控规章制度进行检省，分析大连现行规章制度是否能够回应公共卫生安全风险防控过程中的制度诉求：一是大数据融入公共安全风险防治过程中私权是否得到保障。健康码的法律属性是什么？地铁等公共场所的工作人员审查个人健康码行为属于行政行为还是民事行为？防疫过程中哪些部门可以合法搜集个人数据？有些单位因防疫而掌握了个人数据，这个数据的权属又是如何规定的？各部门在防疫过程中所搜集的个人信息是否可在不征求个人同意的情况下互通互联；二是预防过程中的监测与预警制度是否回应了大数据防疫过程中的制度诉求；三是大数据驱动的政府治理数据是否彼此之间做到开放共享，是否存在相关法律制度规范，等等。通过本课题研究，修正相关规章制度，以期对大连市相关立法完善提出可行性建议。

二、大数据融入公共卫生安全风险防控规制的现状与不足剖析

（一）现行法律制度对大数据融入公共卫生安全风险防控规制的回应

1. 现行法律对大数据规定的盘点

大数据属于非法学术语，其本身是对若干数据集合体的抽象表达，大数据最初在制度上的表达主要来自中央文件[4]，截至目前，国家层面的立法并没有对大数据的内涵做出界定，由于大数据是若干个数据的集合体，因此，中央文件于 2019 年对数据做出明确规定，将数据定位为市场要素之一。[5]同时，引发了系列法律对"数据"

3　虽然大连市人民政府办公厅在 2015 年 12 月 17 日发布《大连市突发事件预警发布管理办法（试行）》（大政办发[2015]122 号），但是主要针对突发事件，而没有针对突发公共卫生事件的法律制度。虽然突发事件内涵包括突发公共卫生事件，但突发公共卫生事件具有其独特的属性：一是具有传染扩散性；二是具有很强的公益性；三是具有无形性。

4　《国务院关于印发促进大数据发展行动纲要的通知》（国发[2015]50 号）；《国务院办公厅关于运用大数据加强对市场主体服务和监管的若干意见》（国办发[2015]51 号）；《国务院办公厅关于促进和规范健康医疗大数据应用发展的指导意见》（国办发[2016]47 号）；《工业和信息化部关于工业大数据发展的指导意见》（工信部信发[2020]67 号）；《国家卫生健康委员会关于印发国家健康医疗大数据标准、安全和服务管理办法（试行）的通知》（国卫规划发[2018]23 号）。

5　2019 年 11 月《中共中央关于坚持和完善中国特色社会主义制度　推进国家治理体系和治理能力现代化若干重大问题的决定》明确将数据定位与"土地、劳动力、资本、技术"并列的市场要素之一。2020 年 3 月发布的《中共中央国务院关于构建更加完善的要素市场化配置体制机制的意见》对数据要素市场化做出宏观制度安排。

的回应：2020 年《民法典》第 127 条明确规定数据属于民法保护的财产范围，[6] 2021 年的《数据安全法》对数据内涵做出明确规定，[7] 同时，对数据安全做出制度安排，2021 年发布《个人信息保护法》对具有个人信息外观的数字进行特殊保护。[8] 简言之，国家层面的立法并没有对大数据做出界定。

　　反观地方立法，截至目前，规范大数据的地方法规及规章共 12 部，主要从基础设施、数据资源、发展应用、安全保护、促进措施和法律责任六方面对大数据做出制度安排，主要立法如表 1 所示：

表 1　地方立法对大数据内涵的界定

立法时间	名　称	对大数据的界定
2021 年 9 月	《山东省大数据发展促进条例》	第 2 条第二款对大数据内涵做出界定。[9]
2021 年 3 月	《安徽省大数据发展条例》	第 2 条第二款对大数据内涵做出界定。[10]
2020 年 11 月	《吉林省促进大数据发展应用条例》	第 2 条第二款对大数据内涵做出界定。[11]
2020 年 8 月	《山东省健康医疗大数据管理办法》	没有对大数据规定。
2020 年 5 月	《山西省大数据发展应用促进条例》	第 2 条第二款对大数据内涵做出界定。[12]
2019 年 9 月	《海南省大数据开发应用条例》	第 2 条第二款对大数据内涵做出界定。[13]
2019 年 8 月	《贵州省大数据安全保障条例》	第 3 条第二款对大数据内涵做出界定。[14]
2019 年 5 月	《海南省大数据管理暂行办法》	没有对大数据规定。

　　6　《民法典》第 127 条　法律对数据、网络虚拟财产的保护有规定的，依照其规定。

　　7　《数据安全法》第 3 条　本法所称数据，是指任何以电子或者其他方式对信息的记录。数据处理，包括数据的收集、存储、使用、加工、传输、提供、公开等。数据安全，是指通过采取必要措施，确保数据处于有效保护和合法利用的状态，以及具备保障持续安全状态的能力。

　　8　《个人信息保护法》第 4 条　个人信息是以电子或者其他方式记录的与已识别或者可识别的自然人有关的各种信息，不包括匿名化处理后的信息。个人信息处理包括个人信息的收集、存储、使用、加工、传输、提供、公开、删除等。

　　9　《山东省大数据发展促进条例》第 2 条第二款　大数据，是指以容量大、类型多、存取速度快、应用价值高为主要特征的数据集合，以及对数据进行收集、存储和关联分析，发现新知识、创造新价值、提升新能力的新一代信息技术和服务业态。

　　10　《安徽省大数据发展条例》第 2 条第二款　本条例所称大数据，是指以容量大、类型多、存取速度快、应用价值高为主要特征的数据集合，是对数量巨大、来源分散、格式多样的数据进行采集、存储和关联分析，发现新知识、创造新价值、提升新能力的新一代信息技术和服务业态。

　　11　《吉林省促进大数据发展应用条例》第 2 条第二款　本条例所称大数据，是指以容量大、类型多、存取速度快、应用价值高为主要特征的数据集合，以及对其开发利用形成的新技术、新业态。

　　12　《山西省大数据发展应用促进条例》第 2 条第二款　本条例所称大数据，是指以容量大、类型多、存取速度快、应用价值高为主要特征的数据集合，以及对其开发利用形成的新技术和新业态。

　　13　《海南省大数据开发应用条例》第 2 条第二款　本条例所称大数据，是指以容量大、类型多、存取速度快、应用价值高为主要特征的数据集合，以及对数据集合开发利用形成的新技术和新业态。

　　14　《贵州省大数据安全保障条例》第 3 条第二款　本条例所称大数据是指以容量大、类型多、存取速度快、应用价值高为主要特征的数据集合，是对数量巨大、来源分散、格式多样的数据进行采集、存储和关联分析，发现新知识、创造新价值、提升新能力的新一代信息技术和服务业态。

续表

立法时间	名　称	对大数据的界定
2018 年 12 月	《天津市促进大数据发展应用条例》	第 2 条第二款对大数据内涵做出界定。[15]
2018 年 10 月	《贵阳市健康医疗大数据应用发展条例》	没有对大数据规定。
2016 年 1 月	《贵州省大数据发展应用促进条例》	第 2 条第二款对大数据内涵做出界定。[16]

从上述大数据立法的盘点可以看出，国家层面立法没有对大数据做出界定，而地方立法根据地域性大数据试验，总结大数据实践经验，对大数据的内涵做出制度安排，归纳地方立法对大数据的界定，主要表达集中在"容量大、类型多以及应用价值高"等特征，虽然地方立法的根本动力来源于地方竞争。[17]截至目前大连市没有大数据方面的立法，辽宁省在 2021 年 7 月征集《辽宁省大数据发展应用促进条例》对数据的开放与安全监管、数据开发应用等做出规定，同时也对大数据的内涵做出界定，[18]相对应国家及其他省市相关立法，大连没有出台与大数据有关的地方立法，但是，适时发布大数据规范性文件，[19]并于 2017 年建立大连高新区大数据产业协会，大连市政府于 2018 年设立了大数据中心，培育数据创新能力，利用地缘优势资源，将大数据发展与地区社会经济发展有机结合。

2. 现行法律对大数据融入公共卫生安全风险防范的规定。

截至目前，国家层面规范公共卫生的法律主要有《中华人民共和国传染病防治法》（以下简称《传染病防治法》）、《中华人民共和国突发事件应对法》（以下简称《突发事件应对法》）、《突发公共卫生事件应急条例》、《国家突发公共卫生事件应急预案》、《国境口岸突发公共卫生事件出入境检验检疫应急处理规定》（2018 年修正）、《突发公共卫生事件与传染病疫情监测信息报告管理办法》（2006 年修改）、《突发公共卫生事件交通应急规定》，这些立法多数发布在 2007 年之前，囿于当时互联网对人们生活的影响，并没有达到无所不至的程度，因此，上述立法并没有对大数据融入

15　《天津市促进大数据发展应用条例》第 2 条第二款　本条例所称大数据，是指以容量大、类型多、存取速度快、应用价值高为主要特征的数据集合，以及对其开发利用形成的新技术和新业态。

16　《贵州省大数据发展应用促进条例》第 2 条第二款，本办法所称健康医疗大数据，是指在疾病防治、健康管理等过程中产生的，以容量大、类型多、存取速度快、应用价值高为主要特征的健康医疗数据集合，以及对其开发应用形成的新技术、新业态。

17　周尚君，《地方法治试验的动力机制与制度前景》，载《中国法学》2014 年第 2 期。

18　《辽宁省大数据发展应用促进条例》（草案）第 2 条第二款　本条例所称大数据，是指以容量大、类型多、存取速度快、应用价值高为主要特征的数据集合，通过对数量巨大、来源分散、格式多样的数据进行采集、存储和关联分析，发现新知识、创造新价值、提升新能力的新一代信息技术和服务业态。

19　2017 年，大连市人民政府发布《大连市政务信息资源共享管理暂行办法》，大连市人民政府办公厅发布《大连市政务信息系统整合共享实施方案》。

公共卫生风险防范做出针对性且明确的规定，仅是在个别法条提及网络和数据的字样。

其中，《传染病防治法》第 50 条明确规定，加强传染病医疗救治服务网络的建设。《突发公共卫生事件与传染病疫情监测信息报告管理办法》第 8 条规定了监测信息数据库建设，第 9 条提出国家建立公共卫生信息管理平台和基础卫生资源数据库。《突发事件应对法》第 41 条在突发事件监测制度中，提出建立健全基础信息数据库。

同时，国家立法对公共卫生风险采取分级防控原则，根据突发事件应对法和突发公共卫生事件应急条例，按照突发事件发生的紧急程度、发展势态和可能造成的危害程度分为四级，分别以红色、橙色、黄色和蓝色标示。然而，国家立法鲜有将公共卫生风险分级防控与大数据进行融合的规定，致使某些公共卫生风险防控制度设计与现实脱节，进而导致有些制度设计无法产生制度实效。

相比于国家立法，地方立法则在发挥地方的主动性和积极性、在立法法赋权范围内，对中央立法无法顾及之领域进行有益的补充，同时也满足地方建构自身秩序的需求，近两年共发布了 6 部地方法规和规章，并将疫情防治过程规范性文件中的稳定成熟的政策通过地方立法程序上升到效力较高，并可直接适用的地方立法地位（详见表2）。

表 2　地方立法对大数据融入公共卫生风险防控规定的盘点

立法时间 （修订时间）	立法名称	立法结构	涉及公共卫生大数据或数据的规定
2021 年 7 月修订	《宁夏回族自治区公共卫生服务促进条例》	服务体系，服务内容，促进措施，监督检查，法律责任	第 14 条明确了公共卫生信息平台建设等法律制度。[20]
2020 年 10 月	《上海市公共卫生应急管理条例》	公共卫生社会治理，预防与应急准备，监测与预警，应急处置，医疗救治，保障措施	
2020 年 9 月	《北京市突发公共卫生事件应急条例》	应急准备，监测预警，应急处置，应对措施，四方责任，监督落实，应急保障，法律责任	第 8 条明确规定大数据整合资源的法律制度。[21] 第 31 条……（五）合理使用大数据等技术手段，追踪突发公共卫生事传播链条。

20　《宁夏回族自治区公共卫生服务促进条例》第 14 条　县级以上人民政府应当加强公共卫生信息平台建设，建立和完善人口信息、电子健康档案和电子病历数据库，实现公共卫生数据资源共享，方便公民查询个人有关信息资料。

21　《北京市突发公共卫生事件应急条例》第 8 条　市、区人民政府及其有关部门在保护个人信息的前提下，整合政府、市场和社会各方资源，发挥大数据、云计算、移动通信等技术作用，为突发公共卫生事件监测、病原溯源以及病人、疑似病人和传染病病人密切接触者管理等提供数据支撑；根据应急工作需要，可以提供个人健康状态查询服务。

续表

立法时间 （修订时间）	立法名称	立法结构	涉及公共卫生大数据或 数据的规定
2020年5月	《天津市突发公共卫生事件应急管理办法》		第5条监测点运用大数据等技术监测的法律制度[22]
2021年4月	《河南省突发公共卫生事件应急办法》	总则，预防与应急准备，监测、报告和信息发布，应急处置，部门职责，保障措施，法律责任	第46条政府搜集个人信息的法律制度。 第69条运用大数据等技术进行监测的法律制度。[23]
2020年8月	《深圳经济特区突发公共卫生事件应急条例》	总则，应急准备，应急物资储备与供应，监测、预警与报告，应急处置，联防联控与基层治理，保障措施，法律责任，附则	第39条监测哨点监测信息的法律制度。 第98条规定了运用大数据提升智能化防控水平。第56条规定了个人信息利用规则。[24]

从上述地方立法的盘点可以看出，部分省市修订或出台规范突发公共卫生方面的法规和规章，并将防疫过程中某些成熟的制度上升至地方立法的位阶，主要体现在如下三方面：一是建构了公共卫生政务数据制度，例如，倡导地方政府建设公共卫生信息平台，汇集电子健康档案和电子病历数据库，实现公共卫生数据资源共享；二是明确了监哨点的数据搜集义务及搜集使用原则，即最小化利用且仅用于公共卫生事件处理原则；三是建构了合理使用大数据等技术手段，追踪突发公共卫生事件

22　《天津市突发公共卫生事件应急管理办法》第5条　……根据需要设立监测点，充分运用大数据、云计算、区块链、人工智能等技术，综合评价监测数据，及时发现潜在隐患和可能发生的突发公共卫生事件。

23　《河南省突发公共卫生事件应急办法》第46条　县级以上人民政府及其有关部门可以根据突发公共卫生事件应急处置需要依法收集个人信息，收集个人信息应当坚持最小范围原则，对个人信息的安全负责，不得泄露或者篡改其收集、存储的个人信息，并采取严格的管理和技术防护措施，防止信息泄露、篡改、丢失。因应急处置确实需要发布传染病患者、病原携带者、疑似传染病患者及其密切接触者相关个人信息的，应当进行数据脱敏处理，保护个人隐私。

第69条　卫生健康及其他有关部门应当提高突发公共卫生事件应急工作的智能化和便利化水平，发挥大数据、云计算、区块链、人工智能、物联网等信息技术在监测分析、病毒溯源、防控救治、资源调配等方面的支撑作用，依托省数据共享交换平台，建立全省统一的防控信息采集和应用系统，实现信息共享、互通互认，避免信息重复采集。

24　《深圳经济特区突发公共卫生事件应急条例》第39条　……监测哨点单位发现有下列情形之一的，应当在两小时内通过监测平台上传相关监测信息。

第98条　卫生健康、市场监管等相关部门应当发挥大数据、云计算、区块链、人工智能、物联网等信息技术在监测分析、调查溯源、防控救治、资源调配等方面的支撑作用，提升智能化防控水平。

第56条　……不得将相关人员的个人信息用于与突发公共卫生事件处置无关的用途。

传播链条制度。

反观《大连市突发公共卫生事件应急办法》共 41 条，从"总则、预防与应急准备、报告与信息发布、应急处理和附则"五部分对公共卫生安全风险防控做出制度安排，其中，涉及信息的规定，主要在第 22 条明确全市信息发布的主体，同时在第 34 条规定了医疗机构做好疫情信息的收集与报告工作。

（二）大连现行规章制度对大数据融入公共卫生安全风险防控规制的不足

1. 宏观体系上，公共卫生安全风险防控规章制度缺乏对大数据融合的耦合性

虽然《大连市突发公共卫生事件应急办法》从四方面对公共卫生风险防控做出制度安排，但是，由于制度生成背景的局限性，相关规章制度多数集中在现实一维空间的卫生行政管理方面，鲜有关注到"互联网+"的二维空间延伸功效。首先在总则部分，无论是突发公共卫生事件的认定，还是突发事件发生后各部门的应急工作，都停留在传统依赖人力和时空条件的卫生行政服务[25]和监管，缺乏对大数据融入公共卫生安全风险防控措施的回应。其次在预防和应急准备制度设计中，仅是明确突发公共卫生事件应急预案内容，并规定在科学分析并综合评价监测数据的基础上进行报告工作，其间，预防部门职能安排仍受传统行政程序时空与人力等物理条件限制，并没有对数字技术驱动的公共卫生风险防控措施予以回应。再次在报告与信息发布制度设计上，建立在时空一致环境下的信息交流，例如，《大连市突发公共卫生事件应急办法》第 19 条明确规定市卫生行政部门和县（市）区政府设立突发事件报告电话，保证每日 24 小时值守，并没有考量互联网、大数据和人工智能等数字驱动因素。最后在应急处理制度设计上，并没有对公共卫生安全风险防控的数据采集、数据共享及数据公开等网格化防治模式予以回应。同时，现行《大连市突发公共卫生事件应急办法》也缺乏对公共卫生风险防控过程的衍生风险进行规范，同时公共卫生风险防控后的复工复产复学制度也处于缺位状态，更谈不上对公共卫生风险防控过程中个人数据向公共数据转化制度诉求的回应。

2. 微观制度上，公共卫生安全风险防控规章制度缺乏对大数据治理的回应

（1）健康码防控措施欠缺制度保障。在这次新冠肺炎疫情公共卫生安全风险防控过程中，健康码的使用被认为是政府数字治理与数字防控的典范。[26]人们也开始了"码上生活"，各类二维码潜移默化地影响着社会运转和日常生活。[27]然而，每个健康

25　王淼：《"大数据+网格化"模式中的公共数据治理问题研究——以突发公共卫生事件防控为视角》，载《电子政务》2021 年第 1 期，第 101 页。

26　石菲：《数字技术应对疫情，我国全面信息化转型加速》，载《中国信息化》2020 年第 2 期，第 21-22 页。

27　孙玮、李梦颖：《你好，"码之城"：数字技术时代的城市新演变》，载《探索与争鸣》2021 年第 8 期。

码数据都附着着个人的基本权益，因此，一切数字智能背后，均隐藏着监控与控制。[28] 虽然中央于 2020 年发布的《关于做好个人信息保护利用大数据支撑联防联控工作的通知》中明确了健康码等个人信息收集规则、使用规则、封存与销毁规则，同时，2021 年出台了《个人信息保护法》和《数据安全法》，但是这些法律并没有对健康码的特殊问题做出有针对性的回应，例如，在大数据融入公共安全风险防治过程中健康码的法律属性的界定，地铁等公共场所的工作人员审查个人健康码行为性质的界定，防疫过程中可以合法搜集个人数据的法律主体，各部门在防疫过程中所搜集的个人信息是否可以在不征求个人同意的情况下互通互联等，都没有针对性且明确性的制度安排。

（2）预防制度欠缺风险防控细化制度设计，致使相关规定不具有操作性且欠缺对大数据因素的考量。突发公共卫生事件属于风险事件的一种，而风险预防是宪法中国家保护义务的重要内容之一。[29] 因此，地方政府应根据国家层面立法，强化突发公共卫生事件的预防制度，最终使损害得到避免。然而，运用大数据融入公共卫生安全风险防控经验对大连相关规章制度进行审视，《大连市突发公共卫生事件应急办法》所规定的突发公共卫生事件预防制度过于抽象与简单，且缺乏对大数据因素的考量，在第二章预防与应急准备中，仅用了 6 个法条来规定预防制度，其中，第 8 条明确规定应急预案的制定主体；第 9 条规定了突发事件应急预案的具体内容；第 10 条对突发事件监测与预警做出倡导性规定。第 10 条至第 13 条对各部门预防职能做出宏观制度安排。仔细盘点这 6 条规定存在的问题，主要有四方面。一是过于宏观而缺乏针对性与操作性。二是与上位法制度重复。例如第 9 条应急预案的具体内容，与《突发公共卫生事件应急条例》第 11 条的内容相比，基本是上位法的重述。三是缺乏对突发公共卫生事件潜伏期与发展期的分类，致使政府不能因循传染病的演变进程做出有效的研判，进而采取不同的预防措施。四是没有对预防过程中的大数据技术做出回应，致使大数据在公共卫生安全风险防控中的技术优势缺乏制度的规范与引导。

（3）监测与预警制度规定缺乏对智能化因素的融入。监测与预警属于疫情预防法律制度之一，通过常设机关技术人员对传染病的监测，及时动态掌握传染病活动样态，并将传染病的异常活动信息汇报给预警部门，由预警部门决定是否预警，进而避免传染病的暴发与流行。《大连市突发公共卫生事件应急办法》第 10 条明确规定了专业监测机构的职责，要制定监测计划、科学分析、综合评价监测数据，并对早期发现的潜在隐患以及可能发生的突发事件，按照法定的报告程序和时限及时报告。

从近两年大数据融入《大连市突发公共卫生事件应急办法》的规定来看，监测与预警制度存在四方面问题：一是监测与预警制度建构简单，仅是在第 10 条对其制度进行宏观架构；二是监测主体仅是规定了专业监测主体，并没有考量社会共治的

28　Jathan Sadowski, Too Smart: How Digital Capitalism is Extracting Data, Controlling Our Lives, and Taking Over the World, Cambridge Massachusetts, London, England: The MIT Press, 2020.

29　郭红欣：《基于风险预防的疫情预警机制反思》，载《中国政法大学学报》2020 年第 4 期，第 136 页。

因素，致使监测主体过于单一，仅限于政府部门，且政府部门如何运用大数据技术进行监测，并动态发布监测信息，缺乏制度规范；三是第 10 条并没有对预警主体细化，致使预警主体处于语焉不详的制度设计样态，同时，没有根据突发公共卫生事件的演变规律对预警进行分类，致使预警程序烦琐，无法发挥风险识别与风险沟通的制度功效；四是监测手段限于传统线下监测手段，并没有考量智能化因素。

三、大连公共卫生安全风险防控法律制度完善建议

（一）宏观体系设计上强化大数据与公共卫生安全风险防控融合法规

回顾疫情防控以来的各项防控举措，不难看出，大数据贯穿了公共卫生安全风险防控的全过程，因此，本课题组建议修订《大连市突发公共卫生事件应急办法》，从总则到最后的法律责任，将大数据技术内化制度建构之中，一方面要在个别微观制度中融入大数据技术，另一方面也要避免出现侧重于个别制度融入大数据技术，而忽略了从体系化视角融入大数据因素。首先，在总则中明确大数据融入公共卫生安全风险防控的内涵。相比于个体风险而言，公共卫生风险具有"风险源不可知性、危害后果叠加效应性和经济损失不可估量性等特征。[30]因此，公共卫生风险内涵的界定直接关涉人们对公共卫生风险的识别、预防、预警、决策和处置。截至目前为止，没有一部法律对"公共卫生风险"做出明确的界定，仅在《突发公共卫生事件应急条例》中对"突发公共卫生事件"的内涵做出明确规定，[31]那么，能否用"突发公共卫生事件"的界定来推导"公共卫生安全风险"的内涵？虽然两者都包含"公共卫生"，但前者属于后者的构成要素之一，风险是指遭受损失、伤害、不利或毁灭的可能性，是由风险因素、风险事件和风险损失构成的统一体，其中，风险因素是风险事件发生的潜在原因，风险事件是风险损失的媒介，而风险损失则是风险事件的后果。由于公共卫生安全事件不仅影响个人健康的私益，而且关涉人民群众健康的公益，[32]因循此分析逻辑可以推导出，大数据技术融入的公共卫生风险内涵，是通过大数据监测后，因群体不明原因疾病或具有危险性的因素等引起不特定主体产生不幸的可能性。如此表达，既体现了公共卫生风险存在的隐蔽性和危机性，又考量了大数据因素而致风险存在可控性和创新性的问题，又回应了科学技术的迅猛发展正在

30　孙祁祥，周新发：《为不确定性风险事件提供确定性的体制保障——基于中国两次公共卫生大危机的思考》，载《东南学术》2020 年第 3 期，第 13 页。

31　《突发公共卫生事件应急条例》（2011 年修订）第 2 条　本条例所称突发公共卫生事件，是指突然发生、造成或者可能造成社会公众健康严重损害的重大传染病疫情、群体性不明原因疾病、重大食物和职业中毒以及其他严重影响公众健康的事件。

32　任颖：《从"后果控制"到"风险规制"：公共卫生事件法律应对模式转型》，载《中南民族大学学报》（人文社会科学版）2020 年第 3 期，第 175 页。

重新塑造全球经济发展秩序的新面向。[33]在总则中对大数据融入公共卫生风险防控做出回应之后，在预防、应急以及风险防控后复工复产等方面，为避免部门壁垒、各自为政、运行机制不协调等弊端导致风险治理的整体性、联动性需求难以得到有效回应。[34]在立法设计时，需要考量人工智能算法和云计算处理，提升对重大突发公共卫生事件的预测、预警和响应能力，优化风险治理结构，降低风险治理成本，同时这些大数据、智能化的应用也应贯穿全部法律体系之中：一是完善大数据驱动的政府治理法律制度，建构卫健委、民政、生态环境、交通等部门的常态化、制度化、规范化数据开放共享机制，提升政府运用大数据监测、预测、预警、响应、协同和沟通等风险治理能力。二是健全大数据支撑的社会共治的多元协同机制，构建激励相容与利益共享法律制度，强化政府、互联网企业、社会组织的数据共享，激发政府数据、企业数据、社会组织数据和公众数据的价值与潜能，充分发挥大数据提升风险监测、风险预测、风险预警、风险协同、风险沟通功能和优化营商环境能力。三是完善大连市保障公众的知情权、表达权、参与权和监督权等法律制度。及时动态关注正在修订的《突发事件应对法》《传染病防治法》立法草案，参酌《民法典》《数据安全法》等相关法律规定，坚持"数据脱敏、非必要不公开"原则，在公共卫生风险防控制度建构过程中，强化公众隐私权和数据安全，保障突发公共安全风险防控智能化的合法性、合规性和正当性。

（二）微观制度建构上强化公共卫生安全风险防控规章制度对数据私权的回应

1. 建构健康码等大数据措施的保障制度

首先明确在大数据融入公共安全风险防治过程中健康码的法律属性为个人身份权在二维世界的延伸，具有横跨"公私两域"的复合性。[35]其次明确健康码运用规则，鉴于疫情期间分散哨点的网格化治理成功案例典范，赋予公共场所相关单位"健康码"监测权，同时考量数据本身具有延展性和多变性，在公共卫生风险防控必要情况下，对健康码做出脱敏处理后，可以对个人数据在不征求个人同意的情况下互通互联等。最后根据《数据安全法》《个人信息保护法》等规定，细化公民数据权的救济权利，考虑到公共卫生安全风险数据本身具有私益与公益交融的法律性质，因此，赋予公民数据救济权需要参酌比例原则，而非简单的民事责任、行政责任和刑事责

33 徐汉明，邵登辉：《新时代依法防范化解重大风险挑战的行动指南——学习"习近平依法防范化解重大风险挑战论述"的体会》，载《法制与社会发展》2021 年第 1 期，第 56 页。

34 同上文，第 57 页。

35 王学辉，赵昕：《隐私权之公私法整合保护探索——以"大数据时代"个人信息隐私为分析视点》，载《河北法学》2015 年第 5 期，第 63-71 页。

任认定，当公共卫生防控数据运用损害到个人权益时，要衡平个人权益与公共利益之间的法益位阶，采取其他责任承担方式，例如，将个人数据匿名化处理，或者采取授权再征求，或者采取安全措施再加强，只有严重损害个人利益时，才考虑彻底销毁数据，获得相关赔偿。

2. 完善"公共卫生事件预防制度"

结合大数据融入公共卫生安全风险防控实践，重新修订"预防与应急准备"这一章，将章名改为"公共卫生事件预防制度"。如此修订主要原因有两点：一是应急准备属于预防措施的一种，从语言逻辑表达来看，应急准备作为预防的下位概念，无法与上位概念"预防"并列。一般情况下，风险预防需要历经"风险识别、风险预警和风险防范措施"三个环节。[36]二是风险识别、风险预警与风险防范三个环节对法律制度需求具有差异性，其中风险识别是对风险存在与否的判断，而风险预警在风险识别的基础上可能存在的警示，诚如天气预报中台风的预警，预报台风可能会在哪一天到来并可能带来怎样的风险，但是台风是否当天会到，还要取决于当时自然气候的情况。因此，预警仅起到警示作用，而风险防范属于实质干预措施，两者之间不一定存在直接因果关系。因此，本项目组结合大数据融入公共卫生安全风险防控经验，建议将对监测预警和应急准备分别专节规定。并将预警分为专业预警与行政预警，前者针对非法定明确的传染病，[37]后者针对传染病。其中，行政预警按照《传染病防治法》《突发事件应对法》等法律规定，由地方各级人民政府根据识别结果的研判决定是否向上级人民政府报告。行政预警的权力仍属于国务院卫生行政部门和省、自治区、直辖市人民政府。地方立法可以对专业预警做出细化规定，如此分类，避免行政预警程序过于烦琐，错过突发公共卫生事件防控的最佳时机。因此，本项目组建议修订大连市突发公共卫生事件管理办法时，重新修订第二章，并将第二章分为三节，第一节是预防预案，第二节是监测与预警，第三节是风险防范，包括应急准备和应急措施。

3. 扩大监测主体

结合 2020 年以来的大数据融入公共卫生风险防控实践，将监测分为专业监测和一般监测。现行《大连市突发公共卫生事件应急办法》仅是对专业监测制度进行了制度安排，忽视了一般监测制度。总结 2020 年以来的疫情防控经验，参照《天津市突发公共卫生事件应急管理办法》和《深圳经济特区突发公共卫生事件应急条例》

36　郭红欣：《基于风险预防的疫情情预警机制反思》，载《中国政法大学学报》2020 年第 4 期，第 142 页。

37　由于我们国家各地政府依法建立监测制度，设置专业监测机构对法定传染病进行风险识别，并由专业监测机构按照法律规定的程序报告行政机关。然而，对于"非典"和"新型冠状病毒肺炎"这类当时立法没有纳入法定传染病的传染病，人们对其产生机理和防范措施充满认知上的不确定性，最先感知"传染病"的医疗专家，仅有风险识别但无法发出预警，进而可能延误了最佳风险防范时机。

鼓励个人预警，扩大了"疫情监测网"，增加一般监测制度，增加零售药店、汽车客运站、火车站、机场以及食品集中交易市场等公共场所的经营单位作为报告的监测哨点单位，明确规定这些单位发现传染病，按照法定时限向市疾病预防控制机构上报，不得迟报、谎报、瞒报、漏报。

4. 细化预警主体并简化预警程序

本项目组结合大数据融入疫情防控措施，以及突发公共卫生事件演变进程，建议修订《大连市突发公共卫生事件应急办法》时，在行政预警的基础上，增加"专业预警"制度，由医疗机构的专业人士按照法定报告程序进行报告的同时，在报告系统中向社会公众和地方政府同时发出"专业预警"。严格意义来讲，预警是风险识别的延伸，同时还具有风险沟通的职能，可以在突发公共卫生事件潜伏期，将突发公共卫生事件风险转告潜在的受影响者，由受影响者做出回避风险的选择，进而做到防患于未然。[38]如此规定，不仅将预防工作端口绝对前移，而且符合"疑有从有"的疫情风险规制理念，警示可能出现的危险。[39]

同时，修订《大连市突发公共卫生事件应急办法》简化行政预警程序。按照《突发事件应对法》对行政预警机制规定的流程，首先发现传染病人或疑似传染病人，线上向相关部门报告，相关部门进行数据传递，逐级上报后，还需要专家评估，然后政府做出是否预警的决定。这个流程完全可以在报告的同时进行专家评估，进而简化预警程序，为疫情防控赢得更充分的时间，避免突发公共卫生事件的发生，使整个社会进入"失范社会"。[40]

5. 监测与预警制度融入智能化因素

从大数据融入监测与预警的实践可以看出，监测与预警本身具有很大的技术性，然而，《大连市突发公共卫生事件应急办法》仅是规定传统监测方式方法制度的建构，忽视了智能化手段的融入，这一点可以参照《天津市突发公共卫生事件应急管理办法》第五条规定，将智能因素融入专业监测与预警制度，以便及时发现潜在隐患和可能发生的突发公共卫生事件，即充分运用大数据、云计算、区块链、人工智能等技术，综合评价监测数据，及时发现潜在隐患和可能发生的突发公共卫生事件。大连市突发事件管理办法可以在制度层面将大数据技术嵌入并内化融合到突发卫生事件治理之中，以大数据技术驱动公共卫生风险防控，从而推动公共卫生风险防控不仅做到及时而且更加精准。

38　参见王旭：《论国家在宪法上的风险预防义务》，载《法商研究》2019年第5期，第121页。

39　参见 [美] 凯斯·R.孙斯坦：《风险与理性——安全、法律与环境》，师帅译，中国政法大学出版社2005年版，第34-64页。

40　参见季卫东：《风险社会如何进行决策与法律沟通——由"雷洋"事件和"万科"事件谈开去》，载《探索与争鸣》2016年第10期，第41页。

四、小　结

综上所述，将大数据和智能化治理理念融入大连公共卫生安全风险防控法律制度，不仅能提升大连市公共卫生风险治理能力，而且还能根据公共卫生事件中各市场要素禀赋变化，完善相关制度，提升大连营商制度环境，在国内国际双循环相互促进的发展新格局背景下，建构"数字大连，智造强市"的制度环境，促进大连经济高质量发展。

In the context of big data, local public health security risk prevention and control legal system supply is insufficient and perfect—Taking Dalian city as an example

Rong Zhen-hua

Abstract：Big data plays an important role in the prevention and control of COVID–19, and also raises new demands for existing laws. Therefore, local governments have issued and revised relevant laws and regulations based on local big data and public health development needs. After reviewing the changes of local laws and regulations in the past two years and combining with the contents of Dalian´s public health regulations, it is concluded that there are two problems in the implementation of local laws and regulations: first, in the macro system, the rules and regulations of public health risk prevention and control lack coupling with big data fusion. Second, in the micro system, public health risk prevention and control laws lack a response to big data governance. Local regulations or rules will require design in the macroscopic system of big data and public health security risk prevention and control depth fusion, the main idea of design fusion, throughout the regulations or rules, on the microscopic system at the same time, the construction of health codes such as data security system, improve the system of public health incident prevention, expand the monitoring subject, refine and simplify the process of early warning, early warning subject And the intelligent factors are integrated into the monitoring and early warning system. Through the improvement of relevant systems, we will provide institutional guarantee for the prevention and control of public health in accordance with the law.

Key Words：big data; public health; health code; early warning; monitor

域外专论

代孕母亲及代孕子女之人权保护

[日] 伊藤弘子　著　石雷　唐雪　译[*]

一、引　言

本文旨在说明代孕子女及代孕母亲的人权保护困境。各国的代孕制度各有不同。有的国家没有禁止代孕，但有的国家禁止代孕并且不认可因代孕产生的亲子关系具有合法性。全球化让我们得以自由选择就医地点，国际医疗旅游已经引起了医疗服务的客户、医护人员、政治家和商人的关注。即使本国禁止代孕，那些有经济能力的人仍可选择跨国代孕。

然而，在禁止代孕的国家，选择跨国代孕是一种法律规避行为，旨在规避本国法律，这往往会将代孕子女置于极为复杂的法律冲突之中，使其无法在本国建立父母子女关系，获得国籍或居住许可，这对儿童来说是不利的。一些婴儿由于没有与父母建立合法的父母子女关系，因此需要被其有血缘关系的父母"收养"。与此同时，当事人也经常忽视代孕母亲所面临的身体和心理上的风险。某种程度上这些代孕母亲不得不为客户"服务"，从而供养自己的家庭。

笔者首先介绍了日本的一个著名跨国代孕案例，解释为什么该案例中的婴儿Manji[1]未能确立她的亲子关系和国籍。[2]随后，笔者说明各法域法律制度的差异最终造成代孕子女及代孕母亲的人权遭到侵犯的结果。

自2001年以来，印度一直被认为是理想的跨国代孕旅游的目的地。然而，印度在平衡商业代孕活动和少数群体保护方面面临着许多国际法律冲突和困难。印度教是印度最大的宗教团体，是在印度本土文化的基础上发展起来的。古老的宗教文献和哲学先贤教导印度人尊重传统，履行宗教职责并供养家庭。自古以来，家有男丁非常重要。这样，就有人举行宗教仪式，维护家庭成员和家庭财产。妻子被寄予生

---

　*　[日]伊藤弘子，日本名古屋大学法学教授。石雷，西南政法大学民商法学院副教授。唐雪，西南政法大学民商法学院硕士研究生。

　1　Manji，日本名：まんど，中文可译作：万时。

　2　关于婴儿Manji案更多法律背景，参见伊藤弘子，《为什么Manji不能确立其亲子关系》，家庭法新闻栏目，《国际律师协会法律实务分会新闻通讯》，第6卷，第1页，第57-66页。此前，笔者曾以"代孕出生子女的人权"为题在家庭法和儿童权利国际会议（澳大利亚，悉尼，2013年3月）上就此做专题报告。

男孩的厚望，没有生下儿子是丈夫要求离婚的一个充分理由。如今，《印度宪法》宣布男女平等，女性享有更多的自由和更好的待遇，但她们仍然感受到必须结婚生子的压力，特别是生男孩的压力。1994 年，印度通过《孕前、产前诊断技术(禁止性别选择)法》(*the Pre-conception and Prenatal Diagnostic Techniques (Prohibition of Sex Selection) Act*)[3]禁止了产前性别鉴定，这表明在印度，人们仍然面临生育特定性别孩子的巨大压力。

2001 年，印度通过了认可商业代孕合法的法律，印度的生殖旅游迅速发展。印度成为非印度居民（包括印度裔外国人）的代孕理想目的地，他们能够在这友好的环境中享受到价格合理的医疗服务。在印度他们很容易找到精卵细胞捐赠者（以下称捐赠者）和代孕母亲。随着生殖旅游的繁荣发展，印度开始成为一个没有法律限制的著名代孕中心。印度医学研究理事会于 2005 年发布了关于辅助生殖技术的指导方针[4]，法律委员会也提交了一份关于人工辅助生殖技术，包括代孕问题的报告，但这些指导方针和报告都没有法律约束力。[5]

根据该指导方针，代孕子女被认为是委托父母（客户）的合法子女，印度代孕母亲和捐赠者与代孕子女没有任何法律关系。委员会毫不怀疑委托父母的国籍国会依法接受这些婴儿是委托父母的合法子女，并为他们提供与委托父母相同的国籍。

二、Manji 案

2008 年的婴儿 Manji 案暴露出来自日本的委托父母有规避日本法律的意图。对于通过人工辅助生殖技术出生之子女的法律地位，日本没有相关法律规定。日本虽尚未颁布相关法律，但医学会认为代孕应被禁止。目前，日本国内由外国代孕母亲所生代孕子女的具体数量尚不清楚，因为委托父母试图将这些代孕婴儿登记为自己的亲生子女。日本 Manji 案就是继两起美国出生的代孕婴儿案之后的又一例案件。早前的两起案件中，法院拒绝承认日本夫妇为代孕子女的父母。在 Manji 案中，由于来自日本的委托父母在 Manji 出生前离婚，他们便不能将 Manji 登记为自己的子女，因此产生了 Manji 案。在日本不允许代孕的情况下，日本人在国外进行跨国代孕，属于法律规避。在 Manji 还需要住院期间，让这个新生婴儿的法律地位处于这样一个不稳定的状态，这一定会对 Manji 的身心状况产生不良影响。

根据日本国际私法《法律适用通则法》（*Act on General Rules for Application of*

3　https://www.indiacode.nic.in/bitstream/123456789/1937/1/199457.pdf.

4　https://www.icmr.nic.in/guidelines?field_select_disease_tid=90。

5　印度已修订了法律，只允许针对不孕不育夫妇的利他代孕，不再认可商业代孕的合法性，新制度的内容参见石雷：《功能主义视角下外国代孕制度研究》，华中科技大学出版社 2020 年版，第 86-90 页。

Laws）第 29 条[6]规定，非婚生子女的父母子女关系受其"准父母"的国籍国法的管辖。首先，从母亲角度看，日本法律规定，生育子女的女性是婴儿的合法母亲，因此，法律上，这位已离婚的妻子不是 Manji 的母亲；[7]印度的法律，即代孕母亲的国籍国法，也不认可代孕母亲是 Manji 法律上的母亲。[8]其次，从父亲角度看，按照日本法的规定，委托父亲山田先生可以通过医护人员在病房办公室做出的亲子关系声明将 Manji 登记为他的非婚生子女，以确定他的父亲身份。[9]在印度，山田先生及其代理人曾向日本大使馆提供印度的法律文书，证明 Manji 在印度出生以及她与山田先生的身份关系，要求日本大使馆签发 Manji 的护照。但他们很快意识到山田夫妇的离婚事实使这一程序变得异常复杂。[10]按照当时《日本国籍法》的规定，儿童必须在出生时与一个日本国民有合法的父母子女关系。[11]但是山田先生未能提交亲子关系声明，致使 Manji 成为无国籍人。

如前所述，婴儿 Manji 案并不是日本第一例跨国代孕案。此前两起已知案例发生在美国。2005 年大阪高等裁判所否认了一名代孕子女为日本公民的非婚生子女的法律地位，因该婴儿系由一位美国代孕母亲通过捐赠的卵子孕育并在加利福利亚州出生。日本司法部和卫生、劳动和福利部就人工辅助生殖技术的监管问题展开了讨论，但在立法之前，代孕案件的数量一直在秘密增长。2007 年最高裁判所维持了否认一对日本名人夫妇对一对代孕出生的双胞胎男孩具有父母身份的判决，该双胞胎系美国代孕母亲孕育并在内华达州出生。这对日本名人夫妇声称因妻子身患宫颈癌而切除了子宫，他们已在美国进行了代孕。但最高裁判所判定，不承认内华达州认可委托父母与代孕子女建立父母关系的指令，因为承认该指令将违背日本的公共政策。

6　《法律适用通则法》第 29 条第 1 款规定，对于非婚生子女，其父子关系的建立适用由子女出生时父亲国籍国的法律，至于母亲与子女的关系则适用其母亲国籍国的法律。在这种情况下，亲子关系的建立由该孩子的父母承认亲子关系得以确立，但如果在做出承认时，按照儿童国籍国的法律规定，还需得到儿童或其他第三方的认可或同意时，这一要求亦需满足。

7　这一规则并非直接由 1896 年《日本民法典》的第四、五部分规定，而是根据判例法生成的一个新规则。该判例由最高法院于 1962 年 4 月 27 日作出。Minsyu Vol 16, No.7, p.1247.

8　卵子的捐赠者身份不明，尽管最大的网络论坛之一表明捐赠者是一名尼泊尔人。这个论坛以一个日本女人的问题开始，这个女人被认为是已离婚的 Manji 的委托母亲。她声称，她被告知捐赠者是一名尼泊尔人，她前夫强迫她签署了代孕合同。当 Manji 的案件被媒体报道后，很多人指责离开 Manji 的山田太太。根据本论坛的说法，参与讨论寻求建议的日本妇女解释说，她在认识到对与她没有血缘关系的 Manji 具有相应义务时，她才发现自己被骗了，她是在没有被告知文件细节的情况下被要求签署代孕协议。她丈夫告诉她可以离开，她对孩子没有任何责任。作者坚信，这位日本女性是这一跨国代孕行为的另一个受害者。

9　《法律适用通则法》第 29 条。

10　媒体报道的信息不实，让人困惑，因为各方和印度官员都没有意识到印度和日本法律体系之间的差异。https://www.telegraph.co.uk/news/worldnews/asia/india/2506100/Surrogate-baby-in-legal-limbo-after-Indian-law-blocks-adoption.html. (2019 年 5 月 25 日核实该网站，可以打开)。

11　现行《日本国籍法》第 3 条规定，20 岁以下的未成年子女可根据其与日本父母的亲子关系取得日本国籍。

2008 年 4 月，日本科学委员会[12]宣布了一项官方提案，建议日本原则上禁止代孕，并对任何实施代孕的医生、中间人和委托方进行刑事处罚。此外，该提案还建议通过收养的方式建立父母子女关系。提案公布后不久，当年 8 月，媒体曝光了 Manji 案。事实证明，该提案不过只是一个建议稿，仅由医学会自愿遵守，委托父母仍可以在自己的预算范围内选择能提供最优质人工辅助生殖及代孕服务的地方。

三、印度政府对婴儿 Manji 案的回应

　　因为印度和日本的法律制度都没有赋予 Manji 国籍，因此她成为无国籍人。两国对原始国籍的获得，原则上都采血统主义。在该制度下，儿童可根据与该国国民有合法的父母子女关系而获得国籍。如果儿童有可能从其父母那里获得外国国籍，以上两个国家均不会以儿童出生为由赋予儿童国籍。建立父母子女关系并获得日本国籍的第一个障碍就是她的出生登记，因为没有母亲，出生登记将无法完成。[13]没有带有山田先生名字的出生登记，山田先生也无法要求大使馆为 Manji 签发护照。尽管他提交了一份亲子关系文件，但当时的法律不允许 Manji 依据出生的事实获得日本国籍，因为日本《国籍法》第 2 条第 3 款要求孩子在出生时必须有固定的父母。[14]根据日本国籍法，Manji 在日本居住满 5 年后可以申请入籍，如果她能证明自己与山田先生具有父子关系，就可以放宽这一时间要求，但放宽的前提是她必须在日本有固定的住所。印度政府要求所有在印度出生的婴儿只有在获得许可后才可离开印度。然而，印度政府还需要考虑如何为 Manji 作出许可，因为她既无法律认可的父母子女关系，又无国籍。Manji 因此被困在印度，直到印度最高法院发布了一份令状，任命 Manji 的祖母为她法律上的监护人，[15]日本大使馆才得以确认了她的旅行证件并发放了同意其飞往日本的签证。自 Manji 回到日本后，没有任何关于她的报道。我们只能猜测，她和山田先生住在一起并最终获得了日本国籍。

　　2010 年 5 月，德国巴拉茨夫妇的一对双胞胎代孕婴儿获得印度政府的出境许可。巴拉茨案与 Manji 案相似，尽管这对婴儿出生于 2008 年 1 月，在 Manji 出生之前。

　　12　日本科学委员会是日本科学界的代表性组织，涵盖了包括人文、社会科学、生命科学、自然科学和工程学在内的所有科学领域。它成立于 1949 年，属于总理管辖下的一个专门机构，旨在促进和加强科学领域。

　　13　日本最高裁判所指出，Manji 出生的古吉拉特邦阿南德市签发了一份出生证明，说明 Manji 遗传学上的父亲是山田先生，但该证明没有标注出生证明签发的时间。

　　14　由于 1947 年日本《家庭登记法》放宽了出生登记的期限并要求在子女出生 3 个月内提交申请，因此有可能将"出生时"的时间延长至出生后 3 个月。在出生登记时，通常将一并提交非婚生子女的亲子关系证明材料。提交未出生的孩子的亲子关系证明材料时，父亲必须同时提交孩子母亲的同意声明。因此，"谁是母亲"的问题再次出现。无论如何，山田先生未能提交上述文件，印度最高法院最终决定给予她优惠待遇，将该无国籍婴儿"送回"她的祖国。

　　15　Baby Manji Yamada vs Union Of India & Anr. [2008] INSC 1656 (29 September 2008).

巴拉茨夫妇具有合法的婚姻关系，但他们的孩子是用捐赠的卵子通过妊娠代孕出生的，他们花了两年时间才把孩子带回德国。古吉拉特邦高等法院[16]裁定这对婴儿有权获得印度护照，但联邦政府向印度最高法院上诉，质疑这一判决的合法性。印度最高法院没有承认婴儿的印度公民身份，但其判令印度政府为两个孩子签发出境许可，因为他们的父母已经在中央相关机构监督下办理了新的跨国收养手续。[17]据推测，因无法确定代孕所生婴儿的父母身份和国籍，这对双胞胎将在德国被收养。

在这些涉外案件发生后不久，印度政府改变了对医疗旅游签证的要求。外国委托父母需要提供证据证明其国籍国会承认代孕子女是这对委托夫妇的合法子女。日本、德国及其他禁止代孕的国家被排除在外。印度很快起草了 2013 年《人工辅助生殖技术法案》（*The Assisted Reproductive Technology Bill 2013*），但该草案遭到了强烈批评，因其禁止商业代孕，而且几乎将代孕限制于没有孩子的印度夫妇。

虽然直到 2018 年 1 月，《印度刑法典》（*Indian Penal Code*）第 377 条才将商业代孕确定为犯罪行为，不过在印度政府修改签证要求和制定草案之前，印度一直是 LGBTQ 群体（LGBTQ 指女同性恋者、男同性恋者、双性恋者、跨性别恋者和酷儿[queer]或对其性别认同感到疑惑的人）中的单身人士或同性恋伴侣可以获得代孕子女的度假胜地。[18]

2018 年 12 月，经过长时间的讨论和修改，印度下议院通过了 2016 年《代孕（规范）法案》（*Surrogacy (Regulation) Bill 2016*），禁止商业代孕，该法案预计在 2019 年秋季生效。法案原则上只允许（由亲戚）为已婚、无子女的印度夫妇进行利他代孕。向代孕母亲支付酬劳的行为将受到惩罚。法案对代孕中委托夫妇的年龄也有要求，不孕夫妇必须是结婚已满五年，代孕母亲必须是委托夫妇的近亲属。政府相信该法案将阻止跨国代孕引发的法律问题。诊所可为印度人提供服务，且国家和州代孕委员会将对这些注册的诊所实施监管。

四、全球化和儿童保护

印度一直是医疗旅游理想的目的地。患者可以以最实惠的费用，在运营良好的诊所获得最新医疗技术，开展透析、器官移植和代孕。印度政府认为，该法案为代孕提供了一个安全可靠的基本法律框架，代孕子女可以很容易地与委托父母建立父母子女关系并被家庭欣然接受。此外，法案还旨在防止印度代孕母亲遭受国际剥削，维护印度社会的传统理念：婚姻是国家的基本单位，尊重家庭关系具有极其重要的

---

16 Letters Patent Appeal No. 2151 of 2009 in Special Civil Application No. 3020 of 2008 and Civil Appli.

17 https://indiankanoon.org/doc/23662855/.

18 Navtej Singh Johar & Ors. v. Union of India, W.P.(Crl.) No.76 of 2016, D. No. 14961/2016.

价值，以及支持患有不孕症的家庭成员也具有重要意义。作为不孕夫妇的近亲属，代孕母亲往往面临着自愿接受代孕的压力。诊所不提供关于多次妊娠的负面影响的信息，每个人也都倾向于忽视这些风险，因为他们认为"怀孕对每个女性来说都是常见的情况，支持不孕夫妇是件好事"。

日本科学委员会建议禁止代孕的原因[19]如下：（1）没有研究揭示代孕的实践样态，我们还不知道代孕是否/如何影响代孕母亲和代孕婴儿；（2）代孕是个道德问题，因为代孕会迫使第三方承担身心上的风险；（3）代孕包含诸多法律问题，包括母亲身份的问题。日本卫生部和司法部已经考虑过这个问题，但日本仍然没有任何相关法律对以代孕或以试管婴儿方式出生的儿童的身份进行规定。日本是一个老龄化社会，出生率低、年轻人口减少、结婚率降低。晚婚的趋势促进了人工辅助生殖技术（ART）需求量的增加。试管婴儿非常受欢迎，也可以用捐赠者捐赠的精/卵细胞进行人工授精，众所周知，女政治家野田圣子[20]通过捐赠的卵子生下了一名孩子。正是因为野田夫人生下了这名孩子，她才能成为母亲，而且这名婴儿也成为了她和她丈夫的合法子女。日本政府同时为已婚夫妇提供人工辅助生殖技术方面的财政支持。另一方面，医学会禁止代孕，仅有一名医生做了利他性代孕，尽管这导致他在学术协会的成员资格被撤销了。

2014 年，泰国警方开始调查一名年轻的日本名人与多名泰国女性生育了 19 名代孕婴儿的事件。因为警方没有发现任何犯罪因素，当局将婴儿归还给了这名日本人，然而这一事件导致了泰国对国际商业代孕的禁止。另一对日本名人夫妇表示，他们于 2018 年 1 月收养了自己的俄罗斯代孕婴儿。

全球化给民众提供了各种各样的信息和机会。即使一个国家禁止代孕，有代孕需求的当事人也可以很容易地在网上找到代理人并且用他们的母语就能询问到他们可能得到的各种服务，但孩子不能选择他们的父母。

印度颁布了 2015 年《少年司法（照顾保护儿童）法》（the Juvenile Justice (Care and Protection of Children) Act 2015），该法于 2016 年生效。该法是印度中央政府颁布的一部一般性法规，规定了国内收养和跨国收养的程序。在此法案颁布之前，印度教徒是唯一可以适用收养身份法的族群，而当时的收养制度作为一般性法律只允许指定监护人，但监护人不能成为父母。2015 年《少年司法（照顾保护儿童）法》为无子女夫妇提供了一个拥有孩子的机会，并为孤儿提供了被家庭成员照顾和保护的机会。然而，该法并没有改变生儿育女是由成人选择和控制的事实。虽然法令禁止卵细胞选择，但在诊所之外，不可能见到未出生的胎儿。此外，由于代孕母亲不能再收取

19　日本科学委员会 2008 年发布的报告。http://www.scj.go.jp/ja/info/kohyo/pdf/kohyo-20-t56-1.pdf (last checked on May 25, 2019).

20　野田 圣子，日本名：のだ せいこ，生于 1960 年 9 月 3 日，日本女政治家，众议院议员。

代孕酬劳，她们的境遇相比以前更为糟糕。如果女性因将成为代孕母亲而受到任何压力，或因提供代孕而受到指责，那么她们的生殖健康就有遭到损害的风险。代孕是一种借用代孕母亲身体帮助他人生育的方法。虽然儿童的法律地位必须保护，但不应容忍为规避国内规定而选择跨国代孕的行为。我们还必须认识到，代孕母亲和"不孕"妇女都是家庭和社会语境下权力失衡的受害者。我们需要有一个全球性观点来保护弱势群体的人权，我们应在保护代孕母亲和代孕子女问题上达成共识并制定出一个统一的标准。

论争议中的知情同意权的实现

——从索泼特试验中得到的教训[*]

[美] 罗伯特·J. 莫斯　罗宾·弗瑞特威尔·威尔逊　著

石雷　袁嫡　译[**]

引　言

"无论是选择治疗方案抑或参与人体试验，只有当事人在知情后做出的同意方为有效"。这一朴素的想法在这个时代又遇到了新的考验。医疗费用的高昂以及对用量化方法提高医疗服务质量的渴望，促使人们愈发地重视循证医学（即遵循证据的医学），希望通过比较若干治疗方案的疗效，使得通常由经验和直觉来指引的治疗方案的选择更加规范[1]。而疗效更好的方案意味着稀缺的医疗资金可以更多地用于更有意义的地方，比如支付医疗成本[2]。

为了使医生的治疗方案选择更有合理性，需要通过严谨的试验比较现有治疗方案[3]。在此类"诊疗标准"或"治疗方案疗效比较"研究的试验中，研究人员随机将

---

* 英文版发表于《法律、医学和伦理杂志》2016 年版秋季刊。

** [美]罗伯特·J. 莫斯，罗宾·弗瑞特威尔·威尔逊，美国伊利诺伊大学香槟分校教授。石雷，西南政法大学民商法学院副教授。袁嫡，西南政法大学民商法学院硕士研究生。

1 See, e.g., A. Banerjee et al., "What Can Quality Improvement Learn From Evidence-Based Medicine?" Journal of the Royal Society of Medicine 105, no. 2(2012):55-59; S. D. Pearson, "Cost, Coverage, and Comparative Effectiveness Research: The Critical Issues For Oncology," Journal of Critical Oncology 30, no. 34(2012): 4275-4281 (该文讨论了出于限制成本的需要而进行的有关肿瘤学中比较有效性研究发展，但对这种研究存在争议); see generally R. Avraham, D.A. Hyman, and C.M. Silver, Economics of Health Law (forthcoming 2016). 在没有经过检查的情况下，实际上弊大于利的医疗方案可能多年都不会受到质疑。See A. Ghossain, "History of Mastectomy Before and After Halsted," Lebanese Medical Journal 57, no. 2(2009): 65-71.

2 See generally P.L. Young and L. Olsen, The Healthcare Imperative: Lowering Costs and Improving Outcomes (Washington, D.C.: National Academies Press, 2010)

3 See, e.g., D. Wendler et al., "The Standard of Care Debate: Can Research in Developing Countries Be Both Ethical and Responsive to Those Countries' Health Need?" American journal of Public Health 94, no.6 (2004) 923-928 (有关国际诊疗标准的伦理规范的讨论)

受试者分成两个小组，各使用一种现行治疗方案，也就是说通过人体试验的方式比较疗效，从而提高临床医疗水平[4]。

一项有关表面活性剂、正压和氧合随机的试验（SUPPORT，以下简称索泼特试验）旨在检验吸氧治疗对于体重极轻（ELBW）且身体脆弱早产儿的疗效。此后，这种处于医学治疗和医学研究边缘的且用于比较各方案疗效的试验引发了巨大的社会争议。研究人员意图通过人体试验准确地找出吸氧治疗中氧气含量的最佳值，因为这些脆弱的早产儿吸入含量过高的氧气可能导致例如早产儿视网膜病（ROP）等眼睛疾病[5]，吸入含量过低的氧气则会有肺损伤、神经损伤的风险，甚至导致脑瘫、死亡等其他严重后果[6]。在该试验中，研究人员成功地减少了早产儿视网膜病的发病率，但这个成功很可能是有代价的，用他们的话来说，代价就是"每预防两名早产儿患上早产儿视网膜病就会有一名早产儿死亡"。[7]

以生命为代价减少眼疾发病率的可怕事实在生物伦理学家、公共安全倡导者中造成了巨大的轰动。他们控诉索泼特试验的试验人员并未向受试者及其家属，也就是受试婴儿的父母充分披露本次试验的风险和可能的收益，[8]也没有尽到临床试验人员应尽的职责。[9]

但一些有影响力的研究人员联合部分生物伦理学家对这些论断进行反驳。他们认为，没有披露的必要，参与试验并接受其中一个"在诊疗标准以内的……得到同

4　同上，在这些试验中，除了现有两种治疗方案外，有时还会有对照组。同上，第 924 页讨论了有关国际诊疗标准试验中设立对照组的必要性。对照组存在的价值在于提供严谨的证据来指导诊疗标准应考虑哪些内容。B. T. Thompson and D. Schoenfeld, "Usual Care as the Control Group in Clinical Trials of Nonpharmacologic Interventions," Proceedings of the American Thoracic Society Journal 4, no. 7 (2007): 577-582, at 580; see also S. Tavernise, "Study of Babies Did Not Disclose Risks, U.S. Finds," New .York Times, April 10, 2013, available at http://www.nytimes.com/2013/04/11/health/parents-of- preemies-werent-told-of-risks-in-study.html (讨论了索泼特试验未设立对照组) (last visited July 6, 2016).

5　W. A. Carlo et. al., "Target Ranges of Oxygen Saturation in Extremely Preterm Infants," New England Journal of Medicine 362, no. 21 (2010) 1959-1969, at 1960.

6　Id.

7　Id., at 1967.

8　Transcript, "Matters Related to Protection of Human Subjects and Research Considering Standard of Care Interventions," August 28, 2013, available at http://www.hhs.gov/ohrp/sites/default/files/ohrp/newsroom/rfc/Public%20Meeting%20August%2028%2C%202013/supportmeetingtranscriptfnal.pdf [hereinafter Transcript] (谢帕德教授的证词); see also Editorial, "Subject to Question: Even When Conducting Clinical Trials to Study Widely Used Therapies, Researchers Must Ensure That They Disclose the Full Risks to Patients," Nature 500 (2013): 377-377.

9　对于医务人员，特别是医学研究人员的职责的深入讨论，参见 J. Menikoff and E. P. Richards, What the Doctor Didn't Say: The Hidden Truth About Medical Research (New York: Oxford University Press, 2006).

样技术支持的方案",并未"带来额外的风险";[10]除了同意接受治疗外,并不需要其他"同意"。如下所述,对于仅接受治疗的患者和接受治疗且参与人体试验的患者而言,评判"应当向他们披露的潜在风险"的标准存在重大不同。而对于怎么样才算是在"诊疗标准"试验中做了充分披露存在争论。因此,联邦监督机构罕见地召开了公众会议来商讨这些试验是否存在不同的披露责任。[11]

　　本文主要讨论的是为什么知情同意权——无论是对治疗方案的知情同意权抑或是对参加人体试验的知情同意权——仍与 1914 年卡多佐(Cardozo)法官所设想的"任何心智健全的成年人在如何对待自己身体的问题上都享有自主决定权"这一权利相去甚远[12]。本文第一部分比较了在医学治疗和人体试验语境下,关于获得当事人知情同意的义务的发展历程,并将这种义务与仅接受医学治疗或仅参加人体试验时应负的义务进行比较。第二部分以索泼特试验为例,探讨知情同意权中告知义务的范围是如何影响患者或受试者的决策的。第三部分则是简短总结。

一、在治疗方案和人体试验中获得 当事人知情同意义务的发展历程

　　医生在诊疗过程中必须获得患者知情同意的义务是一个地地道道的美式观念,建基于自主、自决和病人福祉的原则。[13]在纽伦堡审判以及随之曝光的纳粹集中营中惨绝人寰的人体试验后,知情同意权的概念应运而生。之后经过数十年的发展,这一概念在关于医学治疗和研究的判例法中有着愈发重要的影响。[14]时至今日,在选择

10　D. Magnus and A. L. Caplan, "Risk, Consent, and SUPPORT" New England Journal of Medicine 368, no. 20 (2013): 1864-1865, at 1865; see also D. Magnus, "The SUPPORT Controversy and the Debate over Research within the Standard of Care," American Journal of Bioethics 13, no. 12 (2013): 1-2 (介绍美国生物伦理学杂志的一期关于索泼特试验的特刊)。对最近一次授权为最低风险、无需参与者同意的试验的争论,参见 C. U. Niemann et al., "Therapeutic Hypothermia in Deceased Organ Donors and Kidney-Graft Function", New England Journal of Medicine 373, no. 5 (2015): 405-414; Letter from Public Citizen to Jerry Menikoff, Director, The Office for Human Research Protections, & to J. Thomas Puglisi, Chief Officer, The Office of Veterans Affairs Office of Research Oversight, April 20, 2016, available at http://www.citizen.org/docu-ments/2315.pdf (last visited July 6, 2016).

11　See Transcript, supra note 8.

12　Schloendorff v. Soc'y of N.Y. Hosp., 105 N.E.92, 93 (N.Y. 1914).

13　See J. W. Berg et al., Informed Consent: Legal Theory and Clinical Practice, 2nd ed. (New York: Oxford University Press, 2001): 2, 14; B. Lo, Resolving Ethical Dilemmas: A Guide for Clinicians, 2d ed. (New York: Wolters Kluwer, 2000): 3, 21.

14　See, generally, Presidential Commission for the Study of Bioethical Issues, "'Ethically Impossible': STD Research in Guatemala from 1946 to 1948", (2011): at 99-101, available at http://bioethics.gov/node/ 654 (last visited July 6, 2016). U.S. Dept. of Health and Human Services (DHHS), The Common Rule, available at <http://www. hhs.gov/ohrp/humansubjects/commonrule/> (last visited July 6, 2016).

治疗方案和参与人体试验两种情况下，个体只有在"掌握足以做出明智选择所需的充分信息"时才能做出有效的知情同意[15]，这一原则已获得普遍认可。为此，患者需要了解"治疗方案已知的风险和缺点，决定其所期待的收益是否值得冒这些风险"，[16]也需要了解是否存在替代方案，包括"不作任何处理"的预期后果。[17]

在人体试验中，获得受试者知情同意的义务源于保护人类受试者的联邦政策，又被称为共同规则（Common Rule）。[18]联邦资助的机构[19]广泛采用的共同规则规定了以下内容：当地机构的审查委员会（IRBs）怎样做出独立伦理审查保护受试者的知情同意权，并尽可能避免风险的发生[20]等。此外，共同规则专门规定，研究者对受试者负有披露"任何可预见的风险和不适"的义务。[21]正如路易斯·谢帕德（Lois Shepherd）教授所强调的那样："共同规则仅仅是保护受试者的最外层。受试者还拥有从其他法源衍生出的保护身体完整、自主决定的法律权利。"[22]

笔者将在本章中通过判例法阐述获得患者或受试者知情同意义务的历史沿革以及共同规则的采用。总之，在患者/受试者对于其选择应享有充分知情权的目标，与医务人员/研究人员如何适用知情同意原则、实际履行职责方式的现状之间，仍然存在一条难以跨越的鸿沟。

（一）对于治疗方案的知情同意权

早期的医患关系具有典型的父爱主义特点，因此，医生没有必须获得患者知情同意的义务。[23]"只要患者有任何愿意接受治疗的迹象，无论患者是否充分了解该治疗方案的风险和收益，这都足以授权医生向患者提供其认为对患者最有利的方案"，[24]也足以保护医生免受日后一系列人身损害赔偿诉讼的指控。尽管法院最终在判例法中根据两个现行的衡量披露义务的标准对获得知情同意义务进行了实质性规定，但

15　American Medical Association Ethics, Opinion 8.08: Informed Consent, 2006, available at http://www.ama-assn.org/ama/pub/physician-resources medical-ethics/code-medical-ethics/opinion808.page? (last visited July 6, 2016).

16　Id.

17　See Wilson, Promise of Informed Consent, supra note *, at 2(引文省略)

18　General Requirements for Informed Consent, 45 C.F.R.§ 46.116 (2015).

19　十五个政府部门共同编纂了共同规则，并且要求它们所资助的人体研究必须遵守该规则。这些部门包括农业部、能源部、国家航空航天部、商务部-国家标准技术研究所、消费产品安全委员会、国际开发署（USAID）、住房及城市发展部、司法部、国防部、教育部、退伍军人事务部-研究监督办公室和研究与发展办公室、环境保护署、卫生部、国家科学基金会和交通部。而中央情报局、国土安全部和卫生与公共服务部这三个机构则通过行政命令的方式要求它们资助的进行人体试验的机构必须遵守共同规则。

20　See DHHS, supra note 14.

21　General Requirements for Informed Consent, 45 C.F.R. §46.116.

22　See Transcript, supra note 8, at 24 (Lois Shepard 的证词).

23　See Wilson, Promise of Informed Consent, supra note *, at 4.

24　Id., at 3.

患者在捍卫自己的身体自主决定权时，仍常常遇到重大障碍。

1. 获得患者知情同意义务的缓慢发展

在法官卡多佐发表其著名论断的几十年后，科恩诉弗冷曲一案（Corn v. French）表明了法院不愿向未获得患者知情同意的医生追责的态度。[25]该案中，鲁丝·科恩（Ruth Corn）因为发现自己右边乳房有不明肿块而前去向医生詹姆斯·弗冷曲（James French）进行咨询。弗冷曲医生怀疑是乳腺癌，因而通知医院为其准备好实施手术的设施和器械。[26]科恩女士无意中听到医生对医院的要求，向医生表示并不想自己的乳房被切除，[27]医生答复说，"我没有做乳房切除手术的打算，准备器械只是为了进行活体组织检查"。[28]之后当科恩女士到达医院后，她被要求在一份协议上签字，协议的内容包括科恩女士同意弗冷曲医生为其做乳房切除手术[29]。随后，弗冷曲医生实施了这个手术。术后，科恩女士以"医生在没有授权且不必要的情况下切除其右边乳房"为由起诉了弗冷曲医生，指控这个乳房切除手术不仅违背其意愿，更没有征得她的同意。[30]

在审判过程中，科恩女士向法院作证表示她并不认识"乳房切除手术"（mastectomy）这个词，但她明确向弗冷曲医生表示不想自己的乳房被切除。[31]最终，法院同意了弗冷曲医生的动议，驳回了原告的请求。法院认为，"不论她是否理解那个词的含义"[32]，科恩女士在签署那份协议后就对接受手术表示了同意。若法院做出相反裁决，则"在这个国家里的所有医生……没有一个能从此类诉讼中幸免"。[33]

科恩女士的请求被驳回后，她上诉至内华达州最高法院。该法院裁定撤销原判并发回重审[34]："科恩女士是否收回其授权的问题应交由陪审团来决定"。[35]在重审中，科恩女士仍不能说服陪审团追究弗冷曲医生的责任。[36]最终，科恩女士败诉。这意味

25　71 Nev.280 (1955).

26　Id. at 282.

27　Id.

28　Id.

29　Id., at 3.

30　Id., at 281. 科恩女士还指控弗冷曲医生在未进行活检的情况下就对她进行了乳房切除手术，存在过失。

31　Id.

32　Id., at 284.

33　Id. 初审法院认为，科恩女士也没有向陪审团出示足够的证据。她自己请来的专家证人也说，他会在没有活检的情况下，切除科恩女士的乳房。尽管一般情况下，应先进行活检。Id., at 287.

34　Corn v. French, 74 Nev. 329, 330(1958).

35　Corn, 71 Nev. at 285.科恩女士提出的过失诊断索赔也应该提交陪审团审理。Id., at 290-91, 296.

36　科恩女士要求获取弗冷曲医生未经原告方的同意或者在其同意被撤销后仍然进行手术的指示内容，最终她得到了这些有力证据，证明被告应担责。法官同时告知陪审团，若弗冷曲医生没有遵守普遍的标准惯例，他将被要求承担相应的责任，但陪审团并没有采纳这些证据。同上。

着只要她做出简单的同意表示，就丧失了对其身体的自主决定权。

在 1960 年萨尔格诉斯坦福大学董事会一案（Salgo v. Leland Stanford Junior University Board of Trustees）[37]前，没有一位患者因医生未获得他们的同意而得到赔偿。该案中，"知情同意"一词首次出现在大众的眼前。[38]马丁·萨尔格（Martin Salgo）遗产[39]因为医生弗兰克·格博德（Frank Gerbode）的治疗失当行为，对斯坦福大学医院及格博德医生提起了诉讼。萨尔格认为格博德医生的主动脉造影手术导致他从腰部以下全部瘫痪，他宣称，医生"没有告知自己将要接受任何类似主动脉造影手术性质的手术"。[40]格博德医生承认他们并没有告知患者关于主动脉造影手术的所有"细节，包括可能导致的后果"，但并不同意原告提出的其未尽到充分告知义务的主张。[41]最终陪审团裁定被告赔偿，但赔偿金额减少到 21.3355 万美金。[42]

在上诉中，被告认为初审法院对陪审团的指示对他们有偏见。[43]因此，加利福尼亚州最高法院要求初审法院重审此案。[44]初审法院解释道："如果医生未能向患者提供必要的信息，或者故意缩小风险诱导患者做出同意的表示，[45]那么医生就违背了其职责，需要承担相应的责任。而必要的信息是指患者需要这些信息来对医生建议的治疗方案进行判断并做出选择。"尽管医生应提供必要信息，但医生也需要一定的灵活自主权从而避免患者过度的惊慌恐惧。[46]萨尔格案标志着从过去不用医生承担任何责任的、最基本的同意到医生有义务告知相关信息并获得患者知情同意的关键转变。

2. 知情同意权的证明

随着知情同意原则的成熟，法院开始要求原告必须满足以下五项要求才能请求赔偿：

> （1）医生违背了其应尽的职责，"违反现行标准未向患者披露特定的风险"；[47]
>
> （2）怠于披露导致不利后果发生；

37　317 P.2d 170 (Cal. App. 1957).

38　Berg, et al., supra note 13, at 44.

39　在美国法上，遗产具有法律拟制人格的性质，指被继承人死亡时所遗留下来的权利义务总体，遗产被认为代表或延续了它所归属者的人格。（译者注）

40　Salgo, 317 P.2d at 181.

41　Id. (citations omitted).

42　Id., at 172.

43　Id., at 177-78.

44　Id., at 180.

45　Id., at 172.

46　Id., at 181.

47　See Wilson, Promise of Informed Consent, supra note *, at 6.

（3）如果医生向患者披露该风险，一个与其身处同一处境、正常理性的人不会选择继续——也就是说，原告需要向法院展示披露义务与不利后果之间的"因果关系"；

（4）医生非因例外情形未向患者披露相关风险，比如突发事件；

（5）原告因此受到损伤。[48]

各法院对第一项要求的理解有着重大不同。有些法院借用了治疗失当案件中的标准，考察一个合理谨慎的医生在类似情况下会披露哪些内容，以此衡量医生的披露义务。（医疗专业标准）[49]也有一些法院采用了"理性患者"的标准（也被称为"重大风险"标准）：这一标准考察一个理性的患者在考虑是否进行手术的时候，哪些是其认为重要的信息？[50]

对于医疗专业标准的披露义务，阿拉巴马州法院给出了一个很好的解释（这也是本文第二部分介绍的索泼特试验的其中一个试验地）。在费因诉史密斯一案（Fain v. Smith）中，阿拉巴马州法院确立了在选择治疗方案时医生有获得患者的知情同意的义务。[51]邓肯·费因接受了一次心脏穿刺手术。[52]术后，他起诉了实施手术的医生，指控该医生"未向他告知这次手术的风险，存在过失"。[53]阿拉巴马州最高法院在对州法进行解释时，认为"立法者在立法时采用的是传统观点，医生应获得患者知情同意的义务须由医疗专业标准进行衡量"。[54]按照这一标准，给费因实施手术前，医生"必须尽到一个审慎、勤勉、负责的专业医生应尽的义务，向费因披露与主动脉造影手术有关的重大风险"[55]（也就是"理性医生"标准）。因为下级法院向陪审团正确告知了有关医疗专业标准的信息，所以法院支持了陪审团对原告的裁决。[56]

然而，正如一般过失那样，"理性医生"标准的内容取决于一个负责的专业医生在同等条件下会披露什么内容。尽管传统惯例是决定某一做法是否合理的一个强有力的工具，但其并不具有唯一的决定性：若法院认为该惯例已经超出合理的范围，医生仍需承担相应的责任。例如在海岭诉凯里一案（Helling v. Carey）[57]中，华盛顿

48　See Wilson, Promise of Informed Consent, supra note *, at 6.

49　Culbertson v. Mernitz, 602 N.E.2d 98, 98-103 (Ind. 1992); Id.

50　Canterbury v. Spence, 464 F.2d 772, 778 (D.C. Cir. 1972); see also A. Meisel, "Canterbury v. Spence: The Landmark Case," in S. H. Johnson, J. HH. Krause, R. S. Saver, and R. Fretwell Wilson, eds., Health Law & Bioethics: Cases in Context (Aspen Publishers, 2009): at 9, 17, 18, 19.

51　479 So. 2d 1150, 1152 (1985).

52　Id., at 1151.

53　Id.

54　Id., at 1152.

55　Id.

56　Id., at 1156.

57　519 P.2d 981 (Wash. 1974) (认为在医疗过失案件中，惯例并不是对披露行为进行合理性检验中的决定性因素).

州最高法院解释道：虽然眼科医生对于接受"原发性开角型青光眼"手术的 40 周岁以下的患者，一般不会让其做一个便宜的术前压力测试。但一旦因为没有做测试而发生事故，法院不会因为有不做检查的惯例而判定医生无需为此承担相应的责任。"应当遵守的合理标准……是，这名眼科医生是否及时给原告做了这项简单无害的术前压力测试。如果没有，那么这名医生就存在过失……" [58]

与"理性医生"标准形成鲜明对比的是坎特伯雷诉斯宾塞一案（Canterbury v. Spence）[59]中所采用的"重大风险"标准（也称为"理性患者"标准）。在该案中，美国联邦调查局的一名年轻职员杰瑞·坎特伯雷（Jerry Canterbury）接受了一项缓解其椎间盘突出症的普通手术。手术很成功，但他的术后指示被修改，随后他在试图按指示排尿时受伤。[60]法院在讨论医生向坎特伯雷披露多少信息才能获得有效同意时，提出了"重大风险"标准。该标准是指在考虑是否进行某一治疗方案时，如果一个理性的医生知道或者应当知道，站在患者的角度，患者会重视的风险，这种风险就构成重大风险。[61]

现在，美国各州都要求医生向患者披露治疗方案可能面临的风险，不论是依据"理性患者"标准抑或"理性医生"标准。[62]两种标准各有利弊。在"理性医生"标准之下，医生有较大的自主权决定将哪些信息披露给患者（因为他/她们只是在做其他医生也会做的事），因此不会浪费"宝贵的临床时间"去"学习适应每个患者的个人习性"[63]。然而，一些患者认为属于重大风险的信息，有时并不符合"理性医生"的标准下应披露的信息。但"理性患者"标准可以保护缺乏专业医学知识的患者向医生询问他们认为重要的风险问题。如果没有强制披露的规定，患者在决定是否接受某种手术时，将无法维护他/她们的自主权。

3. 知情同意权的理论限度

知情同意原则在发展成熟后仍被许多人所抨击。首先，对大多数患者而言，他们并不会仔细阅读他们即将签字的知情同意书，他们的医生也不会与他们探讨此事，因此这根本就不是真正的同意[64]。尽管知情同意书可以帮助医生与患者沟通，但绝不

58　519 P.2d 981 (Wash. 1974) (认为在医疗过失案件中，惯例并不是对披露行为进行合理性检验中的决定性因素) at 983.

59　Canterbury, 464 F.2d at 772.

60　Id., at 776.

61　Id., at 787 (citation omitted).

62　See D. M. Studdert et al., "Geographic Variation in Informed Consent Law: Two Standards for Disclosure of Treatment Risks," Journal of Empirical Legal Studies 4, no. 1 (2007):103-124, at 105, 106.

63　R. Gatter, "Informed Consent Law and the Forgotten Duty of Physician Inquiry," Loyola University Chicago Law Journal 31, no.4 (2000): 557-597, at 559.

64　See e.g., M. C. Rowbotham et al., "Interactive Informed Consent: Randomized Comparison with Paper Consents," PLOSONE 8, no. 3 (2013): 1 (通过互动设备（如 iPad 或视频的方式）获取患者知情同意权的方式比书面方式能更有效地向患者传递手术的风险和收益).

能替代医生。近年来，医疗保健从业人员尝试通过 iPad 或视频等耗时较少的方式向患者披露手术的利弊并获得患者的同意，同时记录下披露过程[65]。这类方式或许适合例如输血等常规手术或者风险较小的试验，但并不适用于更复杂的手术或试验。

其次，尽管医生有向患者披露更多信息的义务（不论这些信息是因为其他理性医生都会选择披露的抑或是一个理性患者想要知道的），但主张医生违背了这一义务要求赔偿十分困难。若一个谨慎的人处于跟患者一样的处境时会选择接受手术，原告就不符合请求赔偿的第三项要求。在挽救生命的治疗中或在没有任何可替代治疗方案存在的情况下，[66]一个理性的患者在被告知更多信息后仍会选择接受治疗，因此很难证明医生违背了告知义务。当统计数据显示大多数处于相同处境的患者不管风险如何都会选择接受治疗时，知情同意权就被客观因果关系削弱成一个"几乎无用的主张"。[67]

（二）对于人体试验的知情同意权

正如在治疗方案中知情同意的范式转换那样，在人体试验领域，研究人员应获得受试者知情同意的义务也在伦理学家、研究人员以及立法者之间长时间的对话中逐步发展起来。其发展历程如下：

1. 历史沿革

收押在纳粹集中营中的犹太人和其他关押人员所遭受的可怕的人体试验在"二战"后被揭发，120 名纳粹集中营的医生因未经关押人员的同意进行人体试验而在1946 年的纽伦堡审判中被判刑。其中 7 名医生被判死刑，其余被监禁。[68]这一案件不仅引发了对纳粹德国相关试验研究的审查，美国也开始对国内人体试验进行审查。纳粹德国医生的辩护律师声称"美国方面也在进行可疑的人体试验，特别是在监狱"。[69]对此，美国医学会（AMA）在《美国医学会杂志》上发表了一篇关于"人体试验的伦理和法律规定"的文章进行回应。[70]1946 年，经过美国医学会代表大会（House of Delegates）的同意，美国医学会在其报告中认定，人体试验必须经受试者的同意，

65　See e.g., M. C. Rowbotham et al., "Interactive Informed Consent: Randomized Comparison with Paper Consents," PLOSONE 8, no. 3 (2013): 1 (通过互动设备（如 iPad 或视频的方式）获取患者知情同意权的方式比书面方式能更有效地向患者传递手术的风险和收益); R. M. Hrobak and R. Fretwell Wilson, "Emergency Contraceptives or Abortion-Inducing' Drugs? Empowering Women to Make Informed Decisions," Washington & Lee Law Review 71, no. 2 (2014): 1386-1428, at 1426.

66　R. Gatter, "Walking the Talk of Trust in Human Subjects Research: The Challenge of Regulating Financial Conflicts of Interest", Emory Law Journal 52, no. 1 (2003): 327-401, at 377.

67　E. M. Tenenbaum, "Revitalizing Informed Consent and Protecting Patient Autonomy: An Appeal to Abandon Objective Causation," Oklahoma Law Review 64, no. 5 (2012): 697-758, at 720.

68　See Wilson, Promise of Informed Consent, supra note *, at 3.

69　See Ethically Impossible, supra note 14, at 99.

70　Id.

且受试者必须在"被告知关于人体试验的所有风险"、"没有任何强迫"的情况下作出的同意才算有效。[71] "这个规定强调了自愿和知情同意，以及避免不适当的风险的重要性"。[72]

严重侵犯个人权利的试验不仅限于第二次世界大战时期。在其他时期，也有侵犯个人权利的医学研究试验记录在案，这些试验的受试者常常是非裔美国人等边缘群体[73]。例如，1972 年，媒体曝光了美国公共卫生署（PHS）支持的一项臭名昭著的塔斯基吉试验（Tuskegee Study），该试验是在男性黑人身上进行不予治疗的梅毒的研究。一名名为彼得·布克斯顿（Peter Buxtun）的前美国公共卫生署职员向美联社提供了该试验的细节，经报道后震惊全国。布克斯顿一直坚持反对这项始于 1932 年的试验。该试验追踪了"600 名黑人男性，其中 399 名被诊断出患有梅毒"。[74]在这 40 年间，这 600 名黑人男性都不知道自己"参与"了这项试验[75]。美国公共卫生署要求当地医院不向这些参与试验且被诊断出患有梅毒的黑人男性提供青霉素治疗[76]，也不告知他们患有梅毒且有可治愈梅毒的药物。美联社的报道立即引起了轩然大波。正是这些对人体试验有良知的反对者促使联邦政府开始对受试者进行保护[77]。

塔斯基吉试验说明，在人体试验中，为什么让受试者在充分知情的前提下自愿做出同意是那么重要。1991 年，政府在共同规则中总结了人体试验中知情同意原则的要点：

> "研究人员必须强调参与试验的自愿性，其应向受试者说明：
> （1）试验目的、程序以及持续时间；（2）任何应当可预知的风险和不适；（3）收益；（4）有利的替代程序；（5）对记录的保密；（6）若发生人身损害，是否有赔偿或相关治疗手段；（7）有关试验和参与人员权利的相关问题，可以在哪里找到答案。"[78]

如下所述，尽管有共同规则的存在，受试者通常不会被告知参与试验的所有风险和收益。

---

71 See Ethically Impossible, supra note 14, at 99. (citation omitted).

72 Id.

73 H. A. Washington, Medical Apartheid: The Dark History Of Experimentation From Colonial Times To The Present (New York: Broadway Books, 2006).

74 Centers for Disease Control and Prevention, "The Tuskegee Timeline," December 10, 2013, available at http://www.cdc.gov/tuskegee/timeline.htm (last visited July 6, 2016).

75 Id.

76 F. D. Gray, The Tuskegee Syphilis Study Montgomery: NewSouth Books 1998): 74-79; see also Wilson, Promise of Informed Consent supra note *, at 12.

77 这项保护措施是 1974 年《国家研究法》的一部分，并与《教会法修正案》编在一起。42 U.S.C. S 300a-7(c) (2012); see also D. McLellan, Ernest Hendon, 96; Tuskegee Syphilis Study's Last Survivor, L.A. Times, January 25, 2004, available at http://articles.latimes. com/2004/jan/ 25/local/me-hendon25 (last visited July 6, 2016).

78 General Requirements for Informed Consent, 45 C.F.R. §46.116 (2015).

2. 现代纷争

经过几次广为人知的人体试验死亡事件后，政府开始探讨相关试验应如何进行、研究人员应如何向受试者告知试验风险的问题。1999 年，18 岁的杰西·吉尔辛格（Jesse Gelsinger）成为第一个死于基因治疗试验的人。[79]联邦政府控诉试验人员以及试验的赞助者没有向杰西及其亲属，以及美国食品和药物管理局披露相关信息，即这个试验不仅造成试验动物的死亡，也导致早期的受试者发生"严重不良反应"。美国食品和药物管理局认为，"这些是试验风险增加的重要证据。"[80]更严重的是，"这个试验会引发人体内的毒性作用，因此应当立即停止"，其递交给联邦当局报告中的临床发现"失实"。[81]

杰西签字的这 11 页同意书中充斥着各种混杂了试验风险的信息。[82]在同意书的某些地方，会向受试者暗示试验会对身体有所改善。但事实上，即使在第一阶段的临床试验中试验被评估为安全，受试者也不一定会受益。[83]同意书中也提到："我们会使用很小的病毒剂量，但这也意味着试验效果会因此弱化。"[84]这份同意书也淡化了风险。上面写着，给杰西注射"病毒的最大剂量也小于在老鼠和猴子身上会引发严重疾病的病毒剂量"。[85]但在这份同意书中，并没有找到四年前该机构向联邦监督机构坦诚公开的一个事实："在老鼠和猴子身上注射高剂量的病毒，会导致肝炎、肝坏死甚至死亡的严重后果"。[86]

像杰西一样患有被试验疾病的受试者有"治疗性误解"的错觉：他们幻想着正在试验的临床干预措施会让他们的病情好转。[87]研究表明，51%的受试者对于参与此类试验的性质及其可能的收益有着不切实际的幻想。[88]因此在履行披露义务时应重视

79　本次试验由宾夕法尼亚大学与费城儿童医院赞助。See Wilson, Estate of Gelsinger, supra note *, at 230.

80　Id., at 229.

81　Id., at 237-238, 242 (citing Letter from Dennis E. Baker, Assoc. Comm'r for Regulatory Affairs, FDA. Ctr. for Biologics Evaluation & Research to James M. Wilson, Inst. for Human Gene Therapy, Univ. of Pa. Health Sys. (Feb. 8, 2002), available at http://www.fda.gov/RegulatoryInformation/FOI/Electronic-ReadingRoom/ucm144564.htm (notice of opportunity for hearing)).

82　R. Fretwell Wilson, "The Death of Jesse Gelsinger: New Evidence of the Influence of Money and Prestige in Human Research," American Journal of Law & Medicine 36, nos. 2-3. (2010): 295-325, at 303-304 (reproducing the consent form at 7) [hereinafter Death of Gelsinger].

83　See id., at 299; Wilson, Estate of Gelsinger, supra note *, at 233.

84　Wilson, Estate of Gelsinger, supra note *, at 237 （复制了该研究的同意书）

85　Wilson, Death of Gelsinger, supra note 81, at 303 （引用了该研究的同意书）

86　Id., at 304.

87　See P. S. Appelbaum et al., "False Hopes and Best Data: Consent to Research and the Therapeutic Misconception", Hastings Center Report 17, no. 2 (1987): 20-25.

88　M. K. Cho and D. Magnus, Therapeutic Misconception and Stem Cell Research, Nature.com, September 27, 2007, available at <http://www.nature .com/stem-cells/20O7/0709/070927/full/stemcells.2007.88html>(citing P. Appelbaum, C. Lidz, and T. Grisso, "Therapeutic Misconception in Clinical Research: Frequency and Risk Factors", IRB: Ethics of Human Research 26, no. 2 (2004): 1-8) (last visited July 6, 2016).

告知的内容，对受试者应有明确的利益免责声明和潜在风险警告。

试验的赞助机构认为自己的行为没有过失，但在 2005 年政府对杰西案的解决方案中，其被苛以超过 100 万美元的罚款。[89]该解决方案不仅限制了临床试验活动的进行，也对詹姆斯·威尔逊（James Wilson）的活动施加了最严厉的限制。之所以如此，是因为威尔逊对试验成果享有重大利益，其价值估计在 2850 万美元到 3300 万美元之间。同意书用一句平淡无奇的话披露了这种利益："请注意，宾夕法尼亚大学詹姆斯·M. 威尔逊博士（人类基因治疗研究所所长）以及吉诺沃公司（Genovo）（一家詹姆斯·威尔逊持股的基因治疗研究的公司）对本次研究成果享有经济利益"。[90]当决定是否参与这项人体试验时，受试者肯定也会认为，这一重大利益属于重要信息。

私人诉讼的逐渐增多也促使研究人员在描述试验风险和收益的时候会更加小心。杰西过世后，他的亲属起诉这个基因试验的研究人员和赞助机构，除索赔以外，还控诉他们违反了必须获得受试者知情同意的义务，存在欺诈行为。[91]几周后，杰西的亲属与被告达成了保密数额的和解。[92]

吉尔辛格案仅仅是亲属因亲人死于人体试验而起诉临床试验机构的众多案例中的一例。在伯曼诉哈钦森癌症研究中心一案（Berman v. Hutchinson Cancer Center）[93]中，伯曼的妻子凯瑟琳·哈密顿（Katherine Hamilton）因为乳腺癌四期复发参与了试验，接受治疗后去世。伯曼先生起诉了弗雷德·哈钦森（Fred Hutchinson）癌症研究中心。[94]伯曼先生主张，他的妻子参加癌症研究中心组织的试验时，并没有被告知以下事实：存在风险更小且治疗效果更好的替代治疗方案；其服用的化疗鸡尾酒疗法可能会损坏器官；此前有七名受试者死亡，其中一人死于器官衰竭。[95]凯瑟琳也未被告知，如果她不能通过口服的方法服用药物，她将吸收不到计划剂量的药物。[96]

癌症中心没有向凯瑟琳披露不提供注射药物的事实，导致凯瑟琳做出的参与试

89　Wilson, Estate of Gelsinger, supra note *, at 251-253.

90　Wilson, Death of Gelsinger, supra note 81, at 305; see also id., at 237-238 (从宾州大学的文件中算出，威尔逊在支持这项研究中的利益大概在 2850 万到 3300 万美元。)

91　Wilson, Estate of Gelsinger, supra note *, at 248.

92　Id., at n.21.

93　Berman v. Hutchinson Cancer Center, available at http://biotech.law.lsu.edu/research/wa/Berman_v_Hutchinson.pdf (last visited July 6, 2016).

94　Id., at 2.

95　Id., at 2-3.

96　Id., at 4.

验的同意无效。[97]法院对伯曼先生的部分索赔诉讼请求做出了简易判决。[98]这个案件最终在审判前达成了保密数额的和解。[99]

伯曼案说明在向受试者解释试验风险时面临特殊的挑战。诚如斯言，治疗方案和人体试验的目标有着天壤之别：

> "试验并不等同于治疗。试验中所需要的测量手段和症状可能并不具有治疗的意义。参与试验的患者因为被要求服用安慰剂而不是药物而对试验的失望并非是他们所遭受的医疗过错的结果。他们因为没有治愈而感到沮丧，他们为了试验的目的而服用药物，而治愈疾病并非试验人员的目的。他们只是试验附带的、无需付费的受益人……试验并没有标准，它仅仅是对治疗方案的推断、估算和质疑。"[100]

如下所述，对索泼特试验的争议直接引发了以下讨论：受试者（或者他们的亲属）是否只应被告知必需的信息，以便在普通治疗方案中做出有效同意，或者在随机分入某种"标准"治疗后，是否应该被额外告知试验中可预知的风险？

二、在"诊疗标准"研究试验中应披露的信息

索泼特试验的目的是比较两种广泛使用的吸氧治疗的疗效。作为一个多中心临床试验，该试验希望找到吸氧治疗中对于体重极轻的婴儿来说风险最小的氧含量数值（本文将"氧饱和度"简称为"氧含量"）[101]，避免过高或过低氧含量对体重极轻婴儿造成的损害。索泼特试验同时也与国际同行进行的类似试验进行对比[102]，比如新西兰的 BOOST 试验。研究人员希望为医生提供一个精准的氧含量诊疗标准。正如

97　　Berman v. Hutchinson Cancer Center, available at http://biotech.law.lsu.edu/research/wa/Berman_v_Hutchinson. pdf (last visited July 6, 2016).

98　　当事人对案件事实无争议时，可以申请法官先就无争议事实在开庭审理前做出裁决。（译者注）

99　　D. Heath, "Hutch Settles Consent Case Out of Court", Seattle Times, January 15, 2003, available at http://community.seattletimes.nwsource.com/archive/?date=20030115&slug= hutch15 (last visited July 6, 2016).

100　　E. H. Morreim, "Litigation in Clinical Research: Malpractice Doctrines Versus Research Realities," Journal of Law, Medicine & Ethics 32, no. 3 (2004): 474-484, at 4'76 (citing Spenceley v. M.D. Anderson Cancer Center, 938 F. Supp.398, 398 (S.D. Tex. 1996)).

101　　氧饱和度是指血液中的氧含量。治疗成年人的氧饱和度保持在 88% ～ 98%之间。对于血氧饱和度较低的患者则需要吸氧治疗（FiO_2），也就是吸入氧气浓度比大气高的氧气。 See, e.g., B. R. Driscoll et. al., "BTS Guideline For Emergency Oxygen Use in Adult Patients," British Thoracic Society, available at https://www.brit-thoracic.org.ukdocument-libraryclinical-information/oxygen/emergency-oxygen-use--in-adult-patients-guideline/appendix-l-summary-of-recommendations-emergency-oxygen-use-in-adult-patients-guideline/(last visited July 6, 2016).

102　　See Carlo, supra note 5, at 1959.

索泼特试验研究人员在提交给与该试验牵头机构（阿拉巴马大学伯明翰分校关联的机构审查委员会）的试验计划（Protocol）中解释的那样，"通过当前使用氧含量的高值区间和低值区间进行随机对照试验，确定能避免早产儿视网膜疾病和慢性肺炎[103]且不会导致神经损伤的氧含量数值，这具有重大研究价值。"[104]

本章介绍了索泼特试验的结构和结论、研究人员在研究计划中如何阐述试验原理、向受试者家长所披露的有关试验的信息，以及随之而来的社会争议风暴。人类研究保护办公室（OHRP）软化了对索泼特没有披露可预知风险的批评，但其在指导意见草案中重申了向受试者披露"应当可预知风险"的义务。[105]

（一）索泼特试验的原理和结构

研究人员设计了一项在吸氧治疗中检验氧含量多少之利弊的随机试验。[106]在解释试验需求时，2005年3月提交的试验计划详细回顾了此前做的一系列有关氧含量的试验。例如，有试验表明，为了预防婴儿失明而将"氧合指数（FiO_2）的比例降低至不多于0.50时，估计每预防1例失明将导致高达16例死亡"[107]。其他的早期试验则表明早产儿视网膜病一直是体重极轻婴儿的多发疾病，早产儿供氧时间的延长导致了早产儿视网膜病的增长，但这个具体数字仍然未能查清[108]。根据相关文献记载，过低的氧含量会导致死亡概率大幅提升，但失明率只有轻微下降。试验计划指出，有必要对此展开进一步的研究，确定是否存在一种理想的氧含量值，在预防失明的同时能避免死亡的发生。[109]

索泼特试验获批前，普遍认为应当详细告知患者有关吸氧治疗方案的相关信息。2003年《儿科学》杂志的一篇评论指出，一些单位认为血氧饱和度必须超过90%属于强制规定。[110]该作者认为，需要一个更大的样本来"排除氧含量不同所带来的这

103　慢性肺部疾病（CLD）是指由早产引起的长期性呼吸问题。See, e.g., R. E. Behrman and A. Stith Butler, eds., Preterm Birth: Causes, Consequences, and Prevention (2007): 319-321.

104　阿拉巴马大学伯明翰分校索泼特试验试验计划 (emphasis. added), Updated March 28, 2005, available at https://www.nih.gov/sites/default/files/institutes /foia/support-protocol. pdf [以下简称为 UAB 试验计划].

105　See Carlo, supra note 5, at 1960.

106　UAB 试验计划描述了吸氧疗法中氧含量多少的利弊：将导致氧气中毒的氧含量（也即较高的氧含量）会提升慢性肺病（CLD）、早产儿视网膜病（ROP）和其他疾病的发病率，相应的，对氧含量进行限制（也就是较低的氧含量）可能会损害神经发育。因此，避免过高的氧含量可以降低风险，但因为体重极轻婴儿氧含量的不确定性，维持在较低氧含量则可能会导致低氧血症……因此，确定可能能预防慢性肺病和早产儿视网膜疾病的较低氧含量是否会对大脑发育造成影响，导致神经功能受损是十分有必要的。supra note 102, at 2-3.

107　Id.

108　Id., at 2.

109　UAB 试验计划, supra note 102, at 2. (目前并没有关于可接受的血氧饱和度（SpO_2）范围的协议来管理保护体重极轻的婴儿)

110　C. H. Cole et. al., "Resolving Our Uncertainty about Oxygen Therapy", Pediatrics 112, no.6 (2003): 1415-1419, at 1417.

种较小的但会产生重要结果的差异，如死亡率和残疾率，由此解决较低氧气张力的安全问题"。[111]

1. 索泼特试验的结构和结论

研究人员将参与试验的体重极轻婴儿随机分成两组，分别接受当前吸氧治疗的常用氧含量区间 85%～95%中的低值区间和高值区间，[112]也即一组的氧含量将控制在85%～89%之间，另一组则在91%～95%之间。[113]

在索泼特试验的研究人员公布试验结论后，批评者发出了质疑："未参与试验的婴儿的氧含量是否也会被有意地维持在目标范围内"的较低水平。[114]马克林（Macklin）教授与谢帕德教授表示，在21世纪的头几年，索泼特试验开始前，接受调查的120个新生儿重症监护病房（NICU）中，没有一家将体重极轻婴儿接受的氧含量限制在如此低的范围。[115]其他人则表示，许多新生儿专家会选择其他氧含量指标作为他们新生儿重症监护病房的诊疗标准[116]。

111　Id. 2011 年发布的一份在 2005 年 2 月索泼特研究开始前的参考文献的报告同样指出了两个相反的担忧。吸入低于 90%氧含量的氧气可能增加动脉导管开放、肺血管阻抗和呼吸暂停的风险，并且损害神经发育。而吸入大于 90%氧含量的氧气可能会增加视网膜疾病和慢性肺病的风险。L. M. Askie et al., "Neoprom: Neonatal Oxygenation Prospective Meta-Analysis Collaboration Study Protocol", BMC Pediatrics 11, no. 6 (2011):1-9 at 3.

2006 年 10 月发表的一篇评论同样表达了对氧含量问题的关注：早产儿在出生后几周降低血氧饱和度已经被证明可以降低某些并发症的发生率。然而，长期的低氧血症可能会导致生长不良、慢性肺病的心肺并发症、神经发育障碍或者死亡率的增加。当时，索泼特试验正在招募试验对象。J. S. Greenspan and J.P. Goldsmith, "Oxygen Therapy In Preterm Infants: Hitting The Target," Pediatrics 18, no. 4 (2006) 1740-1741, at 1740 (emphasis added). 在 SUPPORT 试验结束之前，2009 年的一篇评论指出，对于氧含量与死亡率、早产儿视网膜病、肺功能的发育及成长之间的关系进行了评估。发现对氧含量进行限制（也就是较低的氧含量）可以显著降低早产儿视网膜病的发病率和严重程度，但不会过分提高死亡率。See L. M. Askie et. al., "Restricted Versus Liberal Oxygen Expo-sure for Preventing Morbidity and Mortality in Preterm or Low Birth Weight Infants," Cochrane Database of Systematic Reviews (2009), available at http://onlinelibrary.wiley.com/doi/10.1002/14651858.CD001077.pub2/pdf (emphasis added). 尽管该研究表明慢性肺病的增加与家用氧气的使用有关，"但其得出的结论是，对于早产儿或者体重极轻婴儿，尚未找到最佳范围的氧含量值。" Id.

112　UAB 试验计划, supra note 102, at 2.

113　Id., at 17.

114　R. Macklin and L. Shepherd, "Informed Consent and Standard of Care: What Must Be Disclosed", American Journal of Bioethics 13, no. 12 (2013): 9-13, at 11.

115　Id.（然而，根据现有证据显示，研究试验以外的婴儿的氧含量被维持在较低水平的可能性非常低）(citing C. G. Anderson, W. E. Benitz, and A. Madan, "Retinopathy of Prematurity and Pulse Oximetry: A National Survey of Recent Practices", Journal of Perinatology 24, no. 3 (2004): 164-168, at 164-168) (surveying 120 NICUs)..

116　J. D. Lantos and C. Feudtner, "SUPPORT and the Ethics of Study Implementation: Lessons for Comparative Effectiveness Research from the Trial of Oxygen Therapy for Premature Babies," Hastings Center Report 45, no. 1 (2015): 30-40, at 37. (许多新生儿医生会选择其他氧饱和度作为他们的新生儿重症监护室标准方案，而不是像传统治疗那样维持在 85%～95%之间。更准确来说，在每个新生儿重症监护室中，这一数值都不相同，但大部分都会在 85%～95%的范围内。有些是在 85%～95%的范围内的低值区间，有些则在该范围内高值区间)

通常来说，医生通过绑在婴儿手上或脚上的脉搏血氧测定仪来监控婴儿的氧含量，当氧含量高于或低于相应的阈值时会发出警报提醒医生[117]。但按照试验计划的规定，研究者会在婴儿身上使用"调整"过的脉搏血氧测定仪。为了避免被婴儿的看护者发现婴儿的氧含量有问题，"调整"后的脉搏血氧测定仪上显示氧含量为88%～92%（这也是看护者实际所见）时，婴儿实际接受的氧含量或处于在85%～89%之间，或处于91%～95%之间。[118]根据试验计划，盲测将通过如下方式进行：

> "当婴儿的血氧饱和度接近警报阈值时，通过逐步改变偏移量来避免警报响起，马西莫公司（Masimo）确认了这种技术的可行性。两组受试婴儿身上的脉搏血氧测定仪都会显示其血氧饱和度在88%~92%之间……这些脉搏血氧测定仪能够显示前个时间间隔的血氧饱和度的趋势图，以便婴儿的看护者能够收到婴儿实际血氧饱和度的反馈。两个组的警报阈值分别是84%和96%。"[119]

因此，脉搏血氧测定仪会在婴儿的氧含量降至低于84%或升至高于96%的时候发出警报，其余情况下，脉搏血氧测定仪显示的数值会一直处于88%到92%之间。研究人员认为有必要调整脉搏血氧测定仪的正常工作机制，这样可以确保完成盲测，包括：（1）受试婴儿能够按照试验要求接受特定的氧含量；（2）临床医护团队并不了解婴儿的状况，不会干预试验进而影响试验的有效性。[120]正如人类研究保护办公室后来提到的那样，考虑到相应的风险，如果不进行盲测，医生会尽可能避免受试者的氧含量接近低阈值（85%）或高阈值（95%）的区域。[121]

为了实现研究目的，研究人员会监控试验的"终点"，即受试者遭遇死亡、神经损伤、慢性肺病等其他可能发生的临床疾病。[122]为了确保其他因素不会对两组受试者的试验结果造成实质影响，试验计划对婴儿本应接受的其他治疗作了严格限制。比如，受试者"在其出生后的21天内……不能使用用于预防或治疗支气管肺发育不良（BPD）[123]或慢性肺病的类固醇药物"[124]。如下所述，限制医生的临床诊断能更

117　UAB 试验计划, supra note 102, at 17.

118　Id. （这些干预措施将通过专门开发的脉搏血氧仪实现。其显示屏上显示的数值（也就是照看婴儿的人能看到的数值）是经过调整的，即使实际数值是在 85%~89% 或 91%~95% 之间，也会显示在 88%~92% 之间）。

119　Id.

120　Id., at 17-18.

121　人类研究保护办公室于 2013 年 6 月 4 日致信阿拉巴马州大学伯明翰分校。available at http://www.hhs.gov/ohrp/detrm_letrs/YR13/jun13a.pdf [hereinafter June 4, 2013 Letter] (last visited July 6, 2016).

122　See Carlo, supra note 5, at 1960.

123　支气管肺发育不良（BPD）是一种慢性肺病，多见于新生儿（大多是早产儿）和婴儿。它是指机械通气（呼吸器）和长期过度摄入氧气造成的对肺部的损害。Bronchopulmonary Dysplasia, American Lung Association http://www.lung.org/lung-health-and-diseases/lung-disease-lookup/ bronchopulmonary-dysplasia/ (Last visited May 5, 2016).

124　UAB 试验计划, supra note 102, at 19.

好地比较组间差距，更有利于总结客观的试验成果，但相较于不参加试验的婴儿，受试者也面临更多可预见的风险，因此必须予以披露。

该试验于 2010 年结束，研究人员在《新英格兰医学杂志》上发表了他们的试验结果。在低氧含量小组中，被视为是失明前兆的早产儿视网膜病的发病率有小幅下降。[125]如表 1 所示，在低氧含量小组中，早产儿视网膜病发病率只有 8.6%，与高氧含量小组的 17.9%形成鲜明对比。

然而，试验结果也揭露了一个惊人的事实："几乎每预防两例严重的早产儿视网膜病的发生，就会增加一例死亡。"[126]低氧含量小组中的 654 名婴儿中，19.9%，也就是 130 名婴儿在出院前死亡。考虑到体重极轻婴儿身体羸弱的事实，五分之一的死亡率看似并不显著。但在高氧含量小组里，死亡率只有 16.2%，这两组数据形成鲜明对比。

表 1

	早产儿视网膜病发病率	死 亡 率
氧含量较低的小组	8.6%（91/509）	19.3%（130/654）
氧含量较高的小组	17.9%（41/475）	16.2%（107/662）
差距	−9.3%	−3.7%
统计的有效性	P < 0.001	P = 0.04

许多人看到试验结果后都心生退缩。人们与随后的人类研究保护办公室一样，向研究人员提出质疑："在看到低氧含量小组中死亡率会显著提升的事实后，为什么不终止试验"。[127]《纽约时报》则将索泼特试验视为是一种"道德崩溃"。[128]消费者倡导组织"社会公民"（public citizen）以及后来的人类研究保护办公室都对"知情同意程序的缺陷问题"展开集中讨论。如下所述，他们有充分的理由开展讨论。

2. 索泼特试验中的披露工作

阿拉巴马大学伯明翰分校在索泼特试验中所使用的有关知情同意的协议（UAB

125　See Carlo, supra note 5, at 1960 (值得注意的是，新生儿视网膜疾病也会导致早产儿出现其他视力障碍。在 20 世纪 50 年代进行的随机对照试验中，发现若早产儿暴露在不受限制的氧气补充中，新生儿视网膜病的发病率有所提升)。Id.

126　Id.

127　See Letter from the Office of Human Research Protections to the University of Alabama at Birmingham at 5, March 7, 2013, available at http://www.hhs.gov/ohrp/detrm_ letrs/YR13/mar13a.pdf [hereinafter March 7, 2013 Letter] (last visited July 6, 2016).

128　See Editorial, An Ethical Breakdown, New York Times, Apr 15, 2013, available at <www.nytimes.com/2013/04/16/opinion/an-ethical-breakdown-in-medical-research.html?_ r=O> (last visited July 6, 2016).

consent)（以下称为 UAB 同意书）向受试者暗示，"选择参与试验只有好处没有任何不利"。UAB 同意书这样介绍试验目的：

> "准确找出吸氧治疗中标准的氧含量指标，可以防止早产儿罹患最终可能导致失明的早产儿视网膜病……对于婴儿，特别是早产儿，高血氧饱和度和低血氧饱和度的各自益处尚不明确。回顾过去早产儿的诊疗方法，有人指出，较低的血氧饱和度可能会降低早产儿视网膜病的发病率。"[129]

对于试验中的临床操作，该同意书指出："有时采用的是高值区间的血氧饱和度，有时则是低值区间的血氧饱和度，但都在可接受范围内"，[130]但省略了此前在试验计划中已经总结出的与低氧含量有关的不良反应。这种说辞暗示受试者与未参加试验的婴儿一样接受吸氧治疗，但实际做法并非如此。[131]

题为"可能的收益"的那一节指出，"将氧含量维持在标准范围内的较低水平很有可能降低早产儿视网膜病的发病率"。[132]在"可能的风险"这一节，该同意书指出："对于在试验中使用脉搏血氧测定仪监控氧含量，并不存在已知的风险"。佩戴脉搏血氧测定仪可能会造成婴儿的皮肤破损，但通过护士及时调换佩戴测定仪的位置（一天数次）可以将这一风险降至最低[133]。总而言之，UAB 同意书为受试的婴儿及其家长描绘了一幅美好的蓝图。

同意书中对于低氧含量小组的婴儿存在如神经损伤、慢性肺病、支气管肺发育不良、脑瘫甚至死亡的风险只字未提。但这些风险在试验计划中的文献综述都有体现，而且研究人员也将对这些疾病进行检查。同意书同样也没提到，高氧含量组别罹患早产儿视网膜病的风险更高。研究人员开展这一研究的动因，也即权衡低氧含量和高氧含量的各自利弊也没有予以披露。在协议中唯一详细披露的风险是由测定仪造成的皮肤破损。[134]父母们并不会意识到受试者的诊疗肯定与不参与试验的婴儿的诊疗存在不同，比如在特定情况下，医生不会让婴儿服用类固醇或使用其他医疗介入手段。父母被告知会使用脉搏血氧测定仪"监控"婴儿的状况——但不告诉他们这些测定仪的读数是被调整过的，掩盖了婴儿实际的氧含量，避免被婴儿的看护者发现，除非氧含量已经超出了新生儿重症监护室所规定的 85%~95% 的合理区间。[135]

129　阿拉巴马大学伯明翰分校索泼特试验同意书 2 (Oct. 1, 2004) (emphasis added) available at http://www.citizen.org/documents/support-study-consent-form.pdf [hereinafter UAB Consent Form] (last visited July 6, 2016).

130　Id., at 2. (emphasis added)

131　See Macklin and Shepherd, supra note 112, at 11.

132　UAB 试验计划, supra note 128, at 4.

133　Id. (emphasis added)

134　Id.

135　UAB 试验计划, supra note 102, at 17-18.

（二）人类研究保护办公室对于披露义务的担忧

为了回应人们对于索泼特试验是否符合伦理的质疑，2011 年 7 月，人类研究保护办公室开始对该研究进行调查，要求阿拉巴马大学伯明翰分校的研究人员提交相关文件和数据。[136] 2013 年 2 月 11 日，人类研究保护办公室给阿拉巴马大学伯明翰分校发送了一份决定书，认定 UAB 同意书"未向受试者披露有关失明、神经损伤甚至死亡等可预见的风险"，违反了共同规则中的相关规定。[137]

人类研究保护办公室认为，为了获得受试者的知情同意，同意书应包括以下内容：

"（1）试验会造成的实质风险。从过去的试验结果看，有明确的证据可以证明低氧含量会对婴儿造成许多不利后果，比如失明、严重的脑部损伤，甚至死亡；（2）参与试验时，在许多情况下，婴儿实际所接受的氧含量会与其原本应接受的氧含量不同，且无法预测这种不同；（3）一些婴儿会接受较高的氧含量，高于婴儿本应接受的氧含量，也就是说，如果研究人员对于较高氧含量会影响婴儿的眼睛发育的推论正确，那么这些婴儿发生失明的风险增加；（4）参与试验的另一些婴儿，相较于没有参与试验的婴儿，他们发生脑部损害甚至死亡的风险增加。"[138]

人类研究保护办公室指出，试验计划包含以下事实："对于体重极轻婴儿，致残的一个主要原因是早产儿视网膜病，且其发生与吸氧治疗时长成反比"，"氧含量的限制可能会对神经发育造成损害……"。[139]因此研究人员应当根据共同规则的规定向受试者完整披露"可预见的风险和不适"，[140]以获得有效的知情同意。

对于更严重的风险——死亡，人类研究保护办公室反复强调："尽管低氧含量可能会导致包括死亡在内的严重后果"，"但同意书中不论是风险部分或者其他部分都没提及死亡风险的存在"。[141]人类研究保护办公室还提及了其他忧虑。其注意到，在

136　Memorandum from Suzanne Murrin, Deputy Inspector General for Evaluations and Inspections, to Jerry Menikoff, Director, OHRP (Sept. 14, 2014), available at http://oig.hhs.gov/oei/reports/oei-01-14-00560.pdf (last visited July 6, 2016).

137　March 7, 2013 Letter, supra note 126, at 2, 9. 2013 年 3 月 7 日，决定书被修订，删除了一个并未参与索泼特试验的机构。同上。

138　Id., at 10.

139　Id., at 4 (citing UAB Protocol at 2, 3).

140　June 4, 2013 Letter, supra note 119, at 2.

141　Id., at 9.

其他国家开展的两项相似的试验因为发现"较高氧含量组的有更为明显的生存优势"[142]
后，就停止了试验。

对于人类研究保护办公室的第一份决定书，许多研究人员认为这是对他们试验
计划的攻击。[143]许多医生和伦理学家在《新英格兰医学杂志》发表文章维护索泼特
试验的披露规则，并且表示人类研究保护办公室没有考虑到"试验开始和进行时的
临床均势"。这些支持者认为 UAB 同意书公平合理地应对了当时的理论[144]。在某种
程度上，支持者并不认为"随机将受试婴儿分为"高氧含量和低氧含量两组，会"发
生研究人员没有披露的额外风险"。一些人则将目光聚焦于新生儿重症监护室的实际
操作[145]，他们注意到"新生儿专科医生一般会根据协议的规定来照看婴儿，医生们
（或者更常见的情形是新生儿重症监护室团队）会根据他们对氧含量高低的各自利弊
的相关证据进行评估，从而选出一个血氧饱和度的合适范围"，这些也不是试验外婴
儿的父母可以选择的事项。[146]正如人类研究保护办公室所言，这些辩护主张并未找
准问题的要害。关键问题在于，受试婴儿与不参加试验的婴儿所面临的风险是否不
同。试验计划已经承认了，将婴儿处于氧含量高值区间或低值区间的环境都会导致
额外的不同的风险。[147]

支持者还主张，人类研究保护办公室指责索泼特试验的研究人员"没有向受试

142　See March 7, 2013 Letter, supra note 126, at 12.

事实上，这些试验被终止有部分原因是因为索泼特试验的发现。基于索泼特试验较早发现了失明和死亡等
与氧含量的关系，因此，索泼特试验的研究人员有责任像国际上另外两个类似试验那样终止试验。

N. Feldman, "Courts Can't Mend a Parent's Broken Heart," Bloomberg View, September 10, 2015, available at
http://www.bloombergview.com/articles/2015-09-10/courts-can-t-mend-a-parent-s-broken-heart（考察国际类似研究
时所做的评论）。

研究人员应当意识到参与试验的人在进行试验期间所遭受的负面影响或反应，并记录在案。研究人员通过
检测不良反应的出现来确保临床试验的安全性。J. P. E. Karlberg and M. A. Speers, eds., Reviewing Clinical Trials:
A Guide for the Ethics Committee (2010): at 38, available at https://www.pfizer.com/files/research/research_ clinical_
trials/ethics_ _commit-tee_guide.pdf （last visited July 6, 2016）; see also D. A. Sica, "Premature Termination of
Clinical Trials - Lessons Learned," 4(3) Journal of Clinical Hypertension (2002): 219-225, at 220（主要讨论的是终止
进行中的临床试验的几个因素，包括伦理问题、导致临床试验继续进行将产生不利后果的形势变更或者提前得
到好的或不好的结果）; see Niemann, supra note 10（详细介绍了一项因为得到不好的结果后而被终止的研究）.

143　See, e.g., J. M. Drazen et al., "Informed Consent and SUPPORT," New England Journal of Medicine 368,
no.20 (2013): 1929-1931, at 1930; Carlo, supra note 5; see also K. Hudson, A. Guttmacher, and Francis Collins, "In
Support of SUPPORT: A View from the NIH", New England Journal of Medicine 368, (2013): 2349-2351.

144　Drazen, supra note 142, at 1930.

145　B. S. Wilfond et al., "The OHRP and SUPPORT," New England Journal of Medicine 368 (2013), available
at http://www.nejm.org/doi/full/10.1056/NEJMc1307008 (last visited July 6, 2016).

146　See, e.g., Lantos and Feudtner, supra note 114, at 37.

147　UAB 试验计划, supra note 102, at 3.

者父母告知在试验后才发现的风险"的行为属于"事后诸葛亮"。[148]2013 年 4 月，索泼特试验的研究人员在给《新英格兰医学杂志》的回复中指出，认为他们披露的都是"在试验时已知的信息"。他们在进行试验时并不知道氧含量过高或过低会增加死亡的风险。[149]

然而，医学研究人士和生物伦理学者并未在维护索泼特试验问题上达成统一。有人主张"索泼特试验本身很复杂……但同意书的内容是否充分披露了信息这个问题本身并不复杂，他们并没有为受试者提供一个自愿参与试验的机会"。[150]批评者则注意到，问题不在于试验开始时"已知风险"是什么，而是是否"应当预见"。因为研究人员一直在研究早产儿视网膜病、慢性肺病、支气管肺发育不良、死亡以及神经性缺损与氧含量多少的关系，因此"应当预见到"在某一组，某些疾病的发病率将比另一组高。毕竟该试验的目的就是研究不同组别可能遭遇的风险。[151]

不同地区都在争论对索泼特试验应有怎样的伦理要求。2013 年 6 月 4 日，人类研究保护办公室给阿拉巴马大学伯明翰分校发出了第二份决定书。在这份决定书中，人类研究保护办公室提到，有研究人员要求"在类似试验中应完全取消获得受试者知情同意的要求——这将导致保护相关试验受试者的法律机制发生重大调整"。[152]尽管该办公室承认"对早产儿进行吸氧治疗的问题的已知信息十分复杂，且没能完全理解知情同意规则应如何适用于本研究试验是正当合理的"，[153]但人类研究保护办公室在其决定书的最终结论中仍然坚持，UAB 同意书未能向受试者的父母充分披露所有风险。尽管"索泼特试验的研究人员在设计试验时，其目的并不是找出在高氧含量组与低氧含量组之间死亡率的差异"，[154]但试验中的氧含量范围并未超出未参加试验的婴儿诊疗标准范围这一事实并不能免除研究人员必须获得受试者在知情下自愿做出同意的义务："医学研究和临床实践的许多人士对于标准范围内低氧含量与死亡率提升、神经损伤问题之间的关系表示担忧"。[155]因为研究人员清楚地知道这种关系，探究这种关系的实质内容正是索泼特试验的关键点，人类研究保护办公室认为，"受试婴儿的父母应当知道医学界对于氧含量的变化导致的风险的担忧"。[156]

---

148   See Drazen, supra note 142, at 1930.

149   W. A. Carlo, et al., "Oxygen-Saturation Targets in Extremely Preterm Infants," New England Journal of Medicine 368, (2013): 1949-1950, at 1949-1950, available at http://www.nejm.org/doi/full/10.1056/NEJMc1304827 (last visited July 6, 2016).

150   See e.g., R. Macklin et al., "The OHRP and SUPPORT-Another View," New England Journal of Medicine 369, no. 3 (2013) available at http://www.nejm.org/doi/full/10.1056/NEJMc1308015 (last visited July 6, 2016)

151   Id.

152   See June 4, 2013, Letter, supra note 119, at 5.

153   Id.

154   Id., at 2.

155   Id.

156   Id., at 4.

同时，人类研究保护办公室还将 UAB 同意书与新西兰开展的与索泼特试验类似的 BOOST 试验中的同意书进行了比较。BOOST 试验的同意书直接提到：

> "本次试验的目的是，在当前早产儿治疗中使用的血氧饱和度的范围内（85%～95%），和将婴儿置于高氧含量区间（91%～95%）相比，是否将婴儿置于低氧含量区间（85%～89%）……能安全有效地减少与眼睛（早产儿视网膜病）和肺（支气管肺发育不良）有关疾病的发病率，同时不增加死亡率或导致神经性损伤。"[157]

该同意书很坦诚地告知了以下风险："长期处于低氧含量状态下可能会导致：1）死亡率的提升或者发育不良；2）肺血压的增高，从而导致支气管肺发育不良；3）损伤脑部细胞，从而导致发育不良……"，[158]并明确提及了在诊疗标准的高值区间，风险会提高的事实。[159]假如索泼特试验的研究人员在其同意书中也做了完整披露，那么"人类研究保护办公室就不会做出其没有披露试验可能会导致死亡和神经损伤风险的事实的结论"。[160]

参议员小霍华德·贝克（Howard Baker Jr.）在水门事件之后对尼克松的弹劾中问了一个著名问题："总统知道什么，他是什么时候知道的？"[161]如果对索泼特试验的研究人员问这个问题的话，那就不得要领。因为共同规则要求披露"应当可预见风险"而不是"已知风险"的义务。可预知风险中的"可预知"是指，医学领域的权威机构有合理理由认为一种医疗干预手段比起其他干预手段，更能引起某种特定结果的发生，或者它们之间有更紧密的联系。[162]

人类研究保护办公室善意地认为，当索泼特试验开始时，"并没有新的明确的证据证明在当时的标准范围内（85%~95%），不同氧含量会导致神经损伤概率或死亡率的不同"。[163]但是，试验计划以及试验设计显示，索泼特试验的目的是找出氧含量标准范围内风险权衡后的最优选择，因而研究人员事实上已经预见（或者应当可预见）不同氧含量会导致不同的风险。事实上，试验计划文献综述中提及的已有研究以及

157　See June 4, 2013 Letter, supra note 119, at 5 n.8 (引用了 BOOST 试验的同意书).

158　Id.

159　Id. 引用了索泼特试验中塔夫斯大学的同意书（2004 年 10 月 1 日）。available at < http://www.citizen.org/documents/support-study-consent-form.pdfz>. (该研究中心出于临床研究目的，将氧饱和度保持在 88%~94% 之间，而不是 UAB 同意书中规定的最低 85% 和最高 95% 的标准) (last visited July 6, 2016).

160　Id.

161　See L. Raab, "Sen. Howard Baker Asked: What Did Nixon Know and When Did He Know It?" Los Angeles Times, June 26, 2014, available at http://www.latimes.com/nation/politics/politicsnow/la-na-pn-howard-baker-watergate-20140626-htmlstory.html. (last visited July 6, 2016).

162　布莱克法律词典将"可预见性"界定为可合理期待的品质。See Black's Law Dictionary 10th ed., s.v., "Foreseeability" (2014).

163　See June 4, 2013 Letter, supra note 119, at 2 (emphasis added).

在索泼特试验开始前发表的研究结果[164]，已经公开讨论使用标准范围内两端的氧含量可能引发的风险，特别是"在标准范围内较低的氧含量与死亡率和神经损害概率提升之间的联系……"。[165]

人类研究保护办公室敏锐地觉察到医学伦理与试验研究领域之间的分歧，于是罕见地召开了公众会议讨论诊疗标准[166]。会议产生的指导草案再次重申了共同规则的适用，[167]同时反驳了试验研究人员提出的观点：不应向受试者披露与当时的诊疗标准所包含的医疗手段的相关风险，因为这并不属于试验风险的范畴。人类研究保护办公室回应道："关键在于……是否受试者所接受的治疗（以及由此可能遇到的风险）与非受试者的不同，且由于参与试验，导致其接受了不同的治疗，因此产生了额外的、不同的风险。[168]"因此，由于试验中采用的治疗方法与一般治疗方法存在根本差异，风险披露就是必须的：

> "医生必须……做出他们认为最有利于其患者的选择……由于人体试验的存在，我们的社会放宽了这种要求，因为人体试验对我们每个人都十分重要……在赋予研究人员一定程度的灵活性的同时，社会也要求研究人员应当向受试者披露试验会导致的风险。"[169]

人类研究保护办公室认为，应告知受试者及其家属"试验可能带来的风险"。[170]

2013年4月，参与索泼特试验的几个婴儿家属前往阿拉巴马州的联邦地区法院起诉了索泼特试验的研究人员以及阿拉巴马州大学伯明翰分校中机构审查委员会委员。他们认为，"同意书中没有包括或充分披露任何应当可预见的风险和不适，违反了《联邦法规汇编》第45卷第46.116条第1款2项的明确规定"，[171]若父母们"被明确告知试验的风险、收益和性质，就不会让其婴儿参与试验"。[172]被告则反驳，婴儿家属并不能证明婴儿遭受的健康损害是由于参加试验导致的[173]。联邦地区法院采

164　See id., at 2 n.2, 5 n.8 (收集有关认识这些风险的研究试验; Part II.A, supra).

165　Id.

166　See Transcript, supra note 8.

167　尽管公告期和评议期已经结束，但尚未最终发布指导意见。人类研究保护办公室，美国健康与社会服务部，"关于在研究评估诊疗标准时披露合理可预见风险的指导草案"。Federal Register 79, (Oct. 24, 2014): 63629-63634, at 63632.

168　Id. (emphasis added)

169　See June 4, 2013 Letter, supra note 119, at 4.

170　79(206) Federal Register 63629, 63632.

171　Fifth Amended Complaint at 50, Looney v. Moore, 2015 WL 4773747 (N.D. AL. 2015) (No. 2:13-cv-00733-UNAS-KOB).

172　Id., at 54.

173　See, e.g., Dr. Carlo's Motion for Summary Judgment at 1-8, Looney v. Moore, 2015 WL 4773747 (N.D. AL. 2015) (No. 2:13-cv-00733-UNAS- KOB).

信了被告的说法，认为婴儿家属未能就"参与试验导致原告健康受损"这一主张提出实质证明，由此对被告做出了简易判决。[174]被驳回诉讼后，婴儿家属起诉到美国联邦上诉法院第十一巡回审判庭。[175]

尽管对索泼特诉讼的后续发展以及人类研究保护办公室的最终指南会有什么内容仍有待观察，但这些家庭为了努力维护其自身权利而斗争，从而决定在其孩子身上能做什么以及在没有他们的明确许可下其婴儿能面临什么风险，这很有启发意义。即使不考虑共同规则规定的对试验中可预见风险的披露义务，医生也有向婴儿父母告知治疗方案风险的一般义务。[176]

我们知道，受试婴儿接受了三种不同的医疗干预：（1）在新生儿重症监护室中，其氧含量被限定在一定范围内，而不是主治医生在新生儿重症监护室诊疗标准范围内根据其情况单独定制的治疗方案。在阿拉巴马大学伯明翰分校，其氧含量范围被限制在 85%～89% 或 91%～95% 之间。而不是在 85%～95% 的一般临床实践范围内，主治医生认为比较合适的一个标准；[177]（2）不像一般的婴儿那样，在需要时能接受某些治疗，如类固醇治疗；[178]（3）通过调整后的脉搏血氧测定仪监控他们的氧含量，测定仪不会向婴儿的看护者显示真实数据。[179]

首先考虑的是，在"理性患者"标准（也称"重大风险"标准）下，主治医生应当向受试婴儿家属就这三种医疗干预措施披露什么内容。当被告知"当婴儿吸收过高或过低的氧气含量时，其发生失明、死亡或者其他疾病的关系"，理性的婴儿父母肯定认为以下构成重大风险：（1）主治医生根据实际情况决定婴儿应接受何种氧含量的治疗；（2）新生儿重症监护室对于氧含量的规定会限制主治医生对于氧含量的选择。在新生儿重症监护室规定的氧含量的范围内，父母肯定希望能与医生坦诚交流，了解医生想在哪个组别"下注"：诊疗标准范围内高氧含量组，或者为了避免会伴随其一生的婴儿失明，选择诊疗标准范围内低氧含量组，赌自己的孩子能够存活，身体健康，视力良好。

对于第二种干预措施，从试验计划中移除例如类固醇治疗等包含在医生治疗方案中的某些内容，也就是说受试者不能在有需要时接受其他治疗手段。这一点对父

174　Looney v. Moore, 2015 WL 4773747 at *8 (N.D. AL. 2015).

175　Looney v. Moore, 2015 WL 4773747 at *8 (N.D. AL. 2015) appealed sub. nom. Lewis v. Moore (11th Cir. 2015).

176　See Part I.A. supra. See Menioff and Richards, supra note. 9 关于治疗医师披露义务的解释. See also G. J. Annas and C. L. Annas, "Legally Blind: The Therapeutic Illusion in the SUPPORT Study of Extremely Premature Infants," Journal of Contemporary Health Law & Policy 30, no. 1 (2014): 1-36, at 25-26 (简要地介绍了医学研究披露责任与医疗方案披露责任的交叉之处).

177　UAB 试验计划, supra note 102, at l7.

178　Id., at 19.（禁止婴儿在出生后 21 天内服用类固醇）

179　Id., at 17.

母而言也属于重大风险。如果这些治疗手段普遍用于治疗新生儿且疗效出色，那么很难想象理性的父母会认为无法获得这些治疗手段不属于重大风险，因此这种干预措施需要予以披露。

对于第三种干预措施，也就是医生会通过一个无法准确显示实际情况的脉搏血氧测定仪来监控婴儿的氧含量情况，且测定仪不会发出警报，除非婴儿的氧含量超出了新生儿重症监护室诊疗标准范围。这一点对许多父母而言，也构成重大风险。实际上，父母不会允许医生盲目操作婴儿的实际氧含量，这将影响儿童罹患早产儿视网膜病、支气管肺发育不良、慢性肺病、神经性缺损和死亡的概率。很难想象父母会认为掩盖临床上氧含量的相关数据不构成重大风险。[180]

然而，只有当医生清楚以下重要事实时，才有可能告知患者相关风险。对此，并不清楚索泼特试验的研究人员向主治医生们掩饰了多少事实。也就是说，并不清楚医生是否仅不知道受试婴儿被分到哪一组，还是也不知道测定仪的数据被动过手脚。[181]当然，如果索泼特试验的研究人员同时也是主治医生的话，"因为这种原因而没有向家属披露相关信息"的借口不能成立。

在"理性医生"标准下，更难衡量医生的披露义务。以兰托斯医生（Lantos）为代表的部分医生强调，新生儿重症监护室和新生儿专科医生通常不会与父母深入讨论临床决策中关于氧含量的细节。[182]在索泼特试验被公开之前，医生团队不会告知父母有关治疗手段与风险间的利弊关系，从而让父母为其孩子作出权衡。但在索泼特试验的发现得以发表以及 BOOST 试验被终止后，他们很有可能会告知父母。

无论医生在新生儿重症监护室诊疗标准规定下会披露什么信息，其对于新生儿重症监护室诊疗标准规定的氧含量范围的披露并不意味着父母会获悉"婴儿会以其自身利益以外的原因被分到标准规定范围内的某个小组"的事实。这种"分组"意味着新生儿重症监护室诊疗标准内的不同选择会带来不同的风险。即便大多数医生不会披露有关新生儿重症监护室诊疗标准的内容，这也与理性的医生是否会告知父母氧含量的不同会引起特定风险无关。对于后者而言，并没有实践标准可作为评判标准。索泼特试验以外的医生并不会人为地将治疗早产儿的氧含量控制在一定范围内。因此，法院在以"理性医生"标准判断披露义务时，并没有一种便于比较的、可以决定一个理性的医生应该披露什么的惯例可供参考。

即使存在那么一种惯例，有时法院也会拒绝受医生实践惯例的指引，之所以允许法官这么做，是因为法定标准是理性医生标准。在 The T.J.Hooper（胡珀）案中，

180　Transcript, supra note 8, at 120.（引用 Dagen Pratt 父母的话（Dagen Pratt 是一名参加过索泼特试验的婴儿），"我们想知道的是，既然有那么多的信息，为什么不能让我们清楚研究的风险和目的？如果我们知道的话，我们是不会让我们的孩子参加试验的"）

181　UAB 试验计划, supra note 102, at 17-18.

182　See, e.g., Lantos and Feudtner, supra note 114, at 37.

法官勒恩德·汉德（Learned Hand）解释了在合理性调查中标准惯例的作用：

> "在大多数情况下，合理的谨慎义务就是指一般意义上的谨慎义务，但严格来说这并不是它的真实尺度。在采用新的可行的治疗方法时，整个行业本身可能都处于滞后的状态。无论这些新方法多么有用，它永远不会设置限制自身的适用标准。因此法庭最终必须指出什么是必须做的。尽管采取预防措施的紧迫性导致医生普遍会漠视这一措施，这也不能成为原谅他们疏忽的理由。" [183]

换句话说，即使在临床医疗领域，假设其惯例就是不向索泼特试验的受试者的父母披露相关信息，法院也会认为其做法不合理，从而要求其对不披露行为承担相应的责任。

对于这三种医疗干预手段，医生不披露相关信息行为的合理性是由理性医生在类似情况下会选择披露什么来衡量的，这需要专家证言来确定。考虑到这些手段与一般的临床实践不同，监控设备也被调整，很有可能没有可供参考的一般惯例作为基准来评价医生不披露的行为。

理论上，一般家庭要证明医生违反了获得患者对一般治疗方案的知情同意的义务，将面临在第一章第一节中提及的所有挑战。原告仍需举证证明存在因果关系。例如，原告需要说明受试者的父母在被告知分到特定氧含量组别可能遭遇的风险后，他们就不会同意让孩子接受这一治疗。但如果在类似情况下理性父母会同意其孩子接受治疗，医生将不会为此承担任何责任。当然，理性父母的选择会根据事实而定，有可能会被更精准的披露所影响。我们可以设想，如果父母被告知，用于监控他们孩子临床情况的设备被调整了，因此主治医生无法确切知道孩子的实际情况，那么只有极少部分家长会同意。事实上，大多数父母会质疑，"掩盖"相关临床信息对他们的孩子有什么好处。即使这些父母能证明因果关系的存在，仍存在阻碍当地法院做出赔偿判决的障碍：需要证明他们的孩子因参与索泼特研究所遭受损害的范围。[184]

尽管研究人员没有得到孩子家长的许可就把他们的孩子作为试验对象，致使孩子们面临过度的风险，但他们这么做只是为了提高其他人的生存概率。因此，家属仍有可能无法获得赔偿。

三、结　论

医学向循证医学的转向在医疗领域和人体试验领域引发了新的争议。过去几十

183　The T.J. Hooper, 60 F.2d 737, 740 (2d Cir. 1932); see, e.g., Helling v. Carey, 519 P.2d 981 (1974) (该案中，法官援引胡珀案的判文，认为这种惯例在医疗过失调查中并不能作为对披露行为进行合理性检验的判断标准)。

184　Looney v. Moore, 2015 WL 4773747 at *8 (N.D. AL. 2015).

年里，人们一直都在探讨这样一个问题：法律应当怎么规定才能完全实现这一理念，即"任何成年的理性人都对自己的身体享有自主决定权"？[185]对个体尊严的尊重产生了规定知情同意权的共同规则和判例法，但正如科恩案和塔斯基吉试验案那样，对知情同意权的保护并没有像我们想象的那样走得那么远。[186]在经过六十年与完全知情同意权的纠缠后，不应再让家属们去质询监管者："为什么在没有告知我们且得到我们允许的情况下，就把我们的孩子作为试验对象？……我问你，你会让你的孩子，一个脆弱的早产儿，参加索泼特试验吗？"[187]

185　Schloendorff v. Soc'y of N.Y. Hosp., 105 N.E.92, 93 (N.Y. 1914).

186　See, e.g., Transcript, supra note 8.

187　Id., at 120-121.（引用了 Dagen Pratt 父母的话）

根据传染病法采取限制或禁止经营措施造成经济损失时的补偿

[德] 乌尔里希·罗梅方尔　著*　李海　译**

由于经营活动受到所谓的停工、停业的限制，个体户、零售商、手工业者以及其他经营者期望获得对由此遭受到的收入损失的补偿。本文旨在研究无过错者、非病原体携带者以及无对他人健康可能造成威胁嫌疑之人等被迫停止经营时，主张补偿的可能性。

一、引　言

自 2020 年 3 月中旬以来，为应对新冠肺炎病毒引起的疫情，联邦各州根据《人类传染病防治法》（IfSG，以下简称"传染病防治法"）第 32 条[1]的规定，制定了地方性法规，颁布了一般（行政）命令，其中除对社交和迁徙自由的限制外，还包括对生产、经营的禁令。

联邦政府虽然慷慨地推出了一系列刺激经济的计划，如短时工规则、对个体户的直接救助（500 亿欧元的一揽子方案），但事实表明，这些计划并不能弥补众多"痛苦挣扎的"零售商、个体户、小企业主、艺术家等遭受的经济损失。[2]

与此同时，种种迹象表明，在所谓的"封锁"阶段，停工、停业引起了越来越多的破产案件。[3]

---

*　[德] 乌尔里希·罗梅方尔（Ulrich Rommelfanger）教授、博士，德国威斯巴登罗梅方尔律师事务所律师，行政法和医事法专业律师。本文是与哈瑙尼克尔律师事务所哈拉尔德·尼克尔（Harald Nickel）律师合作完成的，原载于德国 C.H.Beck 出版社出版的《新型冠状病毒与法律》2020 年第 4 期第 178-183 页。

**　李海，西南政法大学民商法学院讲师，德国法兰克福大学法学博士，研究方向：民法、商法。

1　如无特别说明，本文引用之法律条文均出自《传染病防治法》。——译者注

2　比较：Offener Brief in den deutschen Tageszeitungen "Auf Stillstand folgt Leerstand" v. 8.4.2020. 关于脚注中的"比较"，原文为 Vgl.，是比较 Vergleiche 的缩写。德语文献脚注中另一常见的是"参见"，原文为 s.，是 Siehe 的缩写。Vgl 表明不是文献原本的观点，而是引出的观点。如文献说"要提交监管人员的身份信息"，作者在正文中写要"设置专门的监管人员"，则用 vgl；但如果作者在正文中也是"监管人员身份信息要提交监管机构"，则是 siehe，或者什么都没有。国内很多译者也将 Vgl.和 S.通译为"参见"。

3　"尽管实施了所有纾困计划并且部分破产申请被推迟"，德国还是"迎来了巨大的倒闭潮"，L. Flöther in Handelsblatt v. 23.4.2020.

目前，法院就相关地方性法规以及一般命令的司法审查工作仍鲜有开展，[4]同样停滞不前的还有相关补偿案件的审理工作。仅有位于海尔布隆的州法院在一个临时程序中就一家理发店提出的补偿请求进行了简单的回应，法院没有进行太多的论证就直截了当地否决了当事人的诉求。[5]除补偿问题外，法院深入探讨了采取的防控措施的合法性。国家法领域的学者对此深有疑虑。[6]本文关注的是补偿问题。[7]

二、《传染病防治法》规定的补偿

尽管德国联邦和州提供了流动性资金援助，新冠肺炎病毒引起的疫情仍然对联邦德国的经济以及所有工作和服务活动产生了巨大的影响。企业当然会考虑根据《传染病防治法》的规定就经营的损失要求补偿的问题。[8]

4　行政法院、高等行政法院、联邦宪法法院在一系列临时法律保护程序的判决中通常都拒绝了当事人提出的法律保护申请（例外：VG Aachen Beschl. v. 3.4.2020 – 7 L 259/20，撤销了关闭酒类业务的命令；VGH Mecklenburg-Vorpommern Beschl. v. 9.4.2020 – 2 KM 268/20 bzw. 2 KM 281/20，"撤销波罗的海海岛一日游禁令、波罗的海沿岸社区禁足令"）。类似的还有关于集会禁令的判决，吉森行政法院在 2020 年 4 月 9 日拒绝了一项针对集会禁令的临时法律保护后，联邦宪法法院却同意了部分发布临时命令的申请，仅比较 BVerfG v.16.4.2020。引起关注的判决还有 VG Würzburg v.24.4.2020 W 4 E 20.572 bzw. W 4 E 20574（有关维尔茨堡和施万福的店铺）、VG Hamburg v. 21.4.2020 – 3 E 1875/20——有关面积小于 800 平方米的商店自 2020 年 4 月 27 日起临时营业的问题。VerfGH Saarl v. 28.4.2020 – Lv7/20 -, die § 2 Abs. 3 der RVO idF v. 17.4.2020 判决，"部分中止"，出现封锁的征兆。

5　LG Heilbronn Urt. v. 29.4.2020 – I 4 O 82/80, COVuR 2020, 142.

6　包括对不受控制的"利维坦"在"行政执法"中的疑虑（Horst Dreier, Stephan Rixen）"利维坦"是圣经中记载的怪兽，霍布斯（Hobbes）在同名著作中用利维坦比喻专制国家或者强势国家，这里表达的是国家法学者对政府滥用权力采取防疫措施的担心。在此提供另一种译法供参考：包括对不受控制的"利维坦"式"秩序实践"的忧虑。对"联邦德国有史以来最大规模的对基本权利的侵害"的控诉（Thorsten Siegel），议会在还没有遇到困难的时候就"自我保护"的趋势（Christoph Möllers），必须尽快恢复依法防疫，否则将面临"最大的感染风险"（Oliver Lepsius），甚至出现像法西斯一样疯狂的卫生防疫景象（Michael Heinig）法西斯式的防疫措施，最开始源于对中国的防疫措施的批评，如部分德国人认为中国的封城措施就是一种严重侵犯自由、人权的法西斯式集权专制国家才会采取的措施。

7　在接下来的研究中，我们假设各种行政行为都实质合法。即便是危机，也"不是无法之地"，联邦宪法法院主席史蒂凡·哈巴特（Stephan Harbarth）也如是认为，参见 Heilbronner Stimme v. 4.5.2020。联邦宪法法院就实质合法性问题尚未作出裁判。联邦宪法法院在 2020 年 4 月 7 日仅对后果进行权衡就拒绝了一项紧急申请（Beschl. v. 7.4.2020, 1 BvR 755/20 Rn. 8 ff）。与此完全相反的是吕纳堡高等行政法院的判决，其在 2020 年 5 月 11 日临时中止对境外入境者的检疫，因为第 32 条之授权政府在满足第 28-31 条规定的采取个别措施的条件成就时才能颁布规章，法院认为这里的条件未成就（13 MN 143/20）。行政机关在行使职权时享有"特别广泛的评价权力"（Siegel NVwZ 2020, 580），联邦宪法法院对这些措施还未进行实质审查，基于这两方面的原因，本文研究的是合法侵害情形下的补偿问题。如果行政行为是违法的，则根据该事实的本质就应当给予补偿。

8　提出这一问题部分源于从 2020 年 3 月中旬开始的对个体户提供紧急资金援助，部分也源于破产法的规定。在"新冠原因"破产的情况下企业可以推迟破产申请，机构责任在这种情况下也被限制，《关于受疫情影响破产时临时推迟破产申请与限制机构责任的法》溯及既往地适用于 2020 年 3 月 1 日之后的破产案件，但是该法并没有排除"过度负债"这一破产事由。这里的负债包括贷款。另外，可以想象，若存在可以支持补偿的请求权基础，则可以推进事情向积极的方向发展。

（一）《传染病防治法》的体系

按照特别法优于一般法的规则，特别法规定了补偿问题的，优先适用特别法的规定，也即优先检验特别法规定的请求权基础。我们在此要优先考虑作为特别法的《传染病防治法》。《传染病防治法》包含了各种可采取的公共卫生相关的风险预防措施，其体系彰显了提早发现方能实现的有效预防传染这一宗旨的各种要求，如第 6 条及以下条款规定了报告制度，第 16 条及以下条款规定了预防制度，第 28 条及以下条款规定了防止进一步扩散以及应对传染病的制度。《传染病防治法》的其他条文还规定了补充"控制手段"以实现其第 1 条规定的立法目的。[9]《传染病防治法》第 12 章有关补偿问题的条文（第 56 条及以下条款）即属于此。

（二）根据第 56 条、第 56 条第 1a 款、第 65 条以及类推适用第 56 条补偿的特殊构成要件

接下来，本文将逐一分析《传染病防治法》规定的补偿请求权。

1. 第 56 条规定的"补偿"

《传染病防治法》第 56 条的标题就是"补偿"，其中的第 1 款第 1 句规定了因职业受禁止性措施影响而对收入损失进行补偿的情形。

（1）前提条件

补偿的前提条件是措施的相对人作为阻断者、疑似传染者、疑似患病者或者其他病原体携带者被禁止从事先前从事的工作；也就是相对人被要求隔离（第 30 条）或停工（第 31 条），由此遭受到收入损失。

（2）补偿数额

补偿数额为停工后前六周的收入损失。从第 7 周开始，只要收入损失没有超过确定法定强制医疗保险的标准年薪，就按照《社会法典》第 5 编第 47 条第 1 款规定的病假津贴数额进行补偿（第 56 条第 2 款第 2 句）。

雇主垫付：在劳动关系存续期间，雇主为有权机关向雇员垫付不超过 6 周的补偿金（第 56 条第 5 款第 1 句）。有权机关经雇主申请向其支付垫付的补偿金（第 56 条第 5 款第 2 句）。这也适用于第 7 周开始的补偿金。

2. 第 56 条第 1a 款规定的"抚养人收入损失"

自 2020 年 3 月 28 日起，12 周岁以下儿童的父母因幼儿园或者学校关闭而"必须自己照管子女的，因为他们不能保证其他合适的照管途径"，由此遭受收入损失的，可以依据一个新的补偿请求权，主张对收入损失进行补偿（第 56 条第 1a 款）。

9　Rixen NJW 2020, 1097.

3. 第 65 条规定的"因行政措施的补偿"

第 65 条的规定也特别值得注意，其规定了两类"具体的特殊情况"，即第 1 款第 1 句前半句规定的第 1～3 种情况和第 1 款第 1 句前半句规定的第 4 种情况。[10]

（1）对"非不严重的经济不利"的补偿

从第 65 条的标题（"因行政措施的补偿"）来看，该条作为补偿规则完美地回答了本文一开始提出的问题。第 65 条在字面上清楚地规定了对引起他人"非不严重的经济不利"的补偿（第 65 条第 1 款第 1 句前半句第 4 种情况）。而第 65 条第 1 款第 1 句前半句规定的第 1～3 种情况则是对按照第 17 条的要求对遭受应当报告的病原体污染的物件采取措施甚至对其进行销毁的补偿。

（2）对构成要件之"经济不利"的理解

从字面意思来看，该条文的规定包含了两个方面的内容，即"经济不利"（第 1 款第 1 句前半句第 4 种情况）和"添乱者"（第 1 款第 1 句后半句）[11]，由此产生了争议。主要的争议点在于对后来也即 1971 年加入到原先的法律规范进而演变成今天第 65 条第 1 款第 1 句前半句第 4 种情况中的"经济不利"这一术语的理解。

1）上文提到，加入的新的术语源于《传染病防治法》之前的法律规范。1971 年的《联邦流行病法》第 57 条就加入了该术语，2001 年通过的《传染病防治法》"在语言上基本延续"了前者的规定。[12]要解决这一争议，就必须在进一步研究该术语起源的基础上，适当地解释该术语。第一印象看来，第 65 条第 1 款第 1 句涉及第 4 章第 16 条、第 17 条有关"传染病的预防"的规定。然而，多次被忽视的是，此前在第 3 次修改《联邦流行病法》时加入/扩张的内容具有双重性质：

《联邦流行病法》第 52 条在认定疫苗伤害及其补偿之外，还明确了"在未来"必须对"警察法意义上的非添乱者"采取没收财产措施造成的损害进行补偿。

这一立场意在将来区别对添乱者采取的无须进行补偿的措施和对非添乱者采取的要进行补偿的措施。[13]立法者显然知道，联邦各州可能会因此承担额外的费用，但鉴于可以期待对添乱者采取的流行病学限制措施在将来不用支付补偿款来减轻财政负担，总体来看还是能节省费用，立法者因此最终沿用了这种规定。[14]

10　Beckerath in Kirchhoff/Söhn/Mellinghoff, EstG, 117. Aktualisierung, § 3 Anm. B 25 f.

11　立法者在第 65 条第 1 款第 1 句后半句并未直接使用"添乱者"（Störer）这个概念，作者所指的添乱者是第 65 条第 1 款第 1 句后半句规定的不能获得补偿的被病原体污染的物件的所有人、被认定或被怀疑为有害健康的病原体载体之物件的所有人。——译者注

12　就此问题参见：Dazu BT-Drs. 14/2530, 88 f.

13　S. Vorblatt zum Entwurf eines 3. Gesetzes zur Änderung des BSeuchG, BT-Drs. VI/1568, A II bzw. B A II v. 8.12.1970.

14　明显地："节省费用"，Vorblatt zum Entwurf eines 3. Gesetzes zur Änderung des BSeuchG, BT-Drs. VI/1568, 第 2 页，"费用"。

因此，接下来修法时引入的"非仅不重要的财产不利"的表述显然应当包括财产损害。立法者还认为，引入的这一要件甚至具有了"消极要件"的性质，却又是必要的，"以填补可能的漏洞"。[15]

2）文献中有一种观点认为第 65 条仅涉及预防性措施，我们有理由对此加以怀疑。因为医学界普遍认为，在传染病有关的事件中并不总能精确地区分防与控。此外，预防性措施也很有可能用于控制病毒的进一步传播，正如各州地方性法规规定的各种预防性措施展现的那样。[16]一些所谓的预防性措施可能从其实施起就已经实际具有了"控"的性质。

3）再者，第 65 条援引的第 16 条的规定大体上与《联邦流行病法》第 10 条第 1 款的规定一致，是所有传染病预防措施的一般条款。结合第 28 条的规定，第 16 条为避免威胁个人或者公众的风险而采取的所有必要措施提供了法律依据。尽管停工、停业的相对人通常并不落入第 2 条规定的范围，但是仅从为了预防感染的风险，即已经出现传染病这种情况所带来的风险，就可以认为他们应承担这种"责任"。此外，不属于第 2 条规定的人以及第 31 条第 2 句规定的其他人范围的人显然没有患病。只是在行政机关看来，他们的职业行为会提升新冠疫情的传播速度。这种论断在多大程度上能够被医学证明，以及多大程度上未经具体的风险评估便用于作为确定所谓的疑似风险的依据，这些问题都还有进一步探讨的空间。

只要在生产经营活动中尚无新冠肺炎事件出现，停工、停业的措施就是一种纯预防的手段，按照公共风险防控法律法规蕴含的基本原则，当事人就是所谓的非添乱者，其财产损失应按照第 65 条的规定得到补偿。[17]其他学者在此没有明确表明要对法定的添乱者与第 1 款第 1 句前半句第 4 种情况规定的遭受"非仅不重要的经济不利"的受连累的第三人进行区别。[18]

4. 类推适用第 56 条

多数学者呼吁将原本适用于停止工作的相关规定类推适用于停止经营的情形，但也有学者认为这是无须进行补偿的措施。更具有建设性的是联邦宪法法院前主席

15　BT-Drs. VI/ 1568 Begründung, S. 10, l. Sp.

16　在这方面，2020 年 4 月 15 日发表的关于预防与控制之间关系的研究极具指导意义：Xi He, Eric Lau, Gabriel M. Leung in Nature Medicine "Temporal dynamics in viral shedding and transmissibility of COVID-19"。该研究表明，新冠病毒感染者在首次出现症状前的 2～3 天具有高度传染性。

17　同样观点见：N. Schmidt, Covid-19 Entschädigungsanspruch nach dem IfSG 2020, S. 6。

18　如科尼尔斯（Cornils），他认为第 65 条的规定与构成要件无关。一方面，他忽略了这次疫情的特点。这次疫情是由全球范围的流行病引起的，在德国历史上具有极为罕见的病理学特点，德国政府发布了此前在实践中从未发布过的行政命令（比如禁足令）。另一方面，为因合法的国家行为遭受损害的受害者提供补偿，这也符合一直以来的实践，Verfassungsblog v. 15.3.2020, "Corona, entschädigungsrechtlich betrachtet"。

汉斯-约根·帕皮尔（Hans-Jürgen Papier）[19]的观点。他建议立法者在传染病防治相关的法律法规中加入补偿规则，以补偿企业当前承担的"应补偿的社会责任"。

大流行病（Pandemie）这一概念在《联邦流行病法》以及《传染病防治法》中没有以名词的形式或者以其他一种方式出现，如果立法者集体对第28条第1款规定的生产、经营禁令视而不见，那么他们也未曾想过制定相应的补偿规则。在此背景下我们当然可以得出这样一个结论：对于那些没有被感染或者非疑似感染的当事人、由于其职业和社会地位本不应遭受特别损害之当事人，必须对其财产损失进行补偿。把这些人视为肇事者一样进行指责就过头了。鉴于平等原则（《基本法》第3条第1款）的必然要求，这一"计划之外"的规则漏洞可以通过类推适用的方式通过法院判决填补[20]，这种观点值得赞同。[21]

三、依据其他请求权基础主张补偿

接下来本文将研究在补偿方面《传染病防治法》是否是排他性的特别规定，在其之外法院是否也援引了其他用于补偿的法律依据，以及在学术上是否也承认其他请求权基础。如同探寻具体的请求权基础一样，这些问题的争议不断。有人认为遭受的营业收入损失属于《基本法》第14条第1款第2句[22]规定的不需要补偿的权利内容[23]，也有人认为是应补偿的社会责任[24]或者是对所有权的不合理侵害，也即超过了剥夺财产的相关法律法规规定的合理限度，因而应给予补偿。[25]第69条规定的费用补偿不属于本文讨论的范围。[26]

（一）征收型侵害的补偿

试想，行政机关无意侵害企业主的财产，其行政命令更多地是为了阻止病毒的扩散。即便如此，行政机关也应当知道"禁止实施一直以来开展的商业活动"会对当事人产生巨大且不堪重负的影响。从这个意义上讲，此处所谓的征收型侵害[27]就显

19　Süddeutsche Zeitung v. 1.4.2020: "Selbst in Krisenzeiten werden die Grundrechte nicht angetastet".

20　S. zu den Vorgaben des BVerwG Urt. v. 30.4.2009 – 2 C 17.08.

21　类似的观点见：Dörrenbächer, Zur Notwendigkeit eines entschädigungsrechtlichen Erst-Recht-Schlusses v. 9.4.2020, JuWissBlog Nr. 55/2020; Nunez Müller/Le Bell, Chatham Partners, "Covid-19 Entschädigung für staatliche Eingriffe zur Pandemiebekämpfung?", v. 3.4.2020.

22　《基本法》第14条第1款：所有权和继承权受保护。内容和限制由法律规定。——译者注

23　Kluth, "Können Betriebe jetzt Entschädigung verlangen?", LTO v. 16.4.2020.

24　Papier Süddeutsche Zeitung v. 1.4.2020.

25　Antweiler NVwZ 2020, 584 (589).

26　易被误解的标题见：LG Köln Urt. v. 18.12.2018 – 5 O 286/18.

27　与征收相当的侵害相比，征收型侵害以合法的行政行为为前提，征收型侵害的副作用便是当事人遭受特别侵害。

而易见，即使假设这样的措施具有合法性，但是其对当事人带来的非有意的副作用仍然是巨大且不堪重负的。涉及的企业可能会连续数周没有一点营业收入，在消耗完自有资本后不得不将员工的工时缩短甚至解雇员工，企业最终不得不申请破产。这样的结果对于那些受到影响的但未携带病毒的健康群体来说是一种特别的负担，他们为了公共利益和阻止病毒的扩散作出了特别的牺牲。这就构成了习惯上从《普鲁士一般邦法》引言部分第 77 条及以下条款中发展出来的征收型侵害。从联邦最高法院的表述看，这种认定就暗含了"可以要求补偿的特别牺牲"[28]，因此原则上也可以据此要求补偿。

（二）征收相当或者特别牺牲相当侵害的补偿

1. 征收相当的侵害

除了上述被肯定的征收型侵害，我们假设根据新冠疫情有关的行政法规采取的停业措施原则上是合法的，也就不存在征用相当的（违法）侵害。

2. 特别牺牲相当的侵害

因（合法的）警察措施受到影响的非添乱者可以要求补偿（联邦各州的警察法和秩序法都有相关的规定[29]），但是法律法规并没有具体规定特别牺牲相当型侵害的补偿制度，[30]所以就此问题，本文不再讨论。

（三）各州警察法和秩序法规定的请求权基础

1. 排他性设计

这一问题集中在《传染病防治法》是否对于"流行病引起的影响是排他性的制度设计"，部分学者对此持肯定意见。本文的前一论据已经非常有说服力，因为"大流行病"这一名词既没有出现在《联邦流行病法》中，也没有被《传染病防治法》严格采纳。此外，《传染病防治法》的立法理由书也仅仅提到"第 12 章规定的补偿

28　此前已有如此观点，参见：BGH Urt. v. 19.2.1953 – III ZR 208/51= BGHZ 9, 83 ff.。

29　比较：§ 59 Abs. 1 Nr.1 ASOGBln; 38 Abs. 1 Buchst. a BbgOBG iVm 70 BbgPolG; 56 Abs. 1 S. 1 BremPolG; 64 Abs. 1 S. 1 HSOG; 80 Abs. 1 S. 1 NdsSOG; 39 Abs. 1 a OBG NRW, 67 NRWPolG; 68 Abs. 1 S. 1 PolG Rh-Pfalz; 68 Abs. 1 S. 1 PolG Saarl; 69 Abs. 1 S. 1 LSA SOG; 68 Abs. 1 S. 2 PAG TH,§ 52 OBG TH;§ 52 Abs. 1 S. 1 SächsPolG; A§ 55 Abs. 1 S. 1 BwPolG; § 10 Abs. 3 S. 1 HambSOG; § 221 Abs. 1 ShlVwG; Art. 70 Abs. 1 BayPAG; § 72 Abs. 1 MVSOG.

30　Ossenbühl/Cornils, Staatshaftungsrecht, 6. Aufl. 2013, 527; 有学者指出，从结果看"原则上"一样，只是在确定违法侵害的补偿范围时根据各州的警察法或者秩序法的规定而有所不同，参见 Baldus in Baldus/Grzeszick/Wienhues, Staatshaftungsrecht, 5. Aufl. 2005, 67。

规则全面取代从法院判决发展出来的为公共牺牲者的请求权，因此其弥补规则漏洞的功能将不复存在"。相应地，"源于行政责任的请求权不受影响"。在 2000 年 1 月 15 日这个时刻，所有警察法和秩序法都对受连累的第三人规定了补偿请求权，《传染病防治法》的立法者却忽视了这些，未曾严肃地提过这些规范。因为一般警察法与秩序法是"相较于特别牺牲补偿请求权规范的特别规范"。因此，只有后者应当被排除在外。

2. 对警察法或秩序法规定的补偿无阻却效果

不同于部分人的观点，《传染病防治法》规定的补偿请求权对警察法或秩序法规定的补偿不会产生阻却效果。

（1）阻却秩序法规定的补偿请求权

特别法规定的排他性补偿请求权会阻却秩序法规定的补偿请求权。[31]然而，《传染病防治法》并不属于这种情况，《传染病防治法》及其前身《联邦流行病法》的官方立法理由书已经清楚地表达了这种立场。第 56 条的规定源自《联邦流行病法》1960 年 5 月 27 日草案[32]的第 48 条。

就《联邦流行病法》第 48 条及以下条款规定的补偿规则，立法者在立法理由书中首先发表了如下意见：

> "第 7 章规定的补偿条款不是排他性规则。从本章的标题就可以看出，
> 本章仅调整法律规定的最重要的补偿情形，至于其他情况下的补偿义务，
> 只要按照其他法律规范或者习惯法存在这样的义务，就不应该被排除。"

（2）对联邦疾控法相应规范的继受

改革流行病法的一项提案[33]的第 1 条提出了制定现在的《传染病防治法》。其中的第一项理由[34]对第 56 条和第 65 条进行了如下说明：

> "第 56 条在很大程度上继受了《联邦流行病法》第 49 条的规定"，"第
> 65 条在很大程度上继受了《联邦流行病法》第 57 条的规定。"[35]

1）在修法的当时，已经有人指出"总有新的富有侵略性的已知或未知病原体的变异[……]出现，它们会威胁整个民众或者部分群体"。尽管已经有人提醒"具有多重耐药性的病原体在医院增加，有理由担心尚未发现[……]毒性和耐药性已经发生变

31　BGH Urt. v. 3.7.1997 – III ZR 208/96 = NJW 1998, 544.

32　BT-Drs. 3/1888.

33　SeuchRNeuG, BT-Drs. 14/2530 v. 19.1.2000.

34　BT-Drs 14/2530, 40.

35　BT-Drs. 14/2530, 88.

化的病原体"[36]，对于《联邦流行病法》中并不完善的补偿制度，显然是立法者有意为之。直到 20 年后（2020 年），立法者在 2020 年 3 月 24 日通过了《全国范围疫情流行时的民众保护法》[37]，据此立法者为第 56 条引入了第 1a 款，将收入减少的主体范围扩展到在就业的儿童抚养人，但是《传染病防治法》中的其他漏洞没有被填补。

2）《传染病防治法》中有关补偿请求权的条款因此并不具有排他性。在 2020 年 3 月 27 日引入了第 57 条第 1a 款后，非添乱者的问题也得到了解决。此外，联邦卫生部现在也在积极的促成扩展该条款的内容，以进一步填补相关漏洞。[38]

按照上述观点，即便是考虑《联邦流行病法》和《传染病防治法》立法者的观点，也不能得出《传染病防治法》是一部排他性法律的结论。[39]

综上所述，《传染病防治法》中有关补偿的条款在其调整范围内没有排他效力。

3. 特别法对受到特别严重影响者的补偿规定

以《普鲁士一般邦法》引言部分第 74 条、第 75 条为基础发展出的习惯法上的请求权[40]，与同时期一系列特别法规定的受到特别影响者的补偿请求权相符，包括第 60 条（接种致害）根据《刑事侦查措施补偿法》第 1 条对刑事侦查措施的补偿，撤回违法或者撤销合法的行政行为（《行政程序法》第 48 条第 3 款、第 49 条第 6 款），以及各州制定的警察法与秩序法中规定的损害补偿规则，作为"足够特别的"规则排除了有关为公共牺牲习惯法。[41]在此意义上，这些补偿请求权可以填补补偿制度"计划之外的"漏洞。

对于那些不需要承担责任但被警察采取了同样措施的人，从现有的有利于他们的损害补偿的解释来看，上述规则可以直接或者相应地适用，尽可能按照现行法的规定，确保受到应对新冠疫情采取的措施影响的人得到合理的补偿。[42]

36　BT-Drs. 14/2530, 37.

37　BT-Drs. 19/18111.

38　2020 年 3 月 27 日，联邦参议院根据《社会法典》第 5 编第 87a 条第 3a 款的规定，引入了新的第 3b 款，正如此后在 2020 年 4 月 11 日向牙医通知的那样，据此提供了服务的合同医生可以获得有限期的补偿，补偿限于处理病态之外的服务的全部报酬，并扣除按照《传染病防治法》的规定可能获得的其他补偿；s. "COVID-19 – Krankenhausentlastungsgesetz" BR-Drs. 152/20。

39　与此相关需要特别说明的是，有权的联邦和州的政府部门的一种观点显然已经传播开来，即"认为具有特殊性，因此《传染病防治法》对秩序法规定的补偿请求权具有阻却效果"，参见：Hogan Lovells, FAQ Regulatorische Implikationen v. 30.3.2020, S. 1.

40　法官法的形成见：BGH – BGHZ 91, 20 (28) = NJW 1984, 1876.

41　S. nur OLG Düsseldorf Urt. v. 19.2.2003 – 6 U 1522/02-.

42　类似的问题，即消除实施违宪的法律的后果，参见：Detterbeck NVwZ 2019, 97 (103)，他以黑森为例指出应按照《黑森公共安全与秩序法》第 65 条第 1 款第 2 句、第 2 款的规定就损害给予补偿，并认为这种做法是正确的。

4. 以《黑森公共安全与秩序法》为例探讨[43]

和其他联邦州的警察法一样[44]，《黑森公共安全与秩序法》第 64 条规定，非责任人（即非添乱者）因合法的措施而遭受损失的，可以获得适当的补偿。

前提条件是，非添乱者个人符合《黑森公共安全与秩序法》第 9 条（对非责任人采取措施）的要求，也即是说对当事人采取了为了预防当前的严重风险的措施；这里的严重风险是指，通过对相关责任人采取的措施，或者凭借自己的力量，亦或者借助风险防控机关、公安机关的手段，也不能保证能成功防控的风险。此外，补偿还要求非责任人遭受了特别损害，即超过了一般生活事件、源于"法律上严格要求的例外情况"造成的损害。[45]最后，必须公认是在联邦德国历史上在相关领域第一次采取禁令。因为在第一次采取这些措施的时候会给传染病法上的非责任人整体造成非同寻常的经济不利，其"显著超出了立法者设想的通常的情况"。[46]

5. 特别受害者

在新冠疫情中，防疫部门采取的侵害措施是正当的。行政命令直接影响的经营者因此不得不遭受非比寻常的不利，这种不利"跳出了"警察措施的强制类型[47]，超出了立法者对规则的想象，给其他群体造成了特别的损害（特别受害者）。[48]

（1）个案中的价值评判

在个案中还是要通过价值评判来对受害者的范围进行限制，决定性的是以"合理、公正思考者的理性判断"[49]压倒非理性的怀疑，这也符合联邦最高法院在由于一定措施导致的完全断绝收入或者破产案件中的判决。

（2）推动共同利益

涉及的个体户和经营者遭受损害也是为了"推动共同利益"。[50]科尼尔斯

43　《传染病防治法》规定的措施在接下来视为"防御性的国家警察权"，其不排除在存在计划之外的法律漏洞的情况下适用一般警察法，比较 Würtenberger/Heckmann/Tannenberger, Polizeirecht in Baden-Württ., 7. Aufl. 2017, S. 17.

44　比较：§ 59 Abs. 1 Nr.1 ASOGBln; 38 Abs. 1 Buchst. a BbgOBG iVm 70 BbgPolG; 56 Abs. 1 S. 1 BremPolG; 64 Abs. 1 S. 1 HSOG; 80 Abs. 1 S. 1 NdsSOG; 39 Abs. 1 a OBG NRW, 67 NRWPolG; 68 Abs. 1 S. 1 PolG Rh-Pfalz; 68 Abs. 1 S. 1 PolG Saarl 69 Abs. 1 S. 1 LSA SOG; 68 Abs. 1 S. 2 PAG TH, § 52 OBG TH,§ 52 OBG TH;§ 52 Abs. 1 S. 1 SächsPolG; § 55 Abs. 1 S. 1 BwPolG; § 10 Abs. 3 S. 1 HambSOG; § 221 Abs. 1 ShlVwG; Art. 70 Abs. 1 BayPAG;§ 72 Abs. 1 MVSOG.

45　就此问题参见：Hornmann, HSOG, 2. Aufl. 2008, § 64 Rn. 8.

46　Hornmann, HSOG, 2. Aufl. 2008, § 64 Rn. 8.

47　Rachor in Lisken/Denninger PolR-HdB, 6. Aufl. 2018, L 59.

48　有关联邦最高法院判决中出现的特别受害者的概念，参见：Krumbiegel, Der Sonderopferbegriff, 1975 (Schriften zum Öffentlichen Recht Bd. 279).

49　BGHZ 17, 172 = NJW 1955, 1109.

50　就此问题参见：BGHZ 13, 88 (92 f.) = NJW 1954, 993.

（Cornils）[51]和克鲁特（Kluth）[52]否认特别受害者，他们指出，法院一直以来在判决中认定特别受害者时都很严格，迄今为止，法院大部分时候认定的特别受害者都是个别人或者相同的目标群体，职业自由的保障实际上是被"架空"了。他们忽略了有些侵害——部分已经持续超过了 2 个月（比如健身房）——从涉及的当事人的角度出发，已经对当事人建立并开展的经营活动产生了实际征收的效果。[53]因为全体经营者，不论其员工人数与经济比重，最终都将被有意作为非添乱者成为防疫措施的对象，忍受能够预见到的后果。[54]至于联邦各州的预算、属于州事务范围内的公共安全事务以及在执行《传染病防治法》中的补偿规定时的责任以及可能导致的经济负担过重等问题，则是"在其他纸上"。

虽然警察法也规定了直接对非添乱者采取措施的项目，在典型的安置无家可归者的案件（出租人是非添乱者）之外，同样应按照警察法和秩序法规定的损害补偿规则，给予在疫情期间被采取措施的没有被感染的企业主（作为紧急情况的义务人）补偿。

四、结　论

疫情以及疫情的法律性质至今仅在一些临时法律保护程序中被探讨。位于海尔布隆的州法院在临时程序中作出的裁决是目前为止唯一与补偿有关的判决。从最终的结果来看，法院没有深入探讨可能的补偿请求权。[55]结合法律规则的字面意思、相关规则在法律体系中的地位和作用以及立法者的意图进行的历史解释表明，除了要对第 56 条第 1 款第 1 句规定的收入损失进行补偿外，也应当对非添乱者进行补偿（当然解释）。类似地，这也适用于第 65 条规定的对财产损害进行补偿的情形；虽然该条的标题是"因行政措施的补偿"，但如不适用该条的话，其规定将在多数情况下"被架空"。再者，由判决发展出来的习惯法上的征收型侵害、征收相当的侵害、牺牲相当的侵害基本上也符合补偿条件，但是在请求权竞合的情况下，优先适用警察法和秩序法有关补偿的规定。一些法律条文的规定是为了对在紧急情况下遭受特别损害的非干扰人进行补偿，这些条文已经在联邦最高法院的判决中得到全面的细化，出于公平的考虑，也适合于特殊情况下对被采取了要求或者禁止措施的受连累的非添乱者遭受的损害进行补偿的情形。[56]

51　Verfassungsblog v. 13.3.2020.

52　Kluth "Können Betriebe jetzt Entschädigung verlangen?" LTO v. 16.4.2020.

53　有关此问题参见：BGHZ 39, 198 (199 f.) = NJW 1963, 1492。

54　现在各州就卖场面积的争论很大，作为妥协将卖场面积限制在 800 平方米。克鲁特当时评价这种限制是一种"更容易理解的"可能的特别损害，我们应该理解他的这一观点，参见：Kluth, LTO v. 16.4.2020。

55　同样观点见：Schwarz COVuR 2020, 144 zu LG Heilbronn COVuR 2020, 142。

56　《联邦流行病法》的内部咨询领导委员会已经提出过同样观点："[……]应该在草案中为那些在自由领域可能遭受严重侵害者加入补偿规则"，转引自：Seyffertitz/Thomaschewski, BSeuchG, 5. Erg.-Lfg. Juni 1966, 9 f.

有人抱怨，在他们看来，行政机关采取了过重的措施，威胁到了各联邦州的财政，应当对此进行补偿。就此要告诉他们的是，国家作为核心法益的保护者[57]而采取措施，这是在历史上就"被确立的国家的首要任务"。[58]越是在特殊的情况下，国家就越是要实际肩负这样的任务，尽管内部和外部都还处在和平的环境，围绕着自由主义的基本权利，国家还是要根据医学和流行病学的专业知识采取限制或者完全剥夺的措施，行政立法在此也代替了议会立法的地位。正如联邦司法部长克里斯汀娜·拉姆布莱希特（Christine Lambrecht）公开承诺的那样，国家必须对其每一项措施"进行特别的说明"并对其"必须负责"[59]，这是对 19 世纪奥托·迈尔（Otto Mayer）[60]提出的"容忍并清算"理论的进一步解释。[61]人们也需要及时的解释。与此同时，人们也迫切地要求立法者在最开始的"扭曲"已经清楚地显现出来并进入到缓和期后对《传染病防治法》进行修订。[62]

57　"国家的一项重要任务"，《联邦流行病法》的内部咨询领导委员会如此认为，转引自：Seyffertitz/Thomaschewski, BSeuchG, 5. Erg.-Lfg. Juni 1966, 9 f.

58　Schwarz, FAZ v. 23.4.2020 S. 6.

59　FAZ v. 11.4.2020, Fremde Federn.

60　Mayer, Deutsches Verwaltungsrecht, Bd. 1, Leipzig, 1895.

61　在法治国家，这叫做"容忍，在诉诸法律手段后清算"。

62　Ruttloff/Wagner COVuR 2020, 73.

大数据分析：什么地方可能出错[*]

[美] 莎罗娜·霍夫曼　著　龙柯宇　刘梦祺　译[**]

摘　要： 人们对医学治疗的固有观念正不断被新的研究所颠覆，相关事例并不鲜见。比如，曾有"癌症筛查基石"之称、每年进行一次的女性乳房 X 光检查，如今却饱受争议。此外，基于一些令人担忧的研究结果而在过去被高度质疑的、针对更年期妇女的激素替代疗法，现如今却又重新被当作一种有益的治疗方法。类似这样的反转使许多美国人感到烦恼和困惑。

本文探讨了医学研究结果为什么可能是错误的，以及在设计和进行研究的过程中可能出问题的地方。文章为读者提供了必要的分析工具和科技词汇。医学研究所面临的挑战包括：数据质量缺陷；选择、混杂、测量和确认的偏倚；样本量不足；抽样误差；效应修饰因子；因果相互作用；等等。而所有这些因素都可能导致研究人员错误地将单纯的关联关系当作因果关系，并得出其无效且不能在后续研究中被复制的结论。

错误的研究结果会误导将其运用于决策或者诉讼领域的立法者、监管者和律师。因此，知晓大数据分析的缺陷不仅对科学家，而且对于其他任何从事研究工作或者了解研究结果的人，即律师、卫生政策专业人员和广大公众，都至关重要。

---

* 本文英文版发表于《印第安纳健康法评论》2018 年第 15 卷。

** [美]莎罗娜·霍夫曼，法学教授，生物伦理学教授，美国凯斯西储大学法学院法律与医学研究中心联合主任。韦尔斯利学院学士，哈佛大学法学院法律博士，休斯顿大学健康法专业法律硕士，凯斯西储大学健康法专业法学博士。

龙柯宇，法学博士，西南政法大学民商法学院副教授，西南政法大学医事法学创新研究中心副主任，硕士研究生导师，主要研究方向：民商法学、医事法学。

刘梦祺，法学博士，西南政法大学民商法学院讲师，西南政法大学医事法学创新研究中心研究员，主要研究方向：民商法学、医事法学。

I. 引　言

大数据分析可以作为传统研究工具的有益补充，并借此填补众多知识空白。[1]然而，不确定的是，研究工具激增是否能持续推动科学真理的发展。

大数据研究与卫生法和卫生政策相关，其可以被原被告双方用于诉讼之中。[2]根据揭示疾病和接触特定物质之间的统计关联性的研究，原告可以向产品制造商提起侵权之诉。就被告而言，其可以使用不同的研究来削弱原告主张的可信度，并辩称是产品之外的因素导致了相关情况的发生。[3]

此外，立法者和政策制定者往往依靠研究结果来制定法律、法规和政策。如果他们引用的研究结果是错误的，则会给公众带来不必要的负担，或者更糟糕的，会造成伤害。[4]

史上曾有两个臭名昭著的案例充分说明了错误研究结果所带来的潜在影响。1998 年发表在著名期刊《柳叶刀》上的一项研究表明，麻疹、腮腺炎和风疹三联疫苗（MMR）接种会导致自闭症。[5]尽管该研究论文后来被撤销，[6]但是接种疫苗会导致自闭症的观点深入人心，[7]以至于在美国疾病控制与预防中心的官网上仍然需要对其予以明确驳斥。[8]不难想象，这项研究结果在被否定前，是极有可能用来说服各州立法机关放宽疫苗接种要求的。

1　Sharona Hoffman & Andy Podgurski, *The Use and Misuse of Biomedical Data: Is Bigger Really Better?*, 39 AM. J. L. & MED. 497, 499 (2013).

2　DAVID L. FAIGMAN ET AL., MODERN SCIENTIFIC EVIDENCE: STANDARDS, STATISTICS, AND RESEARCH METHODS 338-42 (student ed., 2008); Bernard Marr, *How Big Data Is Disrupting Law Firms and the Legal Profession*, FORBES (Jan. 20, 2016), https://www.forbes.com/sites/bernardmarr/2016/01/20/how-big-data-is-disrupting-law-firms-and-the-legal-profession/#328c59227c23 [https://perma.cc/4MXA-N45S] (指出律师"已经开始考虑如何将该技术应用于基础研究和案件准备，这是他们工作的核心").

3　FAIGMAN ET AL., *supra* note 2, at 339-40 (指出流行病学证据已经在许多大规模侵权案件中发挥了重要作用); Steve C. Gold, *The More We Know, the Less Intelligent We Are? —How Genomic Information Should, and Should Not, Change Toxic Tort Causation Doctrine,* 34 HARV. ENVTL. L. REV. 369, 412-17 (2010) (讨论了基因和其他毒素作为原告受伤的另一种原因).

4　Hoffman & Podgurski, *supra* note 1, at 500-01.

5　Andrew J. Wakefield et al., *Ileal-Lymphoid-Nodular Hyperplasia, Non-Specific Colitis, and Pervasive Developmental Disorder in Children,* 351 LANCET 637, 641 (1998).

6　Simon H. Murch et al., *Retraction of an Interpretation,* 363 LANCET 750, 750 (2004).

7　Jack Healy & Michael Paulson, *Vaccine Critics Turn Defensive over Measles,* N.Y. TIMES (Jan. 30, 2015), https://www.nytimes.com/2015/01/31/us/vaccine-critics-turn-defensive-over-measles.html?mcubz=0 [https://perma.cc/ZJ32-DWC7].

8　*Measles, Mumps, and Rubella (MMR) Vaccine Safety Studies,* CDC, http://www.cdc.gov/vaccinesafety/Vaccines/MMR/MMR.html [https://perma.cc/FT5D-HJ54] (last updated Aug. 28, 2015).

《精神病学研究杂志》于 2009 年发表了一项研究结果，声称已经发现了堕胎与精神疾病之间的因果关系。[9]研究人员通过研究"具有生育史和精神健康变量的国家数据库"，阐明了该发现。[10]堕胎的反对者们广泛地引用了这项研究，[11]并且有几个州还为此颁行了法令，要求想要堕胎的妇女接受咨询，以警告她们潜在的长期精神健康问题。[12]直至 2012 年，当科学家们发现该研究设计存在严重缺陷时，上述研究结论才遭受非议。[13]最初的研究人员没有将计划外怀孕且堕胎的妇女和那些没有堕胎的计划外怀孕妇女相比较，也没有关注那些仅仅发生于堕胎之后的精神健康问题。[14]因此，相关立法举措基于无效的研究结果。

还有许多其他的研究发现的例子，虽已获得了广泛的媒体报道，但之后往往又被质疑或者自相矛盾。[15]这些反转是令人费解和沮丧的。[16]2010 年发表于《大西洋月刊》杂志上的一篇文章表达了对那些相互矛盾又广为人知的研究结果的不满：

"它们有时会成为头条新闻，例如近年来，基于大规模研究或者研究人员日益增长的共识得出的结论，好比作为癌症检测工具的乳房 X 光检查、结肠镜检查和PSA 检测，远没有我们被告知的那么有用；或者当临床实践中广泛应用的抗抑郁处方药，如盐酸氟西汀、舍曲林、帕罗西汀，被指对大多数抑郁症患者来说并不比安慰剂更有效时；或者当我们得知完全不晒太阳实际上会增加癌症患病风险时；或者当我们了解到关于在剧烈运动时要喝大量水的建议可能会致命时；或者去年四月，当我们被告知服用鱼油、锻炼、做拼图并不能像长久以来宣称的那样真正帮助抵御阿尔兹海默症。同行评审的研究得出了相反的结论，包括使用手机是否会造成脑癌，每晚睡眠时间超过八小时是健康的还是危险的，每天服用阿司匹林

---

9 Priscilla K. Coleman et al., *Induced Abortion and Anxiety, Mood, and Substance Abuse Disorders: Isolating the Effects of Abortion in the National Comorbidity Survey,* 43 J. PSYCHOL. RES. 770, 773 (2009).

10 Id.

11 Sharon Begley, *Journal Disavows Study Touted by U.S. Abortion Foes,* REUTERS (Mar. 7, 2012, 3:15 PM), http://www.reuters.com/article/2012/03/07/us-usa-abortion-psychiatry-idUSTRE8261UD20120307 [https://perma.cc/T2WQ-U2C8] (指出该研究已被立法者和倡导者广泛引用，目的是强调堕胎会增加妇女罹患精神疾病的风险，并且要求将此危险告知于妇女).

12 *Counseling and Waiting Periods for Abortion,* GUTTMACHER INST.: STATE POLICIES IN BRIEF (2018), http://www.guttmacher.org/statecenter/spibs/spib_MWPA.pdf [https://perma.cc/ 49By-RL9A].

13 Ronald C. Kessler & Alan F. Schatzberg, *Commentary on Abortion Studies of Steinberg and Finer (Social Science & Medicine 2011; 72:72-82) and Coleman (Journal of Psychiatric Research 2009;43:770-6 & Journal of Psychiatric Research 2011;45:1133-4),* 46 J. PSYCHOL. RES. 410, 410-411 (2012).

14 Id. at 410.

15 David H. Freedman, *Lies, Damned Lies, and Medical Science,* THE ATLANTIC (Nov. 2010), https://www.theatlantic.com/magazine/archive/2010/11/lies-damned-lies-and-medical-science/308269/ [https://perma.cc/K9LG-YGNE].

16 Rebekah H. Nagler, *Adverse Outcomes Associated with Media Exposure to Contradictory Nutrition Messages,* 19 J. HEALTH COMM. 24, 24 (2014).

更有可能挽救你的生命还是缩短生命，以及常规血管成形术对疏通心脏动脉是否比药品更有用。"[17]

本文探讨了医学研究结果为什么可能是错误的，以及在设计和进行研究的过程中可能出问题的地方。文章为读者提供了必要的分析工具和科技词汇。知晓大数据分析的缺陷不仅对科学家，而且对于其他任何从事研究工作或者了解研究结果的人，即律师、卫生政策专业人员和广大公众，都至关重要。

大数据分析面临诸多挑战。首先，如文章第二部分所述，研究人员审查的数据可能充斥着错误、不完整、碎片化等种种缺陷。[18]其次，文章第三部分探讨了可能扭曲研究结果的各式偏倚，包括选择偏倚、混杂偏倚、测量偏倚和确认偏倚。[19]再次，文章第四部分分析了其他的一些研究障碍。[20]比如说，样本数量可能太小而不能得出可靠的研究结果，可能存在抽样错误，个体间的治疗效果可能因为效应修饰因子而不同，以及研究人员可能无法发现多因素因果关系。[21]然后，文章第五部分指出，所有这些问题都可能导致研究人员错误地将单纯的关联关系当作因果关系，并得出其不能在后续研究中被复制和证实的结论。最后，文章第六部分是结论。

II. 数 据 质 量

医疗大数据分析通常都会用到电子健康档案（EHR）。基于记录而开展的研究所面临的关键障碍是现有的 EHR 通常包含错误、不完整或者存在其他缺陷。EHR 中的信息最初是出于医疗和计费目的而收集的，因此可能不适合用来做研究[22]。此外，数据还常被种种可能影响研究成果的不准确性所污染。虽然改进后的数据捕获技术可能会在将来弥补众多缺陷，[23]但这些缺陷对于当代研究人员来说仍然值得关注。本部分将会讨论一些潜在的数据质量问题。

A. 数据输入错误

输入 EHR 数据的临床医生可能会误输入单词和数字，或者为了节省时间而将以前的数据复制并粘贴到当前访问条目中，却未进行适当的编辑和更新。他们也可能选择错误的 EHR 代码和菜单项，或者被迫在诊断或者治疗代码中进行选择，而这些

17　Freedman, *supra* note 15.

18　See *infra* Part II.

19　See *infra* Part III.

20　*See infra* Part IV.

21　*See infra* Part IV.

22　Hoffman & Podgurski, *supra* note 1, at 518-520.

23　Id. at 527-530.

代码往往又不够具体和详尽，无法准确描述患者的病情。[24]

一些研究表明，EHR 中的错误率要远远高于纸质记录。[25]在一项研究中，研究人员检查了密歇根一家医院在 2011 年 8 月至 2013 年 7 月期间的病程记录，该医院于 2012 年引进了 EHR。[26]他们发现，EHR 的错误率为 24.4%，而纸质记录的错误率仅为 4.4%。[27]然而，值得注意的是，这项研究是在首次采用 EHR 系统时进行的，工作人员尚须学习这项新技术。[28]此外，研究人员还发现，现在的住院医生会较他们的前辈医生更为精通技术，其所犯错误和遗漏要比其他年长的同事少得多，因此，错误率在将来可能会明显下降。[29]同样重要的是，EHR 在很大程度上解决了病历中难以辨认的手写的严重问题，除非该内容是从手写笔记中抄录的。[30]

数据的不准确可能会扭曲研究成果。即便是很小的错误率——低至 1% 到 5%——也会显著影响死亡率和不良事件的估计值。[31]随着黑客和网络犯罪事件的激增，数据分析师还不能忽视黑客访问 EHR 医疗数据库并故意对其进行篡改和污染的可能性。[32]

B. 数据的不完整或者碎片化

如果 EHR 数据是不完整的或者分散在数个不同的记录中，那么数据分析将不再

24　Sharona Hoffman & Andy Podgurski, *E-Health Hazards: Provider Liability and Electronic Health Record Systems,* 24 BERKELEY TECH. L. J. 1523, 1544-45 (2009) (讨论了输入错误); Taxiarchis Botsis et al., *Secondary Use of EHR: Data Quality Issues and Informatics Opportunities,* AMIA SUMMITS TRANSLATIONAL SCI. PROC. 1, 3 (2010); Jessica S. Ancker et al., *Root Causes Underlying Challenges to Secondary Use of Data,* AMIAANN. SYMP. PROC. ARCHIVE 57, 61 (2011); Hoffman & Podgurski, *supra* note 1 at 518-20 (讨论了编码); Fouzia F. Ozair, *Ethical Issues in Electronic Health Records: A General Overview,* 6 PERSP. CLINICAL RES. 73, 75- 76 (Apr-Jun 2015).

25　Jack McCarthy, *Doctors Make More Note-Taking Mistakes with EHRs than Paper Records, JAMIA Study Finds,* HEALTHCARE IT NEWS (July 8, 2016, 7:58 AM), http://www.healthcareitnews.com/news/doctors-make-more-note-taking-mistakes-ehrs-paper-records-jamia- study-finds [https://perma.cc/W8WG-55KU].

26　Id.

27　Id.

28　Id.

29　Id. (错误率分别为 5.3% 和 17.3%，遗漏率分别为 16.8% 和 33.9%).

30　WIN PHILLIPS & YANG GONG, DEVELOPING A NOMENCLATURE FOR EMR ERRORS: PROCEEDINGS OF THE 13TH INTERNATIONAL CONFERENCE ON HUMAN-COMPUTER INTERACTION. PART IV: INTERACTING IN VARIOUS APPLICATION DOMAINS 587, 589, 591 (Julie A. Jacko ed., 2009).

31　George Hripcsak et al., *Bias Associated with Mining Electronic Health Records,* 6 J. BIOMED. DISCOVERY & COLLABORATION 48, 52 (2011); Steve Gallivan & Christina Pagel, *Modelling of Errors in Databases,* 11 HEALTH CARE MGMT. SCI. 35, 39 (2008); Christina Pagel & Steve Gallivan, *Exploring Potential Consequences on Mortality Estimates of Errors in Clinical Databases,* 20 IMA J. MGMT. MATHEMATICS 385, 391 (2009).

32　Sander Greenland, *Multiple Bias Modelling for Analysis of Observational Data,* 168 J.ROYAL STAT. SOC?Y: SERIES A 267, 267-68 (2005); Craig H. Mallinckrodt et al., *Assessing and Interpreting Treatment Effects in Longitudinal Clinical Trials with Missing Data,* 53 BIOL. PSYCH. 754, 755 (2003).

可靠。研究人员可能经常发现,EHR 中并不包含他们研究所需要的信息。[33]临床医生为了治疗和计费目的而收集数据,因此他们一般没有研究的想法。[34]例如,对纽约长老会医院临床数据库中的 EHR 数据进行的审查发现,当患者在急诊室死于肺炎时,临床医生"很少花时间记录症状,因此电子健康档案所记载的患者除死亡外,似乎还很健康"。[35]因此,研究人员可能会发现这些记录相对模糊,也不适合用作研究。

由于医生和医院通常不会跟进患者的恢复状况,所以有关治疗结果的数据特别容易缺失。[36]例如,在急诊室就诊几个小时而后出院的患者,可能并不会选择进一步的护理,或者之后去看了使用不同 EHR 系统的医生,这样的话,医院记录便不能提供有关该个人最终病况的证据。信息的缺乏可能意味着急诊室的治疗治愈了患者,或者相反,他的病情并未得到改善,甚至恶化,于是只能另觅良医。

因为不同设备具有的 EHR 系统是不能进行互操作的,所以经常会存在数据碎片化的现象。[37]互操作性是指"不同信息技术系统和软件应用进行通信,准确、有效、一致的交换数据以及使用已交换的信息的能力。"[38]在多个医疗中心接受治疗的患者,其记录可能分散于不同的 EHR 系统,因此他们的记录无法简单地组合在一起形成一个整体。[39]EHR 碎片化是研究工作面临的一个严重障碍,因为分析师只能查看来自特定机构或者数据库的患者的部分记录,关键的医疗信息可能是缺失的。此外,研究人员检查来自多个机构的身份不明的记录时,可能会将单个患者的记录误认为是好几个不同个体的记录。

C. 数据难以提取并缺乏协调性

正如其他学者所指出的那样,"即使是在来自同一供应商的 EHR 网站上工作,使用 EHR 在不同机构进行研究的现实也是艰难的。"[40]不同的实体可能使用不同的 EHR 版本,以不同的方式收集数据。各个实体可以自定义其 EHR 以更改菜单项或者

---

33 Craig Newgard et al., *Electronic Versus Manual Data Processing: Evaluating the Use of Electronic Health Records in Out-of-Hospital Clinical Research,* 19 ACAD. EMERGENCY MED. 217, 224 (2012).

34 M. Alan Brookhart et al., *Confounding Control in Healthcare Database Research Challenges and Potential Approaches,* 48 (Suppl 6) MED. CARE S114, S115 (2010).

35 Hripcsak et al., *supra* note 31, at 50.

36 Newgard et al., *supra* note 33, at 225.

37 Julia Adler-Milstein, *Moving Past the EHR Interoperability Blame Game,* NEJM CATALYST (July 18, 2017), http://catalyst.nejm.org/ehr-interoperability-blame-game/ [https:// perma.cc/LGF7-D9YW].

38 Kevin Heubusch, *Interoperability: What it Means, Why it Matters,* 77 AHIMA 26 (Jan. 2006), http://library.ahima.org/doc?oid=60942#.WZXnGVGGM2w [https://perma.cc/9C8G- GYF4].

39 Botsis et al., supra note 24, at 4 (指出为研究目的而开发的 EHR 系统不包含因病情严重而转移到专门癌症中心或者最初在其他地方接受过治疗的患者的记录).

40 Kathryn H. Bowles et al., *Conducting Research Using the Electronic Health Record Across Multi-Hospital Systems: Semantic Harmonization Implications for Administrators,* 43 J. NURSING ADMIN. 355, 356 (2013).

术语，并且医疗服务人员也具有不同的数据文档政策和习惯。[41]类似的这些问题都可能导致语义协调性的缺乏，从而对服务于研究目的的记录的可用性产生不利影响。语义协调是"将数据整理为统一的、一致的逻辑视图的过程"，它使数据不会产生不同的解释。[42]

例如，临床医生也许可以在记录了一个特定细节的多重领域中作出选择，因此希望在某一个领域找到语义协调的研究人员可能会感到困惑，进而完全错过它。同样，不同的医疗机构使用的术语、短语和缩写也不同。比如缩写"MS"可以指"二尖瓣狭窄""多发性硬化""硫酸吗啡""硫酸镁"。[43]因此，查看不同来源的记录的读者可能无法理解在特定情况下"MS"的含义。[44]

另一个挑战便是 EHR 中的自由文本叙述问题。EHR 系统允许用户既可以在结构化字段中输入编码信息，又可以输入与患者有关的自然语言自由文本注释。[45]重要信息可能出现在自由文本而非结构化字段中，并且以叙述形式编写的信息很难从EHR 中准确提取出来用于研究。[46]例如，患者日益严重的哮喘可能与吸烟有关，但如果只对恶化的哮喘进行编码，而仅仅在自由文本的临床笔记中对吸烟史加以描述，那么研究人员可能就意识不到这种关联。[47]同样的，临床医生可以以叙述形式记录家族史或者药物不良反应的细节。[48]专家可以使用自然语言处理工具从自由文本的叙述中提取数据，但这些技术仍处于发展之中，往往不太完善。[49]

41　Kathryn H. Bowles et al., *Conducting Research Using the Electronic Health Record Across Multi-Hospital Systems: Semantic Harmonization Implications for Administrators*, 43 J. NURSING ADMIN. 355, 356 (2013).

42　James A. Cunningham et al., *Nine Principles of Semantic Harmonization*, 2016 AMIA ANN. SYMP. PROC. ARCHIVE 451, 451 (2016).

43　Christopher G. Chute, *Medical Concept Representation, in* MEDICAL INFORMATICS: KNOWLEDGE MANAGEMENT AND DATA MINING IN BIOMEDICINE 170 tbl.6-1 (Hsinchun Chen et al. eds., 2005).

44　*See* The Clinical Cancer Genome Task Team of the Global Alliance for Genomics and Health, *Sharing Clinical and Genomic Data on Cancer-The Need for Global Solutions*, 376 NEW. ENG. J. MED. 2006, 2006 (2017) (指出不兼容的数据格式和缺乏可共同操作的数据协调信息工具也损害了研究人员挖掘多个数据集的能力，犹如缺乏了单一的标准化癌症本体).

45　S. Trent Rosenbloom et al., *Data from Clinical Notes: A Perspective on the Tension between Structure and Flexible Documentation*, 18 J. AM. MED. INFORMATICS ASS?N 181, 181-82 (2011).

46　The Clinical Cancer Genome Task Team of the Global Alliance for Genomics and Health, *supra* note 44, at 2006 (指出缺乏从电子健康档案中提取数据的有效方法); Hilary Townsend, *Natural Language Processing and Clinical Outcomes: The Promise and Progress of NLP for Improved Care*, 84 AHIMA 44, 44-45 (Mar. 2013), http://library.ahima.org/doc?oid=106198#.Wo21_qjwa70 [https://perma.cc/B47V-RVWT].

47　Naren Ramakrishnan et al., *Mining Electronic Health Records*, 43 COMPUTER 95, 97 (2010).

48　Isaac S. Kohane, *Using Electronic Health Records to Drive Discovery in Disease Genomics*, 12 NATURE REV. GEN. 417, 420 (2011).

49　Mike Miliard, *EHR Natural Language Processing Isn't Perfect, but It's Really Useful*, HEALTHCARE IT NEWS (May 18, 2017), http://www.healthcareitnews.com/news/ehr-natural-language-processing-isnt-perfect-its-really-useful-tool [http://perma.cc/Z46T-VYRS].

诊断、测量、病史，因为它们无法以结构化形式获得，因此它们不能够标准化或者被访问，这会严重阻碍研究工作。[50]同样，医学术语如果不统一，可能会导致分析员误解或无法理解病历。

D. 数据因软件故障而被扭曲

在 EHR 系统中使用或者被用于数据分析的软件，若其存在缺陷也可能造成烦心的错误。[51]当科学家或者其助手在没有咨询经验丰富的软件开发人员就自顾自地开发复杂的软件时，这种情况特别容易发生。[52]没有经验的程序员很可能会创建不正确的软件，然后对其进行不足的测试。[53]然而，商业上开发的医学研究软件也无法幸免于软件故障。[54]理想情况下，科学家应当与软件专家紧密合作，以开发并彻底验证用于医学研究的软件。

III. 偏倚问题

即使没有数据瑕疵和软件缺陷，进行数据分析并得出正确的因果推论也是相当困难的。本部分将分析影响大数据研究的偏倚问题，尤其是选择偏倚、混杂偏差、测量偏差和确认偏差。任何进行研究或者解释其结果的人都必须对这些概念有一个深刻的认识。

A. 选择偏倚

选择偏倚与数据选择主体进行研究的方式有关，通常发生在选择不是随机的情况下。[55]如果个人有机会选择退出数据库或者临床研究，就可能会产生选择偏倚。[56]由

50　Andrea L. Benin et al., *How Good Are the Data? Feasible Approach to Validation of Metrics of Quality Derived from an Outpatient Electronic Health Record,* 26 AM. J. MED. QUALITY 441, 441 (2011).

51　Mi Ok Kim et al., *Problems with Health Information Technology and Their Effects on Care Delivery and Patient Outcomes: A Systematic Review,* 24 J. AM. MED. INFORMATICS ASS'N, 246, 250-51 (2017).

52　Rebecca Sanders & Diane Kelly, *Dealing with Risk in Scientific Software Development,* 25 IEEE SOFTWARE 21, 27 (2008); Diane F. Kelly, *A Software Chasm: Software Engineering and Scientific Computing,* 24 IEEE SOFTWARE 118, 118-20 (2007); Les Hatton, *The Chimera of Software Quality,* 40 COMPUTER 104, 104 (2007).

53　Kelly, *A Software Chasm, supra* note 52, at 118.

54　Sanders & Kelly, *supra* note 52, at 25; Nicole K. Henderson-MacLennan et al., *Pathway Analysis Software: Annotation Errors and Solutions,* 101 MOLECULAR GENETICS & METABOLISM 134, 137-38 (2010).

55　*What researchers mean by...selection bias,* INST. FOR WORK & HEALTH, https://www.iwh.on.ca/wrmb/selection-bias [https://perma.cc/L355-V84M] (last visited Aug. 18, 2017).

56　KENNETH J. ROTHMAN ET AL., MODERN EPIDEMIOLOGY 136 (2008); DAVID L. FAIGMAN ET AL., MODERN SCIENTIFIC EVIDENCE: THE LAW AND SCIENCE OF EXPERT TESTIMONY §5:16 (2011).

于特定性别、血统或者社会经济群体的人不成比例地选择退出，剩下的个体子集可能无法代表患者这个群体。[57]选择偏倚可能导致针对患病率或接触风险等的评估指标产生偏倚，这是因为研究结论与针对目标人群的这些措施的真实值之间存在着系统性差异。也就是说，研究人员的发现不能从研究的特定主体推广到分析人员希望得出结论的更大人群。[58]

B. 混杂偏倚

在因果关系的研究中，混杂偏倚可能是一个重要的问题。[59]因果关系研究通常试图衡量特定治疗对患者的平均有益效果或特定接触对个体的平均有害影响。当治疗或接触的变量与结果变量存在共同原因时会出现混杂偏倚。[60]

为了说明混杂，笔者提供以下假设。假设医生根据患者患病的严重程度或持续时间，在不同的治疗方案中进行选择，这些因素会影响到治疗结果。[61]因此，处于疾病晚期的患者接受治疗 A，而处于早期的患者接受治疗 B。同时，对于病重的患者来说，通常情况下，由于他们的身体更加脆弱并且病情更复杂，他们对治疗的反应不会好于健康一些的患者。除非研究人员在统计数据分析过程中适当为疾病阶段的因素进行调整，称为"混杂变量"或"混杂因子"，否则混杂因子可能会在治疗变量和结果变量之间制造出错误的关联，这会扭曲关于治疗的因果关系的研究结果。换句话说，研究人员关于两种药物效果的结论可能是错误的，因为存在混杂变量：不同程度疾病的患者接受不同的治疗。治疗 A 展现出来的效果可能不如治疗 B，这不是因为它的效果差，而是因为患者在接受治疗 A 时处于疾病晚期，无论采取哪种治疗方法都不会有好的效果。

社会经济因素和患者生活方式的选择也可能构成混杂因子。经济上处于不利地位（保险保障不足）的个人可能会选择较便宜的治疗方法，即使这些方法不是他们的最佳选择，因为这是他们唯一可负担的选择。贫穷也可能单独地导致疾病，因为营养不良、压力、缺乏运动等休闲的时间。另外，预防性保健的益处，例如降低胆固醇的药物可能展现出来比它真正的药效更好的效果，因为有健康意识的个人本身

57　SHARYL J. NASS ET AL., BEYOND THE HIPAA PRIVACY RULE: ENHANCING PRIVACY, IMPROVING HEALTH THROUGH RESEARCH 209 (2009); Franklin G. Miller, *Research on Medical Records Without Informed Consent,* 36 J. L. MED. & ETHICS 560, 560 (2008).

58　HERBERT I. WEISBERG, BIAS AND CAUSATION: MODELS AND JUDGMENT FOR VALID COMPARISONS 93-94 (2010).

59　Sander Greenland, Quantifying Biases in Causal Models: Classical Confounding vs.Collider-Stratification Bias, 14 EPIDEMIOLOGY 300, 306 (2003).

60　Miguel A. Hernan et al., A Structural Approach to Selection Bias, 15 EPIDEMIOLOGY 615, 618 (2004).

61　Bruce M. Psaty & David S. Siscovick, Minimizing Bias Due to Confounding by Indication in Comparative Effectiveness Research, 304 J. AM. MED. ASS'N 897, 897 (2010).

就会寻求干预,比如通过运动、低脂饮食和其他促进健康的行为。所以,在这些患者身上获得的显著成果与多种因素有关,而不仅仅只是预防措施。[62]

分析人员必须力求准确地测量和调整所有潜在的混淆变量,以减少或消除混杂偏倚。[63]在医学研究中,这不是一项简单的任务,因为常常很难发现哪些变量是潜在的混杂因子。医疗保健往往取决于一系列与患者健康有关的因素:保健设施、健康保险和临床医生,以及患者本身的特点和情况,因此各种影响仍然是隐蔽或模糊不清的。[64]

在临床研究中,[65]研究人员为了避免混淆,理想地将治疗任务随机分配给受试者。[66]所以,在我的假设中,无论病情处于何种阶段,都将在整个疾病严重程度范围内给予患者治疗 A 和治疗 B,以确保他们的疗效。相比之下,在一项以记录为基础的研究(也称为观察性研究)中,分析人员无法控制治疗的分配,因为治疗已经提供并记录在患者的医疗档案中。因此,研究人员必须争取识别并获得混淆变量值,并在数据分析过程中对其进行调整。[67]

C. 测量偏倚

由于测量和数据收集中的误差而导致的测量偏倚会进一步损害研究成果。测量设备可能未正确校准,或者不够灵敏,无法检测相关变量的细微差异。[68]生物样品可能会存储的时长不同或存储于不同条件下,这在分析样品时可能会造成测量偏倚。[69]在某种程度上,如果是基于患者自己的记忆,结果可能会被扭曲,因为受试者的反应受到提问者的技巧、耐心和显著的同情心或者患者对研究主题的重要性和相关程度的影响。[70]此外,患者的记忆力可能受损,或者他们可能在回答使他们觉得不适或者尴尬的问题时撒谎。

62　Brookhart et al., supra note 34, at S115.

63　ROTHMAN ET AL. supra note 56, at 58.

64　Brookhart et al., supra note 34, at S114.

65　在临床研究中,研究员使用人类受试者进行实验。相比之下,观察性研究涉及对现有记录的审查,而不是对照实验。Sharona Hoffman & Andy Podgurski, Balancing Privacy, Autonomy, and Scientific Needs in Electronic Health Records Research, 65 SMU L. REV. 85, 98-102 (2012) (对比的临床试验和观察性研究) https://ssrn.com/abstract=1923187 [https://perma.cc/9X4W-766Q].

66　Jaclyn L.F. Bosco et al., A Most Stubborn Bias: No Adjustment Method Fully Resolves Confounding by Indication in Observational Studies, 63 J. CLINICALEPIDEMIOLOGY 64, 64 (2010) (解释了混杂最好应由随机设计控制).

67　Id. at 64-65.

68　Gael P. Hammer et al., Avoiding Bias in Observational Studies, 106 DEUTSCHES ÄRZTEBLATT INT'L 664, 665 (2009), https://www.aerzteblatt.de/int/archive/article?id=66288&src=search [https://perma.cc/6RUQ-BXAN].

69　Id. at 665.

70　Id.

例如，一项有关患者使用阿片类止痛药的研究，可能必须依靠患者自身反馈的报告，即他们每天服用多少药物。这是因为处方记录只会向研究人员揭示有多少处方，而不是有多少药物被摄入和服用的频率。但是，处于剧烈疼痛的患者可能无法记录或回忆其药物摄入的详细信息。此外，鉴于有关阿片类药物风险的广泛宣传，[71]由于不希望被视为阿片类药物成瘾者，患者可能倾向于低估或者少报他们服用的药物量。

事实上，治疗或结果本身可能会影响测量偏倚。[72]阿片类药物使用的副作用之一就是认知障碍。[73]因此，上述例子中，患者可能会在某种程度上忘记自己服用了多少药物，因为阿片类药物本身会导致患者产生认识缺陷。

D. 确认偏倚

确认偏倚可以定义为"一个代理商倾向于寻找、解释和使用能够确认他现有的观点或猜测的证据。"[74]医学研究人员承受着获得资金支持和出版的巨大压力。[75]于是，学者们在开展项目时考虑到特定的结果，非常希望获得引人注目的发现和结果。[76]这些目标（有些人认为是利益冲突）可能导致分析人员犯下有意或无意的错误，例如操纵数据、歪曲结果或提出比真实结果更合理的主张。[77]

当研究人员一次次返回数据库，测试或重新测试数据以寻找可发布的结果时，确认偏倚也会发挥作用。如果初步结果不令人满意，他们会寻找其他的关联直到关联出现为止。[78]专家提醒正在实施亚组分析的研究人员，在他们研究之前，他们应该首先提出少量假设。[79]相比之下，测试大量的亚组假设，尤其是事后发展的假设，很

71　*See, e.g.*, Maya Salam, *The Opioid Epidemic: A Crisis Years in the Making*, N.Y. TIMES, (Oct. 26, 2017), https://www.nytimes.com/2017/10/26/us/opioid-crisis-public-healthemergency.html?_r=0 [https://perma.cc/2388-AFQ8].

72　ROTHMAN ET AL., supra note 56, at 137-38.

73　DONALD TEATER, NAT'L SAFETY COUNCIL, THE PSYCHOLOGICAL AND PHYSICAL SIDE EFFECTS OF PAIN MEDICATIONS 3 (2017), http://www.nsc.org/RxDrugOverdoseDocuments/900006497-ADV-Rx-Side-Effects-WhitePaper.pdf [https://perma.cc/5Q79-ZY3Y].

74　Gary Charness & Chetan Dave, Confirmation Bias with Motivated Beliefs, 104 GAMES AND ECON. BEHAV. 1, 1 (2017).

75　Freedman, supra note 15.

76　Id. *See also* Sridharan Kannan & Sivaramakrishnan Gowri, *Contradicting/Negative Results in Clinical Research: Why (Do We Get These)? Why Not (Get These Published)? Where (to Publish)?*, 5 PERSP. CLINICAL RES. 151, 151 (2014).

77　Freedman, supra note 15; Alok Jha, False Positives: Fraud and Misconduct are Threatening Scientific Research, THE GUARDIAN (Sept. 13, 2012), https://www.theguardian.com/science/2012/sep/13/scientific-research-fraud-bad-practice [https://perma.cc/7ZWV-Z4QB].

78　Freedman, supra note 15 (指出研究员 "在工厂进行的所有操作中，其中有一次，他们开始寻找关联，并最终得出维生素 X 降低了患 Y 癌症的风险，或者这种食物会增加患病的风险的结论").

79　Xin Sun et al., How to Use a Subgroup Analysis: Users' Guides to the Medical Literature, 311 JAMA 405, 408 (2014) (解释亚组分析旨在识别 "对治疗的反应与其他群体不同" 的患者群体).

可能会发现虚假的亚组差异。[80]例如,在一个治疗败血症[81]患者的随机对照试验(RCT)的案例中,未能表明该疗法在统计学上有显著的益处。[82]然而,亚组分析似乎可以证明该疗法对具有特定类型感染的个体是有效的。[83]然后,大型的 RCT 无法重现该亚组结果,并证明肯定的结论是错误的。[84]问题的根源很可能是研究人员最初错误的亚组分析是他们测试的 15 个亚组假设之一。一位专家对此问题进行了如下解释:"在任何一个大型数据库中,都有可能存在一些明显的联系,这些联系实际上只是侥幸,而不是真正影响健康的,这有点像梳理一串又长又乱的字母,并声称有一个重要的信息正好出现在任何单词中。"[85]

IV. 其他数据分析的陷阱

本部分重点介绍一些其他的潜在研究错误,包括使用太小的样本容量、忽略效果修饰因子,以及忽略因果关系。

A. 样本容量

研究人员必须确保样本容量足够大,才能产生可靠的结果。[86]样本容量影响统计的功效,也就是说,"统计测试表明确实存在显著差异时,统计测试将显示出其可能性。"[87]如果样本容量太小,则可能观察到的亚组之间的差异(或其他发现)是错误的,并且纯粹是偶然引起的。[88]比如,假设一种药物导致十分之一的患者出现严重的恶心和呕吐反应。如果研究人员仅查看十份病历,很有可能他们只会遇到那些对药物耐受良好的患者,并且错误地得出结论,认为任何人服用该药物都不会产生副作用。

为特定研究确定正确的样本容量是一件复杂的事情,分析员有必要向统计学家

80　Xin Sun et al., How to Use a Subgroup Analysis: Users' Guides to the Medical Literature, 311 JAMA 405, 408 (2014) (解释亚组分析旨在识别 "对治疗的反应与其他群体不同" 的患者群体). at 408.

81　*Definition of Sepsis*, SEPSIS ALL. (last visited August 24, 2017), http://www.sepsis.org/sepsis/definition/ [https://perma.cc/HT9G-P2ZT] (将败血症定义为 "对身体压倒性的或威胁生命的感染,可能导致组织损伤,器官衰竭和死亡").

82　Xin Sun et al., supra note 79, at 408 (指出治疗是激活血小板因子的受体拮抗剂).

83　Id. (指出亚组是革兰氏阴性细菌感染的个体).

84　Id.

85　Freedman, supra note 15.

86　David Jean Biau et al., Statistics in Brief: The Importance of Sample Size in the Planning and Interpretation of Medical Research, 466 CLINICALORTHOPEDICS & RELATED RES. 2282, 2283 (2008).

87　John Eng, Sample Size Estimation: How Many Individuals Should Be Studied?, 227 RADIOLOGY 309, 310 (2003).

88　Biau et al., supra note 86, at 2282-83; Katherine S. Button et al., Power Failure: Why Small Sample Size Undermines the Reliability of Neuroscience, 14 NATURE REVIEWS NEUROSCIENCE 365, 365 (2013).

咨询。[89]针对罕见疾病或罕见遗传变异的研究，样本容量可能尤其具有挑战性。[90]但是，任何依赖医学或卫生政策目的的人都应该知道去详细审查样本容量以及只包含少量研究对象的问题研究。

B. 抽样误差

研究人员研究的任何数据样本或主体可能会表现得不同或者与从样本中抽取的更大群体表现出不同的特征，因为研究参与者的特定集合只是许多潜在群体中的一个。[91]这可能导致抽样误差。[92]抽样误差与选择性误差不同，因为它不涉及系统性偏差，比如较年轻的个人不成比例地选择退出研究；这只是由于主体的随机变异性造成的。[93]

小样本特别容易受到抽样误差的影响。[94]例如，假设调查人员希望确定俄亥俄州克利夫兰市癌症发病率是否高于美国其他地区。还假设他们检查了一百份病历的样本，并确定 10%的病人患有癌症。因此，他们得出的结论是，克利夫兰的癌症发病率是全国平均水平（大约 5%）的两倍。[95]问题在于，这个非常小的样本可能无法向调查人员揭示出克利夫兰真正的癌症发病率。这可能只是偶然的情况，只是经过检查的患者中有很大一部分患有癌症。因此，将这非常有限的研究结果推广到整个克利夫兰的人群是不合适的。

C. 效应修饰因子

研究结果可能会被效应修饰因子所歪曲，该因子正是患者的特征或是改变治疗

89　See Eng supra note 87, at 309-12; Mohamad Amin Pourhoseingholi et al., *Sample Size Calculation in Medical Studies*, 6 GASTROENTEROLOGY & HEPATOLOGY FROM BED TO BENCH 14, 16 (2013).

90　J.H. van der Lee et al., Efficient Ways Exist to Obtain the Optimal Sample Size in Clinical Trials in Rare Diseases, 61 J. CLINICAL EPIDEMIOLOGY 324, 324 (2008); see also Seunggeun Lee et al., Optimal Unified Approach for Rare-Variant Association Testing with Application to SmallSample Case-Control Whole-Exome Sequencing Studies, 91 AM. J. HUM. GENETICS 224, 224 (2012).

91　Id.; *see* MIGUEL A. HERNÁN & JAMES M. ROBINS, CAUSAL INFERENCE 119 (2017) (ebook).

92　Douglas G. Altman & J. Martin Bland, Uncertainty and Sampling Error, 349 BMJ 1 (2014), http://www.bmj.com/content/bmj/349/bmj.g7064.full.pdf [https://perma.cc/MZ2N-9379].

93　See HERNÁN & ROBINS, *supra* note 91, at 119.

94　Stephen Tyrer & Bob Heyman, Sampling in Epidemiological Research: Issues, Hazards and Pitfalls, 40 BJPSYCH BULLETIN 57, 57 (2016).

95　*See Cancer Stat Facts: Cancer of Any Site*, NAT'LCANCERINST., https://seer.cancer.gov/statfacts/html/all.html [https://perma.cc/WET3-LANU] (指出"2014 年，在美国全境估计有 14738719 名癌症患者").同年，美国总人口大约为 317000000。 Robert Schlesinger, *The 2014 U.S. and World Populations*, U.S. NEWS & WORLD REP. (Dec. 31, 2013, 3:15 PM), https://www.usnews.com/opinion/blogs/robert-schlesinger/2013/12/31/us-population-2014-317-million-and-71-billion-in-theworld [https://perma.cc/GQY3-Z9QE].

效果的研究。[96]因此，"暴露与结果之间的关联程度在其他一些因素的不同层面上有所不同。"[97]比如，饮酒对血压的影响程度随着年龄、性别和吸烟状况而变化，因此这三个因素就属于效应修饰因子。[98]效应修饰因子本身就值得研究。而且，研究人员研究酒精与血压之间的关系时，如果他们忽视了效应修饰因子并且在分析中没有解决它们，可能会得出错误的结论。

D. 因果关系

因果关系发生在两个或多个因素相互作用会产生一定效果的时候。[99]因果关系不必同时起作用，但它们都会影响到问题的结果。[100]比如，在某些案例中，吸烟和饮酒相互作用产生头颈癌。[101]研究人员发现，在有以下两种行为的人中，75%的头颈癌病例可归因于吸烟，67%的头颈部癌症病例可归因于饮酒。[102]尽管这些数字看起来令人费解，因为他们的总和超过了 100%，但它们是准确的，因为吸烟和饮酒可以相互作用，共同导致癌症。事实上，癌症通常由多种因素引起，包括饮食、吸烟、职业接触（比如石棉）和遗传因素等。[103]此外，不同的因果之间可能存在协同作用，使得它们相互作用放大了各个因素的影响。[104]尽管吸烟或接触石棉都可能导致肺癌，但对于两者都包含的个人，患肺癌的风险会更高。[105]研究人员关注的导致结果的原因必须是潜在的相互作用和多因果触发因素。

V. 研究错误的普遍性

到目前为止，前文讨论的某些陷阱可能导致无效的结果。研究人员多久会得出一次错误的结论？一些专家认为，这种情况经常发生。约翰·约安尼季斯博士致力

96　Jeroen P. Jansen & Huseyin Naci, Is Network Meta-Analysis as Valid as Standard Pairwise Meta-Analysis? It All Depends on the Distribution of Effect Modifiers, 11 BMCMED. 159, 159 (2013); See Tyler J. VanderWeele, On the Distinction between Interaction and Effect Modification, 20 EPIDEMIOLOGY 863, 863 (2009).

97　David C. Bellinger, Effect Modification in Epidemiologic Studies of Low-Level Neurotoxicant Exposures and Health Outcomes, 22 NEUROTOXICOLOGY & TERATOLOGY 133, 133(2000) (footnote omitted).

98　Id.

99　Kenneth J. Rothman & Sander Greenland, Causation and Causal Inference in Epidemiology, 95 AM. J. PUB. HEALTH S144, S145 (2005); Tyler J. VanderWeele & Mirjam J. Knol, A Tutorial on Interaction, 3 EPIDEMIOLOGY METHODS 33, 33 (2014).

100　Rothman & Greenland, supra note 99, at S145.

101　Id. at S146.

102　Id.; See also ROTHMAN ET AL., supra note 56, at 71.

103　Rothman & Greenland, supra note 99, at S146; VanderWeele & Knol, supra note 99, at 33.

104　VanderWeele & Knol, supra note 99, at 35.

105　Id.

于研究医学研究的可信度，他估计"80%的非随机研究（迄今为止最常见的类型）被证明是错误的，25%的所谓黄金标准的随机试验以及多达10%的铂金标准的大型随机试验也是错误的。"[106]本部分探讨研究错误的普遍性。

A. 联系 vs 原因

如果研究人员的确中了本文所述的某些陷阱，他们可能将纯粹的联系误认为是实际的原因。[107]他们可能会识别某些暴露和特定结果之间的联系，但错误的得出它们之间存在实际的因果关系的结论。[108]为了说明这一点，数据分析会可能表明，喝咖啡会增加个人患肺癌的风险。[109]但是，当分析人员考虑到以下事实时，一般来说，喝咖啡的人比不喝咖啡的人更可能吸烟，[110]而事实上是吸烟增加了患肺癌的风险，[111]该联系将会消失。研究人员把咖啡和肺癌之间的联系混淆，认为两者之间存在因果关系，他们可能会因为混淆偏倚而犯错。[112]科学家发现，基因变异会影响咖啡因的摄入和吸烟，进而增加患肺癌的风险，因此基因是一个混杂因子。[113]此外，吸烟本身可能导致个人喝更多的咖啡，因为尼古丁会增加咖啡因的新陈代谢，因此吸烟者会更快失去咖啡因的刺激作用。[114]因此，吸烟是导致咖啡因饮用量增加和肺癌的混杂因子。如果不了解基因和吸烟的混杂因子，研究人员就可能对肺癌原因得出错误结论。

第二个例子，选择性偏差导致分析人员将关联误认为是因果关系。假设研究人员对怀孕期间服用的叶酸是否能预防胎儿心脏缺陷的问题感兴趣。还要假设研究对

---

106 Freedman, supra note 15; see also John P. A. Ioannidis, *Why Most Published Research Findings Are False*, 2 PLOS MED. 0696 (2005), http://journals.plos.org/plosmedicine/article?id=10.1371/journal.pmed.0020124 [https://perma.cc/4GDL-E6FP].

107 *See, e.g.*, Austin Bradford Hill, *The Environment and Disease: Association or Causation?*, 58 PROC. ROYAL SOC'Y MED. 295, 295–300 (1965); Arvid Sjölander, *The Language of Potential Outcomes*, in CAUSALITY: STATISTICAL PERSPECTIVES AND APPLICATIONS 6, 9 (Carlo Berzuini et al. eds., 2012).

108 *See* Stephen Choi et al., *The Power of Proxy Advisors: Myth or Reality?* 59 EMORY L.J.869, 879–85 (2010) (讨论相关性和因果关系之间的区别); Csaba P. Kovesdy & Kamyar Kalantar-Zadeh, *Observational Studies vs. Randomized Controlled Trials: Avenues to Causal Inference in Nephrology*, 19 ADVANCED CHRONIC KIDNEY DISEASE 11, 11-12(2012).

109 Bellinger, supra note 97, at 133.

110 Jorien L. Treur et al., Associations between Smoking and Caffeine Consumption in Two European Cohorts, 111 ADDICTION 1059, 1059 (2016) (指出"在荷兰和美国，吸烟和咖啡因消耗之间展现出积极的联系").

111 Id.

112 *See supra* Part III.B.

113 Treur et al. supra note 110, at 1066; Akshat Rathi, There's a Reason Why Smokers Drink More Coffee, QUARTZ (Mar.7,2017), https://qz.com/926328/scientists-can-explain-why-smokersdrink-more-coffee-genetics-metabolism-and-blunted-taste-buds/ [https://perma.cc/9DKM-8CFU].

114 Treur et al. supra note 110, at 1066; Rathi, supra note 113.

象仅包括活产婴儿，不包括流产的胎儿。研究人员可能会得出结论，叶酸与胎儿心脏缺陷数量的减少有关。然而，由于没有研究过流产的胎儿，因此不能假定存在因果关系。[115]事实上，其中一些胎儿由于心脏缺陷而无法存活。基于这些结果，研究人员认为叶酸可以减少胎儿心脏缺陷，但无法在治疗和结果之间建立真正的因果关系。

B. 无法复制的研究成果

研究错误可能使研究人员无法重复研究并确认结果。尽管新发现可能会更令人兴奋，[116]但复制先前研究结果的工作对于科学完整性和研究主张的有效性至关重要。[117]

可重复性对于临床和观察性研究是非常重要的问题。为了复制临床试验，新的研究人员再次进行该试验，就已经记录的研究来说，新的研究人员回去调查不同的数据并尝试获得相同的发现。[118]但是，如果最初的研究结果因为数据的质量、偏倚和/或上述其他缺陷而产生的错误，研究结果将无法重现。另一方面，如果复制研究本身受到任何这些问题的影响，即使最初的结果是合理的，他们的试验也很失败。

2005 年，约翰·约安尼季斯博士在顶级医学杂志《美国医学会杂志》（JAMA）上发表了一项研究，重点研究了过去 13 年中发表的 49 篇最受关注的研究成果。[119]其中，45 项研究声称发现了有效的干预措施，34 项研究结果进行了重新测试以验证结果。令人惊讶是，重新测试之后，有 14 项主张（41%）被证明是不正确或夸大的。[120]

2015 年有一篇广为人知的文章，在《科学》杂志上特别报道了"为了获得心理

115　HERNÁN & ROBINS, supra note 91, at 95.

116　Michael Price, To Replicate or Not To Replicate?, SCI. (Dec. 2, 2011, 10:00 AM) http://www.sciencemag.org/careers/2011/12/replicate-or-not-replicate [https://perma.cc/L5WTPSGL]; Timothy M. Errington et al., An Open Investigation of the Reproducibility of Cancer Biology Research, ELIFE, (Dec. 10, 2014), https://www.ncbi.nlm.nih.gov/pmc/articles/PMC4270077/ [https://perma.cc/Y2DS-JVDW] (断言"事业是由前沿知识产生的令人兴奋的新的结果，而不是通过验证先前的发现来实现").

117　Open Science Collaboration, Estimating the Reproducibility of Psychological Science, 349 SCI. 943, 943 (2015); Matthew C. Makel & Jonathan A. Plucker, Facts Are More Important Than Novelty: Replication in the Education Sciences, 43 EDUC.RESEARCHER 304, 304 (2014); Jens B. Asendorpf et al., Recommendations for Increasing Replicability in Psychology, 27 EUR. J.PERSONALITY 108, 108 (2013) ("结果的可重复性是任何经验科学的核心").

118　Makel & Plucker, supra note 113, at 304 (强调第三方的重要性，可以帮助教育研究者提高其制定教育政策和实践的能力); Arturo Casadevall & Ferric C. Fang, Reproducible Science, 78 INFECTION & IMMUNITY 4972, 4972-75 (2010).

119　John P. A. Ioannidis, Contradicted and Initially Stronger Effects in Highly Cited Clinical Research, 294 JAMA 218, 218 (2005) ("研究样本的大小是报告假阴性结果风险的主要决定因素").

120　Id.

科学可重复性的初步估计而进行的大规模的合作研究。"[121]研究人员试图再现最近 100 项同行评议心理实验的结果，但仅在 39 个案例中获得了成功。[122]

评论员哀叹"复制危机"，记者以"科学是否被打破"等标题撰写文章，[123]其他人则对复制失败不那么悲观，并指出"我们应该只看一个累积的证据范例，在那里我们越来越接近真相。"[124]还有人认为复制可能会失败是因为他们本身有缺陷，也就是说，后来的研究不是在与最初的研究者相同专业水平的人在相同条件下进行的。[125]

然而，反复的复制失败使科学界和所有关心医学研究工作的人感到沮丧。许多人同意"复制是科学进步的核心：如果其他人无法复制支持科学主张的证据，那么该主张就失去了作为科学知识的地位。"[126]互联网可以交换数据试验报告，软件以及相关的数据共享，因而极大地促进了复制工作。研究人员应当利用这些机会，并尽最大努力确保他们的研究没有错误和偏倚，以便能够由熟练的分析人员进行重复工作。

VI. 结　　论

本文分析了研究人员在分析大数据（和其他健康信息）时面临的众多挑战。其中包括数据质量的缺陷；选择，混淆，测量和确认偏倚；样本量不足；抽样误差；效应修饰因子和因果关系。所有这些都可能导致研究人员将关联误认为是因果关系，并得出无效且不能在后续研究中重复的结论。错误的研究结果可能会误导立法者，监管者和律师，他们会将错误的结果用于制定政策或进行诉讼。

121　Open Science Collaboration, supra note 117, at 943.

122　Open Science Collaboration, supra note 117, at 943.

123　Daniel Engber, Is Science Broken Or Is It Self Correcting?, SLATE (Aug. 21, 2017, 6:00 AM), http://www.slate.com/articles/health_and_science/science/2017/08/science_is_not_self_correcting_science_is_broken.html [https://perma.cc/5HY7-JYNN]; Joel Achenbach, Many Scientific Studies Can't Be Replicated. That's a Problem, WASH. POST (Aug.27,2015), https://www.washingtonpost.com/news/speaking-of-science/wp/2015/08/27/trouble-inscience-massive-effort-to-reproduce-100-experimental-results-succeeds-only-36-times/?utm_term=.ab0793214a51 [https://perma.cc/GTT9-6PPL].

124　Christie Aschwanden, Failure Is Moving Science Forward: The replication crisis is asign that science is working, FIVETHIRTYEIGHT (Mar.24,2016), https://fivethirtyeight.com/features/failure-is-moving-science-forward/ [https://perma.cc/ZXS6-9PYT].

125　Mina Bissell, Reproducibility: The Risks of the Replication Drive, NATURE (Nov. 20, 2013), http://www.nature.com/news/reproducibility-the-risks-of-the-replication-drive-1.14184 [https://perma.cc/W5JZ-FHY6] (认为"人们经常重复别人的研究，通常没有时间、资金或资源来获得与原作者相同的实验协议中的专业技术，原作者可能是在多年联邦政府的资助下开展工作，旨在出版高利润的出版物"); Errington et al., supra note 116 (讨论是否复制失败始终表示原始结果是假阳性).

126　Errington et al., supra note 116.

　　为这些障碍制定解决方案的研究超出了本文的写作范围，笔者在先前的工作中已经完成了该部分的研究。[127]可以说成熟的技术可以使研究人员调整偏倚并确定真正的因果关系。[128]但是大数据分析的缺陷很多，任何实施、审查或依赖大数据分析的人都必须意识到缺陷的存在。无论我们是科学家，律师，政策制定者还是对大数据感兴趣的普通公众，我们都必须知道大数据的问题所在以及应该审查哪些潜在的缺陷。[129]

　　127　*See* Hoffman & Podgurski, *supra* note 1, at 527-38; SHARONA HOFFMAN, *Medical BigData Quality and Analysis Concerns, in* ELECTRONIC HEALTH RECORDS AND MEDICAL BIG DATA: LAW AND POLICY 160-67 (Cambridge U. Press 2016).

　　128　Hammer et al., supra note 68, at 667; Kovesdy & Kalantar-Zadeh, supra note 108, at 15.

　　129　David Faraoni & Simon Thomas Schaefer, Randomized Controlled Trials vs. Observational Studies: Why Not Just Live Together?, BMC ANESTHESIOLOGY (Oct. 21, 2016), https://bmcanesthesiol.biomedcentral.com/articles/ 10.1186/s12871-016-0265-3 [https://perma.cc/5TM5-9CFJ] (督促"我们有责任去保留详细检查的方法，在我们阅读的所有论文中得出控制方法和结论").

保险领域的区块链运用及法律争议

[韩] 孟守锡 著* 李杨 译**

摘 要： 近来随着 ICT 的发展，区块链作为金融科技之一运用在保险及健康等多种领域。区块链是不需要通过中心服务器而与顾客或金融公司直接进行交易的方式，区块链有很多优势，比如节约手续费等交易费用，缩短业务处理时间，确保分散记账系统安全性等。因此，各国的金融公司都在积极建立区块链系统。然而，保险交易过程中区块链技术的多样化运用，同时会产生难以预期的新形态的法律问题。本研究对保险领域运用区块链而派生出的各种法律问题进行探讨，如智能合约的法律性质问题，防止保险诈骗问题，金融信息保护问题，保险消费者保护问题等，并提出现行法框架下如何对其进行规制的解释论。

关键词： 公共平台 金融消费者保护 保险合同 分散记账技术 区块链 智能合约

一、问题的提起

随着信息通信技术的高速发展，金融交易过程中区块链等多种形态的金融科技应运而生。区块链作为智能合约的一种形态，是指不经过中心控制机关，由网络节点分别履行合同，提供保安与精确度的分散记账技术。分散记账技术是指，交易信息的记录不是通过特定机构的中心服务器而是通过 P2P 网络分别记录，由参与者共同管理的技术[1]。区块链技术除了用于交易结算等金融交易，在股份、证券、金融科

---

* [韩]孟守锡，韩国忠南大学法学专门大学院教授，韩国企业法学会会长，大韩商事仲裁院仲裁人，韩国金融消费者学会会长，金融监督院金融监督委员会委员。本文发表于韩国核心期刊《保险法学》2019 年第 13 卷第 2 号（2019.12）

** 李杨，西南政法大学民商法学院副教授，研究方向：商法、金融法。

1 맹수석，"블록체인방식의 가상화폐에 대한 합리적 규제 방안"，「상사법연구」제 35 권 제 4 호，한국상사법학회，2017, 140 면; Alan Cohn, Travis West, Chelsea Parker, "SMART AFTER ALL: BLOCKCHAIN, SMART CONTRACTS, PARAMETRIC INSURANCE, AND SMART ENERGY GRIDS," 11 GEO. L. TECH. REV. 273, 277(2017).

技、保险及医疗健康等多种领域都有涉及[2]。特别是金融领域，运用区块链技术因为没有中心服务器，顾客与金融机关之间通过直接结算方式来处理业务，不仅能确保安全性，在节约交易费用与手续费方面也有效果，因此，各国的金融公司都在积极接纳区块链技术。

区块链技术作为金融科技的一种形态，被预想为保险业等金融领域革新的领头羊，金融交易市场对区块链也有深度关心。例如，保险业领域的生命保险公司为了提高记录、管理，交易实施，关系人业务能力等，正在抓紧运用区块链技术。特别希望能够通过区块链技术解决保险诈骗等由来已久的保险不诚信问题。

对于区块链技术的争议点主要是源于区块链特性，保险业领域希望区块链能在费用节约、危险管理、提高顾客服务、商业成长以及创造收益方面做出贡献[3]。然而也有评价认为区块链能够创造一部分保险市场，但是对已有的保险业务效率化以及国内保险产业的影响是有限的[4]。保险合同只是实现保险公司与投保人之间的要约与承诺，例如，个人健康保险由医生与医疗机关、保险医生等多种利害关系集合而成，告知义务的履行、投保、合同、保险金支付等相关业务目前仍通过纸质文书来处理，需要很多的努力、时间以及费用。因此，有必要将被保险人的信息等数码化，由利害关系人共有，提高相关业务处理的效率。在这一方面，保险公司虽然可以通过原有系统共享信息，但是，特别在保险关系中，如果非法操作了能成为保险金支付证据的信息，其结果是致命的，而区块链技术有一旦生成记录就很难篡改的特征，所以运用区块链技术的必要性就更大了。

然而，运用区块链等新形态金融科技时，保险产业乃至保险合同关系中会发生怎样的法律问题，以及对此如何进行规制的研究还十分欠缺。作为新技术而备受关注的区块链，过去大部分研究都集中于虚拟货币，在保险产业领域的讨论并不多。本研究是对区块链技术在保险领域如何运用，在运用过程中可能产生何等法律争议进行讨论。当然，区块链与其相关法律的争议如何进行规制，有必要在原有的法律框架下进行[5]，本文主要是对以上这些问题做出解释。

2　Ioannis Lianos, "Blockchain Competition-Gaining Competitive Advantage in the Digital Economy: Competition Law Implications," CLES Research Paper Series 2018-4(2018. 9), p.23~24(https://www.ucl.ac.uk/cles/sites/cles/files/cles_8-2018.pdf); Jemima Kelly, "Nine of world's biggest banks join to form blockchain partnership," Technology News, Sep 15, 2015(http://www.reuters.com/article/us-banks-blockchain-idUSKCN0RF24M20150915). (访问 2019.8.10).

3　Christine D. Chang, Sam Friedman, "Blockchain in Insurance-Turning a buzzword into a breakthrough for health and life insurers," 2016 Report, Deloitte Development LLC, p.3(https://www2.deloitte.com/content/dam/Deloitte/us/Documents/financial-services/us-fsi-blockchain-in-insurance-ebook.pdf)(2019.7.25).

4　김헌수·권혁준,「보험 산업의 블록체인 활용 : 점검 및 대응」, 보험연구원, 2018, 15 면 참조.

5　Robert Herian, " Legal Recognition of Blockchain Registries and Smart Contracts,"The Open University Law School, p.4(https://www.eublockchainforum.eu/sites/default/files/research-paper/legal_recognition_of_blockchain_registries_and_smart_contracts_final_draft_report_appendix.pdf?width=1024&height=800&iframe=true)(访问 2019.8.2).

二、区块链的特性与保险领域的运用现状

1. 保险产业中区块链技术的特性

一直以借贷为基础的银行业，当然保险业也一样，所有信息通过中心集中管理的方式运行。即，保险业中保险合同的缔结，保险费的收取，保险金的支付，保险金支付，一定比例准备金的确保等业务，都是通过大规模支付为基础的中心集中系统运行的。保险业领域原有的交易系统是采取非公开、中心集中的方式，区块链技术在保险业登场之后，给原有交易系统带来了公开与分散原理、去中心化等划时代的变化[6]。

区块链技术不是在中心服务器上存储记录交易信息原始数据，而是由全部网络参与者共同记录交易内容进行管理，以去中心化为核心概念的技术[7]。原有金融系统中金融公司是通过中心服务器保管交易记录，而 P2P 方式的区块链是把交易信息放在个别化的区块中按顺序连接在一起，系统上的所有参与者共同管理的方式运行的。分散记账是已经被认可的防止双重支付的方式，能够追踪数据、交易透明，而且黑客难以入侵系统，具有安全性，透明性，经济性等特征[8]。

区块链同时作用分散处理与暗号化技术，不可能进行第三次篡改，高安全性，所有系统参与者共同管理，所以能够确保交易过程的迅捷性与透明性。即，原有中心集中服务方式，有分布式拒绝服务攻击（ddos）的危险，而区块链在各个区块中将交易内容分散存储，所以会减少黑客入侵风险，属于相对安全的系统。而且，运用区块链平台省略了第三方的介入，可以节约时间和费用。

因为区块链技术安全性高、篡改困难的特征，要求数据完整性的公共机关等多种领域正在扩大其使用，为了实现新的信赖社会的构建，区块链技术备受各领域的瞩目[9]。银行业、保险业期待区块链技术能够带来革新，特别是多样化的保险条款能够运用区块链。通过区块链技术保险合同主要以智能合约[10]的形式实现，直到满足事

6　"보험업계의 AI 및 Blockchain 등 첨단기술 도입 및 활용방안", 2019.8.3 (http://dfrc.kif.re.kr/2019/09/4799)(2019.8.20).

7　맹수석, 앞의 논문, 140 면; Morgan N. Temte, "Blockchain Challenges Traditional Contract Law: Just How Smart Are Smart Contracts?," 19 Wyoming Law Review 87, 95; Reggie O'Shields, "Smart Contracts: Legal Agreements for the Blockchain," 21 N.C. Banking Inst. 177, 179(2017).

8　김두진, "디지털 경제와 핀테크", 「비교사법」 제 26 권 제 3 호, 한국비교사법학회, 2019, 298~299 면.

9　김헌수·권혁준, 앞의 보고서, 17~18 면.

10　김헌수·권혁준, 앞의 보고서, 15 면; Eamonn Maguire, Wei Ng, Michael Adler, Dennis de Vries, Jan Reinmueller, "Blockchain accelerates insurance transformation," KPMG International, p.4(https://assets.kpmg/content/dam/kpmg/xx/pdf/2017/01/blockchain-accelerates-insurance- transformation-fs.pdf (방문 2019.8.10).

前输入的自动生成条件，财产一直停留在待条件完成账户，具有缩小交易相对方危险，抑制过多手续费的功能[11]。另外，在保险领域运用区块链技术，可以解决一直以来的重要的社会问题如保险诈骗，保险金不当领取，保险金双重领取等问题[12]。

另一方面也有人建议，区块链技术还没有达到完全安全的阶段，要采取慎重的立场。即，虽然区块链技术有安全性以及不可篡改的优势，但是也不能保障原本的记录信息输入错误等信赖性以及精确性问题[13]。特别是在产权保险方面，不动产交易存在多种关系人（中介人、借款人、产权保险公司、律师等），是否持有正当的所有权，要在土地账簿确认后才能知晓，区块链不是能对此进行确认的系统，还不具备该能力，区块链在产权保险中的使用是受到限制的[14]。因此，美国不动产产权保险公司对于以区块链为基础的不动产交易常态化，是存在忧患的，担心其会巨大侵蚀原有的产权保险交易市场[15]。

2. 保险业领域区块链的使用现状

在大数据为中心的第四次产业革命进程中，各国的保险公司都在接触区块链。AXA Strategic Ventures 公司 2016 年投资 5500 万美元以来，Allianz, AIA, New York Life, MSIG, Swiss Re, Manulife Financial 等保险市场都开始积极投资区块链项目[16]。

2018 年 12 月美国 State Farm 保险集团为了有效提高保险代位程序，开始进行区块链实验。即，保险公司向损害被保险人的第三人行使代位权，原来是通过手册处理，现在正在构建通过区块链技术系统进行处理的区块链平台[17]。另外，生命保险大企业 Metlife 在 2019 年 6 月声明，开始运用区块链技术建立生命保险金请求鉴定程序的自动化系统。通过该系统可以当场确认生命保险合同存在与否，如果存在保险合同可以在一日以内通知遗嘱[18]。

11　Ioannis Lianos, op. cit., p.25.

12　박기령, "블록체인 기술의 활용에 따른 금융산업·기업활동의 변화 동향과 시사점", 「글로벌이슈브리프」 2018-02, 한국법제연구원, 6 면.

13　Ashley Sadler, Zachary Kammerdeiner, "WHY BLOCKCHAIN TECHNOLOGY WON'T REPLACE TITLE INSURANCE," CATIC Blockchain White Paper(2018. 6), p.8(http://www.catic.com/Portals/0/PagePdfs/CATIC%20Blockchain%20White%20Paper.pdf)(방문 2019. 8. 10).

14　Ashley Sadler, Zachary Kammerdeiner, op. cit., pp.13-16.

15　박기령, 앞의 논문, 6 면.

16　Eamonn Maguire, Wei Ng, Michael Adler, Dennis de Vries, Jan Reinmueller, op. cit., p.3.

17　"State Farm® Testing Blockchain Solution for Auto Claims," Bloomington, 2018. 12. 10(https://newsroom.statefarm.com/testing-blockchain-for-subrogation?cmpid=PArel121018BlockchainForSubrogation&utm_source=Direct)(访问 2019.7.30).

18　"SPH, NTUC Income and LumenLab Leverage Blockchain to Automate theVerification Process for Life Insurance Claims for Bereaved Families," BUSINESS WIRE, 2019.6.17 (https://www.businesswire.com/portal/site/home/)(2019.7.30).

英国的科技保险公司 BlockClaim 于 2019 年 6 月获得了 50 万英镑，用于开发区块链技术保险金请求处理系统。该系统通过区块链技术使其索赔流程实现自动化，不仅能减少 20%的业务处理费用，还可以防止保险金欺诈请求，以及缩短保险金支付所需时间[19]。另外，保险大企业 Legal and General 与亚马逊联合，为了管理企业年金合同建立了区块链系统。该系统通过云计算服务（亚马逊网络服务 AWS）可以使保险公司大量处理企业给付年金以及退休金相关事宜[20]。

日本从 2016 年起 Mitsubishi, UFJ Financial Group 等银行通过降低手续费的方式，希望在建立虚拟货币平台的同业银行的竞争中占领优势地位，并抓紧开发区块链金融科技系统[21]。东京海上日动火灾保险与 NTT 数据联手，外航货物保险的保险金请求业务运用区块链技术从 2017 年 11 月到 2018 年 8 月止进行实证实验，在大幅加速保险金给付等课题的解决上获得实效[22]。损害保险股份公司同其他几个公司共同开发并使用了保险合同申请，接受审查，保险事故通知，保险金审查，支付功能等，系统内流通的独立代币[23]。而且，保险合同为智能合约的方式，实现了在各个程序申请的同时，电子合同能够自动记录并执行，大量节约了处理时间。同时力求保险合同完全电子化，提高业务效率节约费用[24]。

韩国保险公司正在使用区块链技术提供多种服务。2019 年 7 月手机遗失破损保险服务结合区块链技术，大幅减少保险费请求程序的 APP 问世。以前，顾客的手机遗失或破损时，制造商服务中心准备好修理内容和发票等补偿手续，向保险公司发传真或拍照片后发到 APP 或网站，现在，顾客可以不用提交材料，通过手机保险金便捷请求 APP 当天就能拿到补偿[25]。2019 年 9 月移动医疗健康企业柠檬医疗通过 KT 区块链平台以 GiGa Chain Baas 为基础，开发了实损保险便捷请求服务。这是通过 APP 可以便捷请求的实损保险金服务，请求实损保险金所必须的一切诊疗证明数据在区块链上都有记录，医院、患者、保险公司可以通过这个 APP 进入系统，患者申

---

19 "AI and blockchain solution for insurance industry BlockClaim raises seed funding," Blockclaim, 2019.6.19 (https://www.blockclaim.ai/blog/insurtech-start-up-blockclaim-raises-500k-in-seed-funding.html)(2019.8.10).

20 "UK insurer Legal & General picks Amazon for first pensions blockchain deal," Reuters, 2019.6.12 (https://www.reuters.com/article/us-legal-general-amazon-blockchain/uk-insurer-legal-general-picks-amazon-for-first-pensions-blockchain-deal-idUSKCN1TC2VU)(访问 2019.8.10).

21 https://bravenewcoin.com/news/mitsubishi-ufj-japans-largest-financial-group-is-experimenting-with-blockchain-technology-to-build-its-own-digital-currency/2019.7.30).

22 "外航貨物保険の保険金請求へのブロックチエーン技術適用に向けた実証実験の完了", 2018.11.1 (https://www.tokiomarine-nichido.co.jp/company/release/pdf/181101_01.pdf)(2019. 7. 30).

23 https://www.aioinissaydowa.co.jp/corporate/about/news/pdf/2018/news_2018111500535.pdf 参조(访问 2019.7.30).

24 "ブロックチェーン技術を利用したスマートコントラクト保険の実証実験実施について", 2018.11.15 (https://www.cac.co.jp/news/topics_181115.html)(2019.7.30).

25 "블록체인 기술로 '휴대폰 보험' 간편 청구", 파이낸셜뉴스, 2019.7.15 (http://www.fnnews.com/news/201907151717010311)(방문 2019.8.10).

请的保险请求内容通过智能合约技术存储在区块链上，只有患者本人的区块链认证才能确认请求内容，机关需要经过患者允许才能浏览[26]。然而，与海外的保险公司相比韩国保险业领域区块链技术的使用仍显不足。

三、保险业领域区块链的运用及法律争议

1. 保险产业领域区块链的运用问题

几乎大部分的金融场景里都可以加入区块链协议，区块链的运用比之前的虚拟货币交易应用范围更广。据分析区块链技术能够给金融服务与保险业带来同当时互联网一样大规模的变化，区块链具有这样的潜在能力，特别是在民营健康保险与生面保险领域，每个人的病例，个人特征，被保险人现在健康情况等，需要完整的安全的自动相互运行系统[27]。保险业领域区块链技术的运用虽然仍处在基础阶段，以后信息通信技术与保险公司的电子技术系统相连接，通过具有革新技术的区块链平台Ethereum[28]，区块链在保险交易各个阶段都将会展开应用[29]。

2014 年以后，以银行为中心开始进行区块链投资与研究，2016 年开始使用 Allianz Risk Transfer AG 智能合约缔结大型灾害物物交换合约，并开始建成区块链保险产业联盟[30]，最近很多保险公司正对此进行扩大投资[31]。保险公司的程序高效，价格改善、危险管理，索赔经验增大信赖，金融包容，新保险商品和服务等等需求，通过使用区块链技术成为可能[32]。

区块链技术在健康保险领域以及生命保险领域特别受到关注。因为区块链技术能够构建全面安全的可以相互运用的健康存储系统，被保险人健康信息的收集与保险合同的使用变得更加容易。区块链技术的运用有以下功能：1）提供低费用的保险费的测定、请求对应机能，以价值为基础的治疗业务的合理化。2）防止医疗机构或请求人等违法，提高发现违法行为的能力。3）提高健康保险计划提供业对风险的信任。4）顾客容易理解的保险金请求程序的简单化、短期化。5）支持建立和发展网上保险

26　"레몬헬스케어, KT 와 '실손보험 간편청구' 서비스", 보험매일, 2019.9.9(http://www.fins.co.kr/news/articleView.html?idxno=81414)(2019. 8. 10).

27　Christine D. Chang, Sam Friedman, op. cit., p.4.

28　http://ethdocs.org/en/latest/introduction/history-of-ethereum.html (2019. 7. 30).

29　금융보안원, 「이더리움(Ethereum) 소개 및 특징 분석」, 2016, 4~5 면(2019.7.30).

30　"Allianz Risk Transfer, Nephila Capital successfully pilot blockchain for Cat swap," Canadian Underwriter, 2017.6.14(https://www.canadianunderwriter.ca/catastrophes/allianz-risk-transfer-nephila-capital-successfully-use-blockchain-cat-swap-1004115113/)(访问 2019.7.30).

31　김규동, "개인보험시장에서 블록체인 활용 가능성 검토", 「KIRI 리포트」제 447 호, 보험연구원, 2018, 6 면.

32　Eamonn Maguire, Wei Ng, Michael Adler, Dennis de Vries, Jan Reinmueller, op. cit., p.3.

交易所或 P2P 赔偿团体。6）实现保险公司实时健康状况监督，使得划时代的保险费测定方式或促进双向服务成为可能[33]。

尽管如此，区块链技术还不能确保完全性，其实用化还有许多课题需要攻克。即，保险公司运用区块链技术进行革新开发保险商品时，在保险金给付的全阶段要确保区块链技术平台与标准可以共享。此外，以区块链为基础的智能合约法律性质问题，维持分散记账与浏览权限共存问题，区块链平台交易量或参与者众多的情况下扩张性低下以及处理迟缓的问题，通过共同平台交易时竞争法的问题，多个公司参与的网络中个人信息泄漏时责任主体的确定问题，以及国际交易背景下裁判管辖权等问题都需要予以解决[34]。

2. 运用区块链技术的保险合同法律问题

1）智能合约的运用及法律争议

使用智能合约的保险合同，可以看作以前的"电子合同"的替代概念。保险合同从邀约到成立阶段，在一定期间内都是通过把各个阶段必要的信息以电子的方式个别记录，来缔结的电子合同，以后从合同的成立到履行都是通过智能合约技术，以自动化的形式实现。特别是在保险合同中运用区块链技术的智能合约具有以下优势，直到满足特定条件时才自动支付保险金，属于附条件支付保险金的方式，比其他关联业务相比更能有效地进行处理[35]。

智能合约运用在保险上时，保险金的请求过程中直到给付，都是以互联网上可能取得的信息为前提而实现的，根据互联网上的信息满足条件的保险可以成为智能合约的对象[36]。智能合约是记载交易内容合同在程序中进行定义，自动生成合同条件的确认或履行[37]，这一系列过程由区块链实现时，不属于分散记账，留下交易记录，合同与交易的正当性任何人可以通过数码信息进行确认，同时也可以节约合同的履行费用。

之后运用 IOT 在目标物上附着故有传感器，财物状况的信息在网上流通，实时感知财物事故的发生，对事故自动登记保险金支付业务的相当一部分也可以自动化。例如，电机或机械设备的烧毁破损等火灾保险的运用，机动车保险保险事故发生时，就可能自动通知事前指定的修理厂家进行服务。像这样包含区块链的智能合约，同

33　Christine D. Chang, Sam Friedman, op. cit., p.4.

34　内田真穂, "保険事業におけるブロックチェーン技術の活用", 「損保ジャパン日本興亜総研レポート」Vol. 72(2018), 69~70 頁.

35　也有学者认为保险连接着证券，在智能合约运用过程中会产生的新形态的风险，不仅在保险市场，而且还有可能会转移到资本市场(김규동, 앞의 논문, 9 면).

36　AXA goes blockchain with fizzy(https://www.axa.com/en/newsroom/news/axa-goes-blockchain-with-fizzy(访问 2019. 8. 10).

37　김제완, 앞의 논문, 163 면.

时使用了 IOT 技术来促进改善保险商品服务[38]。

然而，运用区块链技术缔结智能合约的过程中，有可能在交易处理过程中发生系统自动延迟等问题。智能合约是通过电子方式实现，根据事前输入的程序自动履行合同。因此，如果在合约履行的任何阶段出现了瑕疵，都会出现该瑕疵应以何种方式解决、责任如何分配的问题，这是程序无法事前输入的。另外应该注意在智能合约缔结时，因为软件解码器存在缺陷也存在潜在法律问题。解密过程中，软件解码器生成错误或实施者植入病毒引起缺陷，可能妨碍适法的智能合约的缔结等，产生多种形态的问题[39]。

2）防止保险金请求诈骗

保险事故发生时向被保险人快速支付精确的保险金非常重要。另外，保险金请求时判断是否存在保险诈骗行为预防风险也是所有保险公司的主要管理业务。保险诈骗最终会引发提高保险费以及向善意投保人转嫁伤害，被认为是保险合同中的问题之一，区块链技术可以更快速更容易的防止保险金请求诈骗，甚至可能降低保险诈骗的发生率[40]。

民营健康生命保险违法请求等问题很严重。如健康保险中，没有医疗机构诊疗而直接请求保险金，为获得诊疗收入而操作诊疗行为等，存在多种类型的违法请求。投保人获得的保险金没有通知其他的担保保险公司，为不适格的投保人或抚养家属（如离婚后还为前配偶购买保险）请求保险金[41]。再如生命保险中，被保险人隐匿糖尿病、心脏病史等重要健康信息缔结保险合同，在投保时发生不正当行为[42]。

上述保险诈骗在很早以前就已经是很严重的社会问题了，其弊端至今没有减少。韩国不仅制定了《保险诈骗防止法》，还提高了检举揭发保险诈骗的金额[43]，美国的保险金请求中约 5%～10%为诈骗请求，损失金额达到每年 400 亿美金[44]。保险金支付过程中存在很多利害关系人，不仅有保险公司、投保人，还有服务提供者医院、设备工厂，保险公司及投保人委托的损害测定师或律师等，所以在此过程中很容易产生保险诈骗等问题。

发生保险事故请求保险金时，原来是以书面文件为中心进行审查程序的标准方式，这保险诈骗的探知是有限度的。相反，基于区块链的共有原始账簿技术，保险

38　内田真穂，前揭論文，66~67 頁.

39　Morgan N. Temte, op. cit., p.110.

40　CB Insights, "How Blockchain Could Disrupt Insurance," 2019 RESEARCH BRIEFS(2019.1.10), p.3 (https://www.cbinsights.com/research/blockchain-insurance-disruption/)(2019. 8. 10).

41　Christine D. Chang, Sam Friedman, op. cit., p.12.

42　Id.

43　"특별법 시행 3 년, 보험사기 더 늘었다…'왜?'"，머니투데이(2019.9.10.)(https://news.mt.co.kr/mtview.php?no=2019090812500844015)(2019. 9. 20).

44　CB Insights, op. cit., p.1.

公司的索赔数据统合系统可以迅速探知保险诈骗[45]。保险金请求过程中，区块链没有失误的及时评价系统能够大幅减少诈骗请求，这样的区块链被寄予厚望[46]。保险公司已经开始通过区块链分散网络使用最新的地理信息系统，除了节约管理费用，还实时减少了支付保险金的时间[47]。

3. 区块链平台开发以及竞争法律问题

区块链技术可以适用进行交易的大部分财产，所以多种形态的平台正在被建立。特别是大多数的利害关系金融公司，与企业联合开发出了区块链平台进行金融服务。例如国际企业联营 R3CEV，以区块链技术企业 R3 为中心的银行[48]等金融公司开发出了可以使用的区块链标准平台，并且已经有多数企业参与其中[49]。问题是保险公司为了经营效率化，以联营的形式构建、运营区块链网络的行为，有可能产生违反竞争法的问题[50]。

为了区块链应用程序效率最大化，系统参与者应该在共同的平台上互相协同合作。因为区块链技术的匿名性，对于系统参与者，各个保险公司要以共用分散记账的方式运营区块链平台。因为区块链技术构造上特征，公共平台在使用过程中可能违反竞争法。当然保险公司为了追求效率相互协作的行为可能排除竞争法的适用，但是，该行为并不是任何时候对于公正交易法与竞争法都可以免责[51]。

OECD 在 2018 年 4 月公布了【区块链技术与竞争政策】的讨论报告书（以下称为"OECD 报告书"[52]。该报告书中指出，区块链技术具有竞争与促进效率的效果，同时也伴随着反竞争行为的风险，并对"串通交换信息"与"滥用市场支配地位的行为"进行了探讨。

第一，串通交换信息是指区块链参与者通过区块链上的交易，对价格、数量、

45 CB Insights, op. cit., p.1.

46 Christine D. Chang, Sam Friedman, op. cit., p.13.

47 "金融サービスにおけるブロックチェーンの利用例と未来", TechBullion, 2019.1.21(https://blog.global.fujitsu.com/jp/2019-01-21/09/)(2019. 8. 30).

48 "NH 농협은행, 세계 최대 블록체인 컨소시엄 'R3CEV' 합류", 파이낸셜뉴스, 2017.12.8(http://www.fnnews.com/news/201712081045251876)(방문 2019.8.30).

49 R3 컨소시엄에는 60여 개 대형 해외 메이저 금융회사국내 5개 은행이 참여하고 있다 (김헌수·권혁준, 앞의 보고서, 31~32 면).

50 OECD, "Blockchain Technology and Competition Policy-Issues paper by the Secretariat," 2018.4.26, p.5(https://one.oecd.org/document/DAF/COMP/WD(2018)47/en/pdf)(2019.7.30); 佐藤智行, "コンソーシアム型ブロックチェーン技術の保険業務への活用と競争法上の留意事項",「損保総研レポート」第 124 号(2018), 39 頁.

51 Stephan Breu, "BLOCKCHAINS AND CYBERCURRENCIES CHALLENGING ANTI TRUST AND COMPETITION LAW," 2017.12. 1(https://papers.ssrn.com/sol3/papers.cfm?abstract_id=3081914)(2019.8.10).

52 OECD, "Blockchain Technology and Competition Policy-Issues paper by the Secretariat" (2018.4.26.) (http://www.oecd.org/daf/competition/blockchain-and-competition-policy.htm)(2019.8.30).

交易条件等有竞争力的信息进行交换[53]。OECD 报告书的串通是指，韩国【垄断规则与公正交易相关法律】（以下称为 "公正交易法"）上 "限制不当竞争的行为的协议"。公正交易法上经营者运用合同、协议、决议等其他任何方法，与其他经营者共同限制不正当竞争行为的协议（以下称为 "不正当共同行为"），或者不允许其他经营者进行此行为（同法第 19 条），不仅是明确的积极协议（串谋或同谋）有目的性的协议[54]也是规制对象[55]。因此，"目的性协议乃至协助" 也被认为是协议，属于限制不正当交易的不正当共同行为。不仅明确指出经营者之间的相互约束的程度就是协议，只要相互知道对其他经营者提高价格的行为并表示缄默，这种行为就充分的构成了协议。原则上禁止交换以及共有影响现在或将来的价格、数量、交易条件等的竞争性机密信息。

因此，设计区块链共识算法时，有必要注意不能涉及公正交易法上的不正当共同行为。例如，不能不正当限制联营企业成员，对新加入者的规则应该具有透明性、公正性、合理性、无差别性[56]。联营企业的特定成员比其他成员具有优先交易权或者限制交易的行为，区块链平台运营者附加使用费的行为都会引发公正交易法上的问题[57]。因此，有必要明确指出，为了不违反区块链共识算法本身的协议性，区块链共识算法系统不应该排除特定成员的交易或者优先拒绝特定外部人交易[58]。

第二，滥用市场支配性地位是指在区块链内部占有市场支配性地位的原有成员，妨碍或者排除有竞争关系的其他公司。OECD 报告书对于原有成员滥用市场支配地位妨碍或拖延他人使用区块链技术以及联营企业排除竞争公司分别进行了说明[59]。妨碍或拖延区块链技术的使用是指，原有成员妨碍或拖延其他公司有效使用区块链技术。例如，扩张解释区块链技术的安全性风险，或者以提高竞争公司的费用为目的制定规则上的障碍。联营企业的区块链以许可制进行运营，由原有成员共同管理，为了使联营企业在某些特定市场中处于竞争优势拒绝他人加入联营企业，都属于妨碍或排除联营企业的竞争公司[60]。

韩国公正交易法禁止经营者滥用市场支配性地位[61]，OECD 报告书上的滥用市场支配性地位，妨碍或排除竞争公司行为，非常有可能属于违反公正交易法的行为。

53　佐藤智行，前揭論文，40 頁.

54　홍대식，"합리적인 부당공동행위 추정"，「카르텔 종합연구(하)」，한국경제연구원，2010，209 면.

55　大法院 2019. 3. 14 宣告 2018 두 59663 判決（独占规定与公正交易相关法律第 19 条第 1 款）

56　Alastair Mordaunt and Paul Seppi, "The Next Big Thing? Regulatory Interest in Blockchain Continues to Gain Momentum," Competition Law Insight vol 17 issue 9(2018), p.17.

57　Alastair Mordaunt and Paul Seppi, op. cit., p.18.

58　佐藤智行，前揭論文，41 頁.

59　OECD, op. cit., pp.6~7.

60　OECD, op. cit., p.7.

61　同法第三条第二款，不当的决定、维持或变更商品的价格或劳务的对价等等。

特别是多数的经营者参与的联营企业型区块链，规定了参与资格等条件，要求遵守条约规定[62]，加入联营企业型区块链的网络成为了在特定市场上进行经营活动要件，原有成员排除特定竞争公司加入网络等行为属于违反公正交易法的行为[63]。

前述妨碍入会的行为与垄断和支配相关，会引发竞争法上的问题。当然竞争法上的危险不仅局限于区块链技术，当局对于区块链技术引发的问题还没有明确如何进行规制，所以区块链相关企业可能会低估竞争法上的危险。然而，如果公司违反公正交易法不仅调查时间长，还可能受到加重罚款等处罚。公司会卷入诉讼，最坏的情况会受到刑事处罚。因此，区块链联营企业经营保险产业时，相关保险公司应该重视潜在的违反竞争法的风险[64]。

4. 区块链与金融信息保护方案

虽然区块链以高透明性安全交易技术受到瞩目[65]，但还不是保存个人信息或机密数据安保的完美技术，使用时在安保上仍受到限制。韩国个人信息保护法规定了个人信息通过中央集中或委托的方式存在个人信息管理主体的情况（同法第三条），个人信息、个人信息的处理以及个人信息处理人的定义都有规定（同法第二条），另外，电子信息交易法规定了信息保护最高责任人的指定（同法第 21 条第 2 款，同法实行令第 11 条第 3 款）。然而通过区块链技术分散记账保存个人信息的情况下，会产生全部分散账户保管人不属于个人信息处理人或委托管理人的问题。现行法上对于运营主体不明确的区块链，指定信息管理责任人也是不可能的。

以分散记账为核心的区块链，并没有明确的个人信息的判断标准。另外，也不存在区块链纷争调整的第三方外部机构，对此有必要准备法律依据。特别是区块链的运用有可能引发与个人信息保护法的冲突。个人信息保护法虽然规定个人信息处理目的达成的情况下，可以分析该信息，但是区块链为了维持全部区块的完整性不可能删除部分区块。民营健康保险或实损保险中医疗法上医疗信息不能与外部系统连接也是区块链扩散的制约条件。因此也有建议认为，比保险业为了消费者便利以及强化产业竞争力使用区块链更重要的是积极治理相关法律[66]。

然而，制定新的法律或制度可能会产生善意的损害，所以只能强调安全性。使用区块链技术进行金融交易，个人信息处理者以及委托人的范围要把一定要件下的分散记账保管人包含在内，确认个人信息时可能发生的黑客、病毒、邮件炸弹、拒

62　Alastair Mordaunt and Paul Seppi, op. cit., p.18.

63　佐藤智行, 前揭論文, 43 頁.

64　Alastair Mordaunt and Paul Seppi, op. cit., p.19.

65　保险公司之间对投保人的姓名、住所、出生年月等固有的个别识别信息的共享受到限制，保险业开发防止欺诈系统的具有困难性，但为了共享敏感的个人信息，保险公司试图使用区块链技术。(CB Insights, op. cit., p.2).

66　김헌수·권혁준, 앞의 보고서, 64 면.

绝服务等数据侵害事故发生时的义务主体也需要指定，在区块链相关的立法案中有必要追加这些规定。

5. 区块链与保险消费者保护问题

保险合同缔结时运用区块链技术存在很多优势。特别是在缩短时间以及减少程序方面，生命健康保险合同上是很有效果的。生命保险的投保程序中，过去收集健康数据或购买保险以及测定保险费时，需要新的检查可能会经历很长时间，购买个人健康保险作为消费者而言不仅合同缔结复杂，同时理解健康保险的概念也很困难[67]。个人的全部健康记录，如果通过一系列的区块链，申请和购买生命保险过程可以比过去缩短时间。健康保险公司可以更安全容易的取得检验过的患者信息[68]，所以保险公司可以迅速追加新的被保险人的信息，同时减少了要收集并提供详细机密信息的负担。特别是很多保险公司通过实行区块链系统，可以直接与顾客建立联系，也可以为消费者提供更多的选择。区块链可以不需要中介直接检验并缔结合同，消费者不用经历复杂的程序就可以投保生命保险[69]。

如上所述，区块链等金融科技的发展使金融消费者可以享受到更多的益处，但是未经检验的新技术也会给消费者带来损害。保险合同是通过个人的隐秘信息来测定保险费，属于特殊类型交易，所以确保机密性至关重要。特别是很多公司参与的互联网行为，由全体参与者管理区块链系统，个人信息的泄漏变得容易，个人信息泄漏时，会产生相关责任该由谁来承担的问题[70]。

最近，韩国政府为了促进企业革新成长，正在制定多种金融科技活性化方案，特别是《金融革新支援特别法》要求革新金融业者为保护金融消费者要实施一定的措施[71]。

因此，使用区块链技术缔结保险合同的革新金融业者在投保人发生损失时，依照金融革新支援特别法或保险法要承担损害赔偿责任。这种情况下，无论在合同缔约的任何阶段发生问题，保险消费者履行举证责任在技术上几乎都是不可能的，所以革新金融业者与保险公司要承担连带责任。

67　Christine D. Chang, Sam Friedman, op. cit., p.16.

68　吉澤卓哉, "インシュ…アテックと保険法", 「産大法学」第 53 卷 第 2 号, 2019, 138 頁. 株式会社ジエイ・エム・アール生活総合研究所, 「損害保険分野における最先端技術・機器活用の現状と展望」, 2019, 53~60 頁 参조.

69　Christine D. Chang, Sam Friedman, op. cit., p.17.

70　内田真穂, 前揭論文, 70 頁.

71　맹수석, "금융혁신지원특별법의 쟁점과 개선 방안", 「상사법연구」 제 38 권 제 1 호, 한국상사법학회, 2019, 307 면; 고영미, "규제샌드박스를 통한 블록체인 사업 활성화에 대한 법적 연구", 「경영법률」 제 29 권 제 3 호, 한국경영법률학회, 2019, 19 면.

四、结　语

区块链不只是虚拟货币交易，在保险产业领域已经成为了重塑产业运营方式的新一代技术手段。特别是健康保险与生命保险领域，每个人的病例，个人特征，被保险人的现在健康状况等记录都包含在内，区块链系统将成为安全的使用的方式。区块链技术能够建立全面安全的可以相互运用的健康记录存储系统，在保险合同关系中正在扩大使用。

然而，因为区块链技术还不是十分完美的技术，在实用阶段可能产生多种法律问题。维持分散记账与阅览权限对立的问题，在交易阶段会产生限制扩张性以及延迟处理的问题，个人信息泄漏时责任主体的确定等问题都会发生。特别是以区块链为基础的智能合约保险的运用，自动支付保险金虽然可以促进保险商品及服务的改善与进化，但智能合约的法律性质问题应该予以解决。以区块链为基础的智能合约在完成保险交易时，能够确保透明性与安全性，及时探知同一事故提起的多种请求，防止双重支付等保险诈骗。然而，运用区块链技术的智能合约在缔结过程中，合同当事人有必要注意到软件编码结合存在的法律问题。

在开发区块链技术时，各保险公司以联合形态进行运营会产生竞争法上的问题。现在多数的利害关系保险公司与 ICT 企业共同联合开发使用区块链平台，在此过程中可能产生违反竞争法的问题。保险公司为追求效率而相互协力的行为，不是任何时候都可以免除适用反不正当竞争法与公平交易法。特别是有多数企业参与的联合型区块链，根据参与资格等条件的规定，联合型区块链的网络参与者只能在特定的市场中满足营业活动的参与要件，而排除原来的参与者参与的行为很有可能违反了公正交易法。构建联营区块链进行营业的保险产业，保险公司要认识到这种方式可能潜在的违反竞争法的情况。

此外，区块链等金融科技的发展可能给金融消费者带来多种便利，但使用未经检验的新技术可能会引发损害消费者问题。保险合同属于以个人隐私信息为基础来测定保险费的特殊交易，确保机密性至关重要。

虽然在保险领域已经开始使用区块链，但是对于区块链会给保险产业带来何等影响，仍旧存在多重视角。克服区块链技术安全性仍是重要课题，因此，未来相当长一段时间内区块链法律规制的方向将会持续受到讨论。在肯定区块链技术在保险领域积极作用的同时，应该意识到预防金融消费者损害的发生，持续监督区块链技术的进化过程，整理相应的规则体系也是一个重要课题。

参 考 文 献

1. 김헌수·권혁준, 「보험 산업의 블록체인 활용 : 점검 및 대응」 [M], 보험연구원, 2018.

2. 고영미, "규제샌드박스를 통한 블록체인 사업 활성화에 대한 법적 연구" [J], 「경영법률」 제29권 제3호, 한국경영법률학회, 2019.

3. 김규동, "개인보험시장에서 블록체인 활용 가능성 검토" [R], 「KIRI 리포트」 제447호, 보험연구원, 2018.

4. 김두진, "디지털 경제와 핀테크" [J], 「비교사법」 제26권 제3호, 한국비교사법학회, 2019.

5. 김성호. "블록체인기술 기반의 스마트 계약에 대한 민사법적 검토" [J], 「한양법학」 제30권 제3호, 한양법학회, 2019.

6. 김제완, "블록체인 기술의 계약법 적용상의 쟁점-'스마트계약(Smart Contract)'을 중심으로-" [J], 「법조」, 제67권 제1호, 법조협회, 2018.

7. 맹수석, "블록체인방식의 가상화폐에 대한 합리적 규제 방안" [J], 「상사법연구」 제35권 제4호, 한국상사법학회, 2017.

8. 맹수석, "금융혁신지원특별법의 쟁점과 개선 방안" [J], 「상사법연구」 제38권 제1호, 한국상사법학회, 2019.

9. 정경영, "블록체인 기반의 스마트계약 관련 법제 연구" [J], 「법연」 Vol. 57, 한국법제연구원, 2017.

10. 정진명, "블록체인 기반 스마트계약의 법률문제" [J], 「비교사법」 제25권 제3호, 한국비교사법학회, 2018.

11. 홍대식, "합리적인 부당공동행위 추정", 「카르텔 종합연구(하)」 [M], 한국경제연구원, 2010.

12. 株式会社 ジエイ・エム・アール生活総合研究所, 「損害保険分野における最先端技術・機器活用の現状と展望」, 2019.

13. 吉澤卓哉, "インシュ…アテックと保険法" [J], 「産大法学」 第53巻 第2号, 2019.

14. 内田真穂, "保険事業におけるブロックチエーン技術の活用" [J], 「損保ジヤパン日本興亜総研レポート」 Vol. 72, 2018.

15. 木下信行, 岩下直行 ほか, "ブロックチエーンの法的検討(上)" [J], 「NBL」 No. 1094, 2017.

16. 柳川範之, 山岡浩巳, "ブロックチエーン・分散型台帳技術の法と経済学", 「日本銀行ワーキングペーパーシリーズ」, 2017.

17. 佐藤智行, "コンソーシアム型ブロックチエーン技術の保険業務への活用と競争法上の留意事項" [J], 「損保総研レポート」 第124号, 2018.

18. Alan Cohn, Travis West, Chelsea Parker, "SMART AFTER ALL: BLOCKCHAIN, SMART CONTRACTS, PARAMETRIC INSURANCE, AND SMART ENERGY GRIDS" [J], 11 GEO. L. TECH. REV. 273(2017).

19. Alastair Mordaunt and Paul Seppi, "The Next Big Thing? Regulatory Interest in Blockchain Continues to Gain Momentum" [J], Competition Law Insight vol 17 issue 9(2018).7.

20. Angelo Borselli, "Smart Contracts in Insurance. A Law and Futurology Perspective," Bocconi University, Department of Law(https://papers.ssrn.com/sol3/papers.cfm?abstract_id= 3318883).

21. Christine D. Chang, Sam Friedman, "Blockchain in Insurance-Turning a buzzword into a breakthrough for health and life insurers" [R], 2016 Report, Deloitte Development LLC(https://www2.deloitte.com/ content/dam/Deloitte/us/Documents/financial-services/us-fsi-blockchain-in-insurance-ebook.pdf).

22. Robert Herian, "Legal Recognition of Blockchain Registries and Smart Contracts" [R], The Open University Law School(2018)(https://www.eublockchainforum.eu/sites/default/files/research-paper/

legal_recognition_of_blockchain_registries_and_smart_contracts_final_draft_report_appendix.pdf?
width=1024&height=800&iframe=true).

23. Eamonn Maguire, Wei Ng, Michael Adler, Dennis de Vries, Jan Reinmueller, "Blockchain accelerates insurance transformation" [J] KPMG International, 2017.

24. Habil Kantur and Charles Bamuleseyo, "How smart contracts can change the insurance industry" [J], IT, Management and Innovation, 2018(http://www.diva-portal.org/smash/get/ diva2:1214254/FULL TEXT02.pdf).

25. Ioannis Lianos, "Blockchain Competition-Gaining Competitive Advantage in the Digital Economy: Competition Law Implications" [J], CLES Research Paper Series 2018-4(2018).

26. Jemima Kelly, "Nine of world's biggest banks join to form blockchain partnership" [N], Technology News, Sep 15, 2015.

27. Michael Volkov, "Congress and the Blockchain: The 2018 Joint Economic Report's Discussion on Cryptocurrency" [J], Volkov Law, March 21(2018).

28. Morgan N. Temte, "Blockchain Challenges Traditional Contract Law: Just How Smart Are Smart Contracts?" [J], 19 Wyoming Law Review 87(2019).

29. Philipp Hacker, Ioannis Lianos, Georgios Dimitropoulos, Stefan Eich Regulating Blockchain: Techno-Social and Legal Challenges [M], Oxford University Press, 2019(https://books. google.co.kr/books? id=JguIDwAAQBAJ&pg=PA210&lpg=PA210&dq=insurance+Contract+blockchain+REGULATION& source=bl&ots=1NxgMW6yG_&sig=ACfU3U3kJqCVrGj-o7Vf6u1Fez_q9kjvAQ&hl=ko&sa=X&ved= 2ahUKEwi3_M2fsPLkAhUPfXAKHdRNAsE4HhDoATAIegQICRAB#v=onepage&q=insurance%20 Contract%20blockchain%20REGULATION&f=false).

30. Philippa Ryan, "Smart Contract Relations in e-Commerce: Legal Implications of Exchanges Conducted on the Blockchain" [J], 7 Technology Innovation Management Review 10, (2017) (http://www5.austlii.edu.au/au/journals/UTSLRS/2017/24.pdf).

31. Reggie O'Shields, "Smart Contracts: Legal Agreements for the Blockchain," 21 N.C. Banking Inst. 177(2017).

32. Richard Kastelein, "US Congress Buckles Down With Blockchain–Launch Congressional Blockchain Caucus" [Z], Blockchain News, 2017.

33. Ryan Surujnath, "Off the chain: A guide to blockchain derivatives markets and the implications on systemic risk" [J], 22 Fordham J. Corp. & Fin. L. 257(2017)(https:// ir.lawnet.fordham.edu/cgi/ viewcontent.cgi? article=1440&context=jcfl).

34. OECD, "Blockchain Technology and Competition Policy - Issues paper by the Secretariat" [R], 2018.

案例研究

医患纠纷中对抗性叙事的生成及其法治意义

——解读大学教师彭××"殴打"男护士案风波

冯 磊*

摘 要：法律叙事被视为案件事实的重建。清晰的叙事既有助于发现真实，又可作为证据在法律实践中生动投影。以引发网络热议的大学教师彭××"殴打"男护士事件为例，可以看出，现实中的医患纠纷，在冲突双方视野中往往呈现出激烈的对抗性叙事。其中，双方均运用了一定的修辞策略，对断裂带上的证据和事实予以细节补充，而关于此次医疗纠纷的社会认知更加大了冲突的社会影响。由此产生的启示是，在医患纠纷的解决中，应更加关注在双方叙事背后隐藏的不同程度的"相对剥夺感"，认真对待富有法律意义的模糊叙事，反思纠纷化解对社会价值期待的有效回应。

关键词：医患纠纷 对抗性叙事 修辞策略 社会认知

一、问题的提出：一起冲突，两个故事

事件最初由网络曝光。在 2016 年 11 月 26 日的微信朋友圈中，一则大学教师打伤××医院口腔科男护士的消息广为流传，发消息者声称："今天上午门诊，我科里来了病人，挂号靠后，最快也得 10 点半能看上，结果 9 点半就开始骂人闲（嫌）看病慢，解释无果还动手打伤我科同事！真是叫人气愤。经常看新闻里的医闹，没想到今天就发身（生）在身边。这样的人还配做教授吗，必须严惩……××大学××系教授彭××，小伙伴们都转发……让他的学校知道有这样的员工是该骄傲还是可耻。"在这则消息的后面，还附了被打伤男护士颈部淤痕和卧病在床的照片以及彭××的照片。该微信首条评论写道："已经报警，我同事恶心呕吐了两次，晕得躺着起不

---

* 冯磊，法学博士，重庆医科大学马克思主义学院教授，硕士研究生导师。

来，真心疼我们年轻的小伙子，我使劲拉着同事不让他还手，生生给我们打成这样了！太气愤了！"[1]

而网传中"打人"的大学教师彭××在27日凌晨发布了声明，详述了事件经过："本月26日早晨，我牙痛难忍，遂去××医院就诊。排队、苦等近三个小时，最后候诊区只剩下我一人，遂进走廊一看，见有几个大夫在闲聊，便咨询其中一名男大夫，问：'什么时候能轮到我看病？'未料对方勃然大怒，一种惯常的斥责患者的口气告我：'出去等待，没通知不要进来'（当时的位置在医院走廊）。我奉劝对方说话要客气，但该大夫冲到我面前，不断言语挑衅：'我说话就这样，你能怎么着'，'嫌慢，去别的地方'，'难道你还想打人不成'，'你打我一下试试'，等等。我当时确实无法克制，抓住对方衣领，对方也随之抓住我，相互推搡了几下，随即被周围的大夫和患者劝开。"冲突后彭××在保安的陪同下，写了投诉信后离开。在声明中，彭××认为这只是日常纠纷，但没有想到派出所已经介入，彭××声称如果走司法程序，自己将认真面对；同时，彭××对此事调查的个人意见认为，应以监控录像为证，伤情应由中立医院证明，自己将对网络上不负责任的言论保留维权的权利。[2]

该事件主要的后续报道来自《北京青年报》和《京华时报》。《北京青年报》补充了对医院门诊主任石×的采访，核实了伤情（石×称，伤者主要伤在脖子、前胸，头部曾被推搡撞墙，有脑震荡）以及伤者并未还手的事实。[3]《京华时报》补充的信息主要包括：第一，对伤者赵×关于冲突过程的采访，"两人发生了言语冲突，彭先生抓着其领口拉扯，并对其胸口打了两拳，'因为我当时靠着墙，他推我的时候，我的头就撞到了墙，期间我都没有还手，后来旁边的人帮忙把我们拉开。'"第二，经了解，事发区域无监控录像。[4]

这起事件结果如何、真相怎样，媒体无后续报道，但令人印象深刻的是，一起医患冲突事件，无论是最初的网络媒体还是最终的纸质媒体上，都产生了内容看似一致，但意义截然不同的描述。第一个版本中，彭××是无理取闹甚至横施暴力的"医闹"，第二个版本中，彭××则成情有可原、忍无可忍的纠纷当事人，还无辜遭受网络暴力的侵害。两个版本的形成，首先与该新闻的生产方式有关。数字化时代的昌盛，深刻影响甚至颠覆了新闻的传播方式，以互联网自媒体平台为传播途径的

1　见2016年11月30日报道："人大教授发声明：医生言语挑衅，我才动手"，载搜狐网站：https://www.sohu.com/a/120312919_377340

2　见2016年11月30日报道："人大教授发声明：医生言语挑衅，我才动手"，载搜狐网站：https://www.sohu.com/a/120312919_377340

3　张香梅，郭琳琳：《网曝大学教授打护士，警方介入调查》，载《北京青年报》2016年11月28日，第A08版。

4　王悦：《大学教授看牙与护士起冲突》，载《京华时报》2016年11月29日，第011版。

"公民新闻"逐渐成为民众获取信息的重要途径，也渐成传统新闻生产的重要信息来源。[5]有研究显示，在"公民新闻"的生产中，开放的数字平台（自媒体）通过互动参与给予了公民公共参与的权利，这是传统新闻媒体难以做到的，但由于公共平台的特性，"公民新闻"缺乏权威的新闻产出。[6]这也是造成不同版本的文本原因。

但这两个故事版本的形成还有着超乎传播意义的价值。它们分别来自事件冲突中的不同叙述主体（医方和患方），在不同叙事的背后，蕴含着双方以及社会对此次冲突乃至医患纠纷更广泛意义上的认识。我们要观察并解决的问题应当包括这样的叙事是怎样形成的，原因何在？当叙事与医患冲突相结合时，现实的社会影响究竟是什么？叙事发生对医患纠纷的解决思路有怎样的启发？为了方便叙述，笔者将发布在微信朋友圈里的信息、彭××的声明、《北京青年报》的报道、《京华时报》的报道按顺序分别称为材料一至材料四，后文使用时不再另行说明。

二、对抗性叙事的生成：修辞策略与认知影响

（一）法律、案件与叙事生成

法律、案件与叙事的研究始于美国的法律与文学运动。最初的法律叙事学是对作为案情叙述方式的叙事（即"讲故事"）的研究，研究对象是"讲故事"行为本身，很多研究集中在受歧视者、弱势群体、少数派都应当被允许自行表达关乎自身利益的案件事实，"提请人们注意传统上被立法思维和程序所轻视或边缘化了的故事"，而叙事本身的价值和作用并未纳入研究范畴。[7]但这一研究激起了学者对法律中案件叙事的兴趣。波斯纳睿智地指出，法律叙事学仅仅关注讲故事，而不反思讲故事的技术，是重大缺陷。在他看来，叙事技术包括叙事人的选择、建构一个暗含的作者、使用或不使用描写、平行故事的并列、时间的处理等，而运用技术建立因果关系、诉诸感情，可以将客观事实重构为修辞事件，"讲故事和讲事实之间这种并不轻松的关系是法律叙事学的最大问题。"[8]波斯纳的观点其实指明了法律叙事研究推进的重要

5　"公民新闻"是指非专业新闻工作者的普通大众借助互联网自媒体平台进行的新闻生产。传播主体常常是当事人或与事件有利害关系的人，传播媒介主要是自媒体，传播内容包括以公权力机构违背常理，违反政策、法律、规章和伦理的行为；公民个体自身利益相关的事件、结果；公共利益、公共道德和公共伦理。公民新闻的特征包括：媒体的开放、互动与信息的多元共生；报道的即时、碎片化；媒介的融合与媒体、公众互设议题。参见：陈琦："自媒体时代我国公民新闻的建构"，载《新闻界》2014年第3期，第70-74页。

6　Jonathan Scotta, David Millardb,Pauline Leonardo: Citizen Participation in News: An analysis of the landscape of online journalism Digital Journalism, 2015, 3(5): 737-758.

7　[美]詹姆斯·费伦，彼德·J. 拉比诺维茨：《当代叙事理论指南》，申丹，马海良等译，北京大学出版社2007年版，第478页。

8　[美]理查德·A. 波斯纳：《法律与文学》，李国庆译，中国政法大学出版社2002年版，第460-476页。

方向，即通过分析不同的叙事建构与修辞、事实及证据的关系，发现叙述者对抽象为法律要件的生活事件的真实理解，也就是布鲁克斯等法律叙事学学者指出的："叙事本身修正了事件，改变了事件的面貌，生产了其他事件去填补空白，并且给行为注入了动机。"[9]叙事并非案件事实的再现，而是案件事实的重建，既可以作为发现真相的基础，更可以作为法律文本投影于实践的研究样本。

在此基础上，针对同一事件叙事版本的巨大差异，艾伯特提炼了"叙事的对抗"（a contest of narratives）这一概念。他以1892年莉齐·博登案为例，分析了两个不同的案件事实版本，一个版本中，博登是被无端怀疑杀死继母的柔弱无辜女子，另一个版本中，博登则成为心理阴暗狡狯，欲逃脱追究的杀死继母的凶手。[10]博登案中所谓"叙事的对抗"，来源于案件证据不足时，民间对事实的不同猜测，其虚构、夸张、讹传的成分远远超越了对事实真相追寻的态度。在叙事对抗的背后，事实上是两种不同价值观的分歧：第一个版本可以视为对生活在继母阴影下的非亲生女儿的同情，第二个版本则反映了对不顾及乃至破坏生父获得家庭幸福的变态女儿的厌恶。叙事的变化，反映了对生活世界和文化环境的认识，也是叙述者情感的表达或宣泄，如凯瑟琳·奥兰斯汀对不同时期的小红帽故事的研究，反映了欧洲不同时代文化的主题与流变过程。[11]在中国法学研究领域，刘燕对崔英杰案件叙事的研究是较典型的法律叙事与法律评价相结合的研究。该研究通过比较崔英杰案件的四个不同叙事版本，包括了故意杀人、故意伤害、过失致人死亡、正当防卫四种不同的法律评价，发现在案件事实的建构中，法庭内的叙事与法庭外的叙事暗含着立场上的对抗，而司法用来否认民众意见的理由并不像其表面看起来那么坚实。[12]但该研究并未深入探索对抗性叙事背后的逻辑和认识来源，也为后续研究留下了空间。

（二）本案对抗性叙事的生成

回到本案，我们可以发现，两个版本呈现的事实，其实有很大部分是经双方一致承认的事件流程，包括如下内容：

（1）彭××到××医院挂号就诊，其顺序靠后，因此只得排队等待；

（2）彭××因等待较久，进入就诊区进行交涉；

（3）彭××与男护士陈×发生口角，随后出现肢体冲突；

9　Peter Brooks , Paul Gewirtz: Law's Stories: Narrative and Rhetoric in the Law, New Haven and London: Yale University Press, 1996, p17.

10　H.Porter Abbott. The Cambridge Introduction to Narrative, Cambridge: Cambridge University Press, 2002, p138-139.

11　[美]凯瑟琳·奥兰丝汀：《百变小红帽：一则童话三百年的演变》，杨淑智译，生活·读书·新知三联书店2006年版。

12　刘燕：《案件事实，还是叙事修辞？—崔英杰案的再认识》，载《法制与社会发展》，2007年第6期，第52-63页。

医患纠纷中对抗性叙事的生成及其法治意义
——解读大学教师彭××"殴打"男护士案风波

（4）陈×最终被打伤；

（5）派出所介入了此案的调查。

以上是双方都承认的事实，但我们却可以发现，上述事实并不构成一个完整的叙事。在这场冲突中，如果要形成有效的法律评价，至少有几个叙事要素必须清晰：① 起因。无理取闹、事出有因乃至正当防卫；② 冲突过程。殴打还是互殴，单方伤害还是互有损害；③ 伤害程度。轻微伤、轻伤抑或重伤。这些要素在上述事实中都难以体现，这表明本案在法律实践中必然需要进一步的证据核查。而以叙事即"讲故事"的视角来审视上述事实，我们也可以发现，事件之间存在明显的细节空白，从读者的角度，民众将非常渴望这些空白被填充——究竟排队等候的过程是否合理？既然世界上没有无缘无故的恨，为什么咨询排队等候会发生口角乃至冲突？大学教师与医生，分别被誉为"灵魂工程师"与"白衣天使"的高素质知识分子人群，两个极具符号感的形象之间的纠纷是忍无可忍还是知识堕落？与法律评价有所不同，日常生活中的读者希冀通过细节的召唤，形成对事件历历在目、亲临其境的在场感，呼应自己生活经验，在满足好奇心的同时，认识并理解身边的世界。不要忽视这些对叙事完整性的渴望，这正是法律评价的基础，法律必须回应上述好奇心，哪怕超出法律条文本身，否则法律评价是难以被理解、认可、遵循的。

而彭××案的对抗性叙事正是在上述事实之间的断裂带上形成的。在客观上，双方都通过细节的修辞对断裂的事实进行了补充，在主观上，双方都将对此次冲突的自我认知悄然融入到了事实的构建之中。前者可被称为修辞策略，后者可被称为认知影响。

1. 修辞策略在形成对抗性叙事中的作用

亚里士多德把修辞术定义为"一种能在任何一个问题上找出可能的说服方式的功能"。[13]以此观之，修辞是具有说服功能的叙事方式。作为日常生活存在方式的话语不是静态的，而是要从社会生活中获取作为基础的材料，再就这些材料进行适当的配置后发表。在这之间，存在着一个或长或短但必定不可或缺的过程，这个对于语词力加调整、力求适用的过程，也就是修辞的过程。[14]如果不强行区分叙事和修辞的差别，两者其实是常常融合在一起的。米克·巴尔即认为叙事过程其实就是从素材到故事，最终形成文本的过程。在他看来，素材应当以一定的方式组织进故事中，而"这一系列过程的结果是出现一个不同于其他故事的特定故事"。[15]这样的叙事过程其实也就是修辞运用的过程。但这也意味着，不同的修辞可能生成不同的叙事。

13　[古希腊]亚里士多德：《修辞学》，罗念生译，上海人民出版社 2006 年版，第 200 页。

14　陈望道：《修辞学发凡》，上海教育出版社 1997 年版，第 5-7 页。

15　[荷]米克·巴尔. 叙述学：《叙述学：叙事理论导论》，谭君强译，中国社会科学出版社 1995 年版，第 5-6 页。

在彭××"殴打"男护士案的对抗性叙事中，如果将双方的陈述进行比较，可以更清晰地看出修辞策略对叙事分化的影响。

（1）关于起因的对抗性叙事

在彭××的陈述中，他强调的事件要素包括"不合理的等待"和"医生服务态度不好"。彭××特意强调自己早上 7 点左右就来到该医院，排队、苦等近三个小时，在候诊区只剩下自己一人的情形下才进入就诊区进行咨询（材料四）。而仅仅久候尚不形成冲突的起因，更直接的导火索源于医务人员的服务态度。在彭××详尽的对话描述中（材料二），我们可以看到，医方首先是怠于解释，即不正面回应问题，轰其出去；其次具有一定的攻击性，尽管不是肢体攻击或口头辱骂，但令人生厌，包括盛气凌人（我说话就这样，你能怎么着），有恃无恐（嫌慢，去别的地方），挑衅自尊（难道你还想打人不成，你打我一下试试）。这些都成为彭××率先动手的主要理由。

而在医方陈述者看来，作为患者的彭××是破坏医疗秩序的无理取闹者。就等待时长而言，伤者赵×的陈述是：周末上午医院患者较多，口腔科从早上 8 点开始出诊，上午共发放 7 个号，彭×当时在口腔科挂的是 6 号，口腔科看病本来就比较慢，每人的看病时长不确定，患者需要等待的时间也比较长。当时才进行到 3 号，彭××就进入诊室询问，在诊室里就开始骂人（材料四）。对口腔科主任石×的采访印证了这一点，石×确认了赵×所说的序号，"每个人的看病时间平均为 40 分钟……按照常理推算 9 点半看不上病属正常"。而对彭××质疑的闲聊问题，石×认为，患者可以查询当天上午的诊病记录（材料三）。但医方陈述者并没有对彭××非常强调的口头争执的内容进行直接回应，只是着重回应了彭××不遵守秩序的一面，包括单方进行的辱骂。

（2）关于肢体冲突的对抗性叙事

在冲突过程中，彭××对先动手是没有否认的，他将之归咎于"确实没有克制住"。关于冲突过程的细节，彭××声称"抓住对方衣领，对方也随之抓住我，相互推搡了几下"（材料二），在随后的媒体报道中，彭××说事发时在场女护士一直在劝架，被打的男护士确实没有动手（材料三）。"相互推搡"和"没有动手"之间存在一定的冲突，如果一定要统一这两种说法，可能是指在纠纷中肢体冲突时医方没有攻击性动作，但有抵挡、推开对方等自保的本能动作。但无论怎么样，从彭××的描述中，我们可以还原的场景是一场伤害不大的、与很多日常冲突相类似的轻微肢体冲突。

而医方的说法中强调"被殴打"。首先医方是"解释无果"，这意味着医方仍处于较为正常的服务状态中，没有发生纠纷的意图和举动；其次，"我使劲拉着同事不让他还手"的描述与被打男护士没有动手相吻合，而且进一步展示了医方整体上冷静克制的状态；最后，在殴打过程中，医方特意强调了彭××的攻击性举动：陈×头部曾被"打人者"推搡撞向墙部，有脑震荡（材料三），伤者陈×也证实"因为我当时靠着墙，他推我的时候，我的头就撞到了墙"（材料四）。从上述表述中我们可以得出与彭××所说大相径庭的事实，即彭××具有极强的攻击性，而医方是无辜的、克制的。

（3）关于冲突结果的对抗性叙事

冲突结束后，彭××仍继续表达了对医院服务的愤慨，并不认为自己理亏。他跟随保安前往医院相关部门，完成了投诉流程后才离去，而且还纠结于始终未收到医院关于此事的反馈（材料二）。显然，彭××未意识到"殴打"行为的伤害程度和社会评价可能。

而医方和受伤害者对冲突结果的叙事与彭××完全不同。首先，伤者的病情描述是较为严重的："恶心呕吐了两次，晕得躺着起不来"（材料一），"主要伤在脖子、前胸，头部曾被'打人者'推搡撞向墙部，有脑震荡"（材料三），赵×也称其随后出现呕吐症状，身体不适开始住院，现仍有头痛、胸痛及血压高的症状（材料四）。其次，伤者及其家属对冲突结果讨要说法的态度较为强硬，也出乎彭××的意料。"派出所负责人试图调解，但当事人的父亲坚持走司法程序"（材料二），可见受伤者及其家属认为这次冲突的性质是极其恶劣的。

最容易以修辞发生对抗性叙事的，恰好是法律认定和适用过程中的事实呈现。因此，伊西多尔（Isidor vonSevilla） 干脆把修辞学称为通律者的学问（scientia iuris peritorum）。[16]在法律叙事中，修辞并不等同于虚构，"话语的表达者通过修辞这一手段，展开了一个使话语结构化、客观化、本质化的过程，使话语的接受者将话语与客观的事物自动地建立联系，从而将其接受者引入自己所设置好的想象空间之中，使其接受者的思维更容易按照话语表达者设定的方向展开，亦即将其'说服'了。"[17]在本案对抗性叙事的修辞策略中，双方均对相关细节进行了补充，而我们需要关注的是，以细节为载体的更加生动的冲突叙事中，隐含了双方对事实的建构理由，以及对叙事的社会共鸣的潜在期待。

2. 认知影响在形成对抗性叙事中的作用

叙事者都是带着自己的情感以及相应的认知呈现事实的。因此，叙事不完全受制于证据，而是具有一种自我解释性和自相关性。[18]即便是对同一件事的叙述和评价，不同的叙事者也永远无法摆脱对该事件的主观认识。横看成岭侧成峰的奥妙大致如此。与旨在增强说服力的修辞策略不同，认知源于更加稳固的价值观，其说服力直接来源于对价值观的认同。从这一意义上，叙事从来不是一个价值中立的事实陈述。

16　[德]菲韦格：《论题学与法学》，舒国滢译，法律出版社 2012 年版，第 67 页。

17　李晟：《社会变迁中的法律修辞变化》，载《法学家》2013 年第 1 期，第 17 页。

18　克里斯洛伦兹：《历史能是真实的吗？叙述主义、实证主义和"隐喻转向"》（郭艳秋，王昃译），载《山东社会科学》2004 年第 3 期，第 5-20 页。

本案中，认知影响既来源于案件本身，又来源于案件之外的社会因素，进一步使叙事呈现对抗性的趋势。

（1）纠纷属性

在彭××的声明中，他声称，"在我看来，整个事情只是一件日常小纠纷，过去了也就算了，没有太在意。"可以看出，彭××对于纠纷属性仍停留在普通纠纷层面，他还期待医院对这场冲突做出符合自己期待的反馈，即服务存在瑕疵。但从伤者同事发布的微信中，我们可以看出，他（她）将纠纷明确定性为"医闹"："经常看新闻里的医闹，没想到今天就发身（生）在身边。""医闹"的定性完全使这场冲突的属性超出了彭××的期待。医疗服务争议或医疗纠纷中的患方当事人与成为"医闹"的患方截然不同。在医方话语中，"医闹"一般被笼统地认为是"患方因对诊疗行为或结果不满，无论是否主观故意，客观上影响医院运行、干扰医生诊疗工作、扰乱公共秩序的破坏性行为"，[19]"医闹"常常被贴上暴力倾向、蛮横性、利欲熏心等标签，是医方最为深恶痛绝的行为。而鉴于此类行为的破坏性和违法性，在官方的法律规范性文件中，对待"医闹"尤其是严重破坏医疗机构秩序、殴打医务人员的行为，一般也先直接采用强制手段予以制止或处罚，医疗纠纷的处理要置于打击"医闹"之后。[20]因此，与法律处置的方式和态度相关在确认为"医闹"属性之后，医方的叙事紧紧围绕着"殴打"这一中心，这成为这起事件中最鲜明的符号之一。

（2）身份符号

另一个鲜明的符号是彭××的身份。彭××是知名大学的教授，招致了"这样的人还配做教授吗，必须严惩"的言论。我们可以将此类言论视为不理性，毕竟，将并不具有因果联系的身份与行为相连，显得轻率而唐突。但从另一个角度看，身份建构在叙事之中的意义从来重大，回顾我们生活经验中对各种叙事的理解，不难发现，某一身份确实会带来对其行动的评判。如刘燕的研究指出，在崔英杰案中，贫穷的农民、优秀士兵、孝顺父母的好孩子、勤恳工作的打工者等身份塑造了更易获得同情的人物—没有因穷困而去欺骗或伤害他人，依然想尽办法靠自己的劳动谋生；在案件中是失去理智的冲动的人，同时也是一个因生存手段被剥夺而逼上绝路的人。[21]

知名大学教授隐含的身份信息是具备理性、文化修养较高、道德品质较好、名誉感荣誉感均较强等。与"殴打"行为形成鲜明对比的是，在医方的陈述中，彭××

19　张晶：《正式纠纷解决制度失效、牟利激励与情感触发——多重面相中的"医闹"事件及其治理》，载《公共管理学报》2017年第1期，第61页。

20　相关文件包括：国家卫生计生委、公安部等多部委于2013年12月颁布的《维护医疗秩序打击涉医违法犯罪专项行动方案》，2014年4月公安部颁布的《公安机关维护医疗机构治安秩序六条措施》，国家卫生计生委、中央综治办、公安部、司法部等9部门于2016年6月联合印发的《关于严厉打击涉医违法犯罪专项行动方案》，2017年6月国家卫生计生委、公安部、中医药管理局联合发布的《严密防控涉医违法犯罪维护正常医疗秩序的意见》等。

21　刘燕：《案件事实的人物建构——崔英杰案叙事分析》，载《法制与社会发展》2009年第2期，第157页。

体现出性格暴躁、钻牛角尖、自我中心、有暴力倾向等俨然不符合教授身份符号的特征，招致了与其职业身份的巨大反差，"让他的学校知道有这样的员工是该骄傲还是可耻"，这样的言论表明了这种反差的意义。身份符号也使民众形成异常深刻的印象，甚至可能增加了对其道德评判潜在的苛求——般人这样做也就算了，但教授万万不可如此。通过与身份符号反差巨大的叙事，医方虽未直接说明，但借助由此带来的震撼感、猎奇心等，巩固了民众心目中对彭××的负面评价。

其实，彭××的声明中也涉及身份符号。"一种惯常斥责患者的口气"，是对医生不良印象的凝聚式爆发，这样的表达也极易唤醒民众类似的印象，巩固叙事的说服力。

（3）传播方式

本案中，传播方式对认知的影响也很重要。不论最早的爆料，还是彭××自我辩解的声明，都是通过网络的社交媒体公布的。但两者传播的方式不同，前者使用的是微信，后者使用的是微博。

医方（伤者同事）使用的同质性更强的微信，这样的选择可能并非刻意策划，但高度实现了叙事目的：即彭××"医闹"行为的非正当性、违法性、应受谴责性。这与微信朋友圈"部落叙事"的本质属性有关，通过朋友圈的遴选机制和社交功能设置，微信为具有共享意图的人们提供了便利，"人们带着对'再部落化'生活的渴望进入微信世界，并在其中获得一定程度的部落化感觉"[22]，这也标识着在叙事上，信息发布者使用了医疗卫生从业人员更普遍理解、更易接受的话语表达，这使得叙事虽然有一定的公共性，但也具有领域范畴上的私人性，"小伙伴们都转发"的表达充分显示了这一点。正由于此，叙事更讲求即时性下情景与情感的融合，对其精确度、完整性等要求并不高。而传播带来的直接后果是，对彭××的指责形成了共鸣，并因此影响民众的认知。

彭××的声明则形成于事件发酵后的第二天凌晨。与医疗卫生从业人员通过同质性传播平台（朋友圈）发布信息不同的是，彭××选择通过公共平台（微博）发表声明，其信息也因此带有极强的公共性特征：事件描述完整、个人感情内敛、逻辑较为清晰，在声明中，彭××指出，对事件判定应采用理性的判断标准，如监控录像、中立医院的检查证明、其他旁观者的证明等，并提出警告，任何不负责任地进行肆意渲染，甚至中伤的行为，都可能涉及侵权，"奉劝当事人本人、亲属及其同事谨慎行事"（材料二）。

对抗性叙事意欲形成的认知影响，本质上是法律规范适用中彰显的价值。从功能看，法律除了对案件进行规范意义上的法律评价，其社会教育、调节、规范等功能同样重要，因此，"人们对叙事文本有着功能性的期待，民众非常敏锐地发现，故事在告诉他们某些人某些境遇的时候，也同时向他们传达经验教训，告诉他们在类

22　刘碧珍：《"再部落化"与"微信叙事"》，载《当代传播》2016年第1期，第77页。

似的语境中他们应当如何行为。叙事在人类社会中的确一直发挥着这样的作用:编撰历史,传授经验和道德评价,通过讲述他人的行为及其后果,来让受众反思和调整自己的行为"。[23]无论是通过纠纷属性的确认、身份符号的隐喻或传播方式的暗示,民众希冀得到的,也就是关乎冲突事件里里外外的一个更完整的叙述,解答自己对于情节的困惑,将结果纳入自己理解世界的理想框架之中,用更通俗的话讲,也就是如何满足"善有善报,恶有恶报"的朴素愿望。

三、叙事分化的法治意义

本案中对抗性叙事生成的过程,是一个异常清晰和生动的冲突过程,既曲折跌宕,又合乎情理,既衬以情感底色、又不乏事实白描,既聚焦事件,又隐含认知。最难能可贵的是,对抗性叙事真实地呈现了冲突发生、升级的过程,这突破了普通调查方法中叙事呆板、简单甚至真实性堪疑的问题。柯林斯曾睿智地表达了对社会暴力研究中社会学调查方法可靠性的忧虑:"我们的理论之所以受限,是因为它建立在目前收集的事实与数据之上······受害者调查是一个正确的方向,但却受到限制,不仅仅因为我们不知道受害者在多大程度上讲了实话,还因为人们往往不善于观察戏剧性事件的具体细节和来龙去脉。普通的话语无法用来很好地描述微互动;相反,它只能提供一套老生常谈和迷思,预先决定了人们能得出的结论。"[24]

因此,对抗性叙事的生动性和细致性也在一定程度上充实了医患纠纷研究的论证路径。在医患纠纷成因乃至化解途径的研究中,我们常常会考察各种变量与纠纷的关系。例如,卢传坚等指出,医疗纠纷的增多与医生逐利性增强、患者医疗知识与维权意识不成比例、医方责任心和技术能力不强、医疗保障制度不健全、医疗资源分布不均、纠纷机制尚不完善等因素有关;[25]除此之外,陈少贤等指出,医患信任度低、社会舆论导向偏差、医院管理缺陷、患者期待值高等因素也导致医疗纠纷快速增长;[26]还有学者专门从医患沟通视角论述了医患沟通不畅、言语不慎、态度生硬对医疗纠纷发生的影响;[27]但缺憾的是,这些变量的论证一般停留在逻辑上,并没有着眼于其具体发挥作用的情境和个体,但这可能导致空泛和空洞。正如日本学者棚濑孝雄指出的,为了把握纠纷过程的具体状况,首先有必要把焦点对准纠纷过程中

23　刘燕:《案件事实的人物建构——崔英杰案叙事分析》,载《法制与社会发展》2009年第2期,第159页。

24　[美]兰德尔·柯林斯:《暴力:一种微观社会学理论》,刘冉译,北京大学出版社2016年版,第4-5页。

25　卢传坚,谢秀丽:《医疗纠纷泛化原因多视角分析》,载《医学与哲学》(人文社会医学版)2008年第10期,第40-41页。

26　陈少贤,胡鹏飞,彭晓明等:《公立医院医疗纠纷快速增长的原因及防范对策》,载《中国医院管理》2008年第2期,第20-22页。

27　刘炜,徐宇杰:《医疗纠纷的成因及防范——附240例医疗纠纷报告》,载《中国医院管理》2005年第11期,第47-48页。

的个人，把规定着他们行动的种种具体因素仔细地剖析出来。例如，他们置身于其中的社会状况，他们的利益所在，与其他人之间的社会关系，制约着人们行为的各种社会规范，以及可以预想到的因违反这些规范而引起他人采取的行动。[28]

本案的对抗性叙事恰好提供了冲突的情境，所有变量在其中变得分外具体。我们也会发现，当所有变量具体化为生活事实时，其解释力变得微妙起来—以医疗服务质量为例，客观的标准与主观的评价哪一个才是评判的标准？在具体纠纷中，医患双方又是如何认识服务质量瑕疵的评价的，这些评价怎样推动冲突的产生和激化？也可以说，叙事对抗既是事实或证据的对峙，又是冲突双方内心情境的再现。

（一）医患纠纷产生和升级与冲突叙事者自我说服的程度相关，而有效的医患纠纷防控策略应当关注主观上的相对剥夺

现实中，纠纷的发生和升级常常是渐次推进的动态过程，而非某一个或几个影响因素教条性地起作用的过程。客观的冲突首先来源于内心对冲突引发的不安、紧张、愧疚等情绪的摆脱。普鲁特在社会冲突的研究中指出，在人们遭遇冲突之时，往往会问及归因问题，比如"谁该为此次冲突负责？""谁该受到谴责？"在冲突升级中，人们往往会选择责备另一方，这样可以令己方倾向于选择更激烈的争斗策略：其一，责备可能使得冲突一方接受零和观点，认为"或者他赢，或者我赢"；其二，责备另一方造成己方的不公正感，容易使其认为，自己采取争斗行为是合乎情理的；其三，责备另一方会引起己方愤怒感，促进其采取更激烈的争斗策略。[29]

普鲁特所描述的归因及责备问题，在具体的纠纷中，简而言之，实质上是冲突双方引发及激化冲突的自我说服的理由。在本案的叙事中，根据彭××的叙述，首先是对医疗服务的效率提出质疑，随后转移到对医疗服务态度的严重不满，最终发展到肢体冲突；而根据医方的相关陈述，效率上根本没有问题，肢体冲突中伤者陈×无辜被殴打，也没有还手，是属于无端遭遇、自觉避免、试图缓和但遭遇冲击的另一方。但需要注意的是，医方的解释无法冰释彭××自我说服的冲突理由。医疗服务效率与带有挑衅性的服务态度，共同形成了彭××采取激烈态度乃至肢体冲突的理由，而且后者可能更为重要，但医方并没有就服务态度问题进行回应—事实上，也很难回应，因为服务态度的评价更多是主观的、见仁见智的，更何况是对于"挑衅"的认识，很难与感受者的社会地位、日常体验和敏感程度等分开。更有意思的是，在归因医方的过程中，彭××所强调的"一种惯常斥责患者的口气"，使得自己的行为不但具备维护自我尊严和利益的意义，更带有广义上的为广大患者维权的意味，俨然增添了说服力。而医方的叙事缺陷使其在纠纷中避免和化解纠纷的说服力下降，没有回应以彭××为代表的关于服务的患者体验。

---

28 [日]棚濑孝雄：《纠纷的解决与审判制度》，王亚新译，中国政法大学出版社 2004 年，第 5-6 页。

29 [美]狄恩·普鲁特：《社会冲突——升级、僵局及解决》，王凡妹译，人民邮电出版社 2013 年版，第 65-66 页。

因此，以往医疗纠纷的预防和控制可能对"相对剥夺"这样的主观归因认识不足。如果冲突一方认为合理的愿望未获得满足，那么由此带来的不良体验就常常会导致利益分歧，这样一种体验称为相对剥夺。[30]法律意义上的纠纷评判功能可能不会完全涵盖消除相对剥夺的方式。现实中，消除相对剥夺的方式可能还包括了对患者交流沟通期待的积极反馈、对患者担忧过度医疗的清晰解释、对患者由于病症生活质量下降的合理开解等。

在防控策略上，消除主观归因意义上的相对剥夺感与打击客观意义上的"医闹"并不冲突。事实上，打击（制止）"医闹"会显得相对简单，只需要明确的规范即可。目前，多部法律法规对医闹行为的认定和处罚日趋明确，同时规定了严重医闹行为与索赔的分离。如《关于进一步做好维护医疗秩序工作的通知》明确规定："滋事扰序人员违法行为未得到制止之前，公安机关不得进行案件调解。坚决不得纵容以闹取利的违法犯罪行为。"但欲要缓解强烈的"相对剥夺感"可能尚需要医疗卫生体制改革上更为长远的政策规划，对医疗质量和医患关系更为深刻的认识，对纠纷解决机制更为周密和全面的设计。还包括应当考虑短期遏制和长期缓解之间可能存在的冲突和平衡，不可因操之过急的政策设计而使"相对剥夺感"不但没有得以缓解，反而愈加强烈。

（二）医患纠纷解决的理想过程是对抗性叙事澄清的过程，而现实解决纠纷应认真对待不可避免的模糊叙事

法学上的通识是，法律事实是被证据构建出来的，我们一般将其中的潜台词理解为，有限的证据所印证的"有限事实"，也许并非事实本身，但已经是理性所能达到的极致。这似乎是对人类理性无奈的喟叹，但隐藏了法律认定和适用过程内在的傲慢——以客观证据排除主观上对真相充满情绪化的不当期待，达致逻辑尽可能清晰的案件叙事。

但在具体的纠纷中，这样的情形也许仅是理性的自我标榜。常常出现的窘境首先是缺乏有效证据证明案件事实。在本案中，彭××先动手，伤者陈×未还手，彭××不可避免地涉嫌违法，但案情仍存在可继续证明的空间，包括：（1）起因。在双方的对抗性叙事中，彭××强调了在候诊区空无一人的情境下，医方怠于诊疗的闲聊场景给自己造成的不良印象，而医方一直强调的是口腔诊疗本身效率有限，彭××所排号码尚未轮到，并举出诊疗记录。但从逻辑上看，医方并没有证明彭××

30　美国学者塞缪尔·斯托夫发现，军队一些升迁较快的成员，反而是最心怀不满的人。因为他们始终把军中地位显赫的高层人物视为参照群体，通过在权力、收入、声望等方面的比较，发现自己总处于劣势，从而觉得自己受到剥夺，老是被滞留在通往理想职位的道路上。对于早已定格在心目中的参照点似乎总是可望而不可及，进而产生了不满、怨恨、愤怒等主观反应。相对剥夺感用以描述个体主观上感知的不公平、屈辱与被侵犯。参见周明宝：《浅析"相对剥夺感"》，载《社会》2002年第5期，第37页。

所言事实的虚假性。（2）损伤。根据医方的描述，最严重的伤害应当是伤者因头部撞墙出现的脑震荡等颅内损害。但这究竟是彭×有意为之的攻击性举动所致，还是因为不慎将伤者推到墙上所致，只有具体的殴打过程再现才能形成清晰事实。另外，损伤的程度究竟有多大，彭××一直强调中立医院的检查，但医方始终未作出正面回应。以上事实可能会影响到在法律裁量中对违法行为处罚的轻重。

这还不是全部的窘境。即便证据齐备，"证据-事实"之间能否产生清晰的叙事仍存疑问。将证据和事实连接的叙事思维过程是复杂的。美国学者彭宁顿和黑斯蒂因此提出了事实裁判者的故事模型理论。他们认为，事实裁判者的任务就是回答"过去发生了什么"，他必须从证据中摘取那些具有可信性的证据作为构建裁判的基础，同时对双方当事人的故事版本进行评判。通过大量实证，两位学者指出，事实裁判的思维过程是通过故事构造评估证据——通过学习裁决范畴属性表述集中裁决选项——通过把故事分类到最适合的裁决范畴达成裁决。[31]由此可见，从"证据-事实"的思维中需要应用大量的逻辑推理，而这也许是最难的部分。以本案为例，使彭××认为本案属日常纠纷甚至间接证明医方服务质量确有瑕疵的一个重要证据是，纠纷发生后，医方保安将之带到相关部门完成投诉。那么，可能形成的推断是，在纠纷发生后，医方因确有服务质量瑕疵，并没有选择报警或以其他方式处置彭××，而是接受了他对服务质量的投诉；但同时也可能有另一种推断，医方始终保持克制，以患者体验为中心，在遭受暴力冲击后仍试图努力化解。两者都试图以逻辑推断澄清事实，即故事模型理论中提及的将故事分类到最适合的裁决范畴，但这样的逻辑显然都缺乏有效证明力度。

上述描述是修辞策略产生的基础，而认知影响进一步加剧了叙事的模糊性。经验和立场常常取代证据评判遵循的逻辑。例如，在医疗行业中，可以想见的是，医疗暴力对从业人员人身安全的现实威胁，使其对暴力行为充满忧虑和愤怒，很容易形成众口一词的共同指责。这样的案件叙事看似清晰，前后因果也保持一致，但在证据和事实文本之间存在断裂，使暴力行径在生活事实上的非正当性论证缺失了逻辑环节。

这提醒我们，尽管在法律适用过程中，中立的法律裁断者作出了许多澄清案件叙事文本的努力，但医患纠纷的叙事常常处于模糊叙事的状态，可能只有暴力冲击医院或医务人员的行为在叙事上是相对清晰的。这使得暴力产生的前因后果难以被法律裁断真实再现。但我们必须认真对待模糊叙事，不能简单将之排除到法律裁断之外，更不能轻率地将焦点聚焦于惩戒之上。所谓"暴力零容忍"的态度，作为医疗职业共同体的表态，或者作为法律对医疗暴力严厉打击的时段性做法是可采纳的，但从长远来看，并不能形成医疗纠纷解决的有效法律措施。这与医患纠纷的属性有

---

31 栗峥：《裁判者的内心世界——事实认定的故事模型理论》，载《中国刑事法杂志》2010 年第 3 期，第 117-118 页。

关，这是一种需要以"关系治疗"为目标[32]的纠纷形态。医患关系本质上不应是对立的，而是合作的，并且具有长远合作的动机和前景。因此，在应对难以澄清的模糊叙事上，应以缓和紧张医患关系作为基本目标。调解制度是一种法制框架内应对模糊叙事的有效技术，中立且权威的调解机构可以在暴力行为轻微的情形下，充分做出弥合双方关系的努力，在模糊叙事上超脱证据和事实的局限，重在理顺缺失的情感因素。如在本案中，对服务质量的评价未必局限于是否有瑕疵，但可以聚焦于提升的空间，如是否以更明白的方式显示就诊顺序，能否以更耐心的方式予以解释；对暴力行径的评价也未必局限于法律责任，而是说服患者否认采用暴力的自我理由，认识破坏医疗秩序的恶劣影响，激励其采用更具合法性、建设性的维权方式。

（三）医患纠纷解决的正当性与民众对纠纷叙事的自我体验不可分割，而纠纷解决的结果应对社会的价值期待有所回应

衡量纠纷解决的正当性标准一般是法律规范标准，包括实体法标准和程序法标准。但现实中评价纠纷解决正当性的权利并不仅隶属于专业人士。对民众而言，在纠纷解决的效果评价中，其最朴素的认知无非是能否还原或纠正其对纠纷过程的生活体验，能否吻合其对解决结果的正当性预设，这样才能使民众对纠纷化解方式及其结果产生信服。

在本案中，由于对抗性叙事以及模糊叙事的存在，民众对这起医患纠纷产生了不同的认识，在网络评论中，有人表达了对彭××的同情，如："我也觉得教授描述得很真实，这种被呵斥的场景每个去看过医生的人都太熟悉了"；"这次我站教授这边。因为真的每次去医院被医生护士训斥得跟狗一样。本来就生病身体不舒服才去医院，掏了钱的又不是让你们白看，态度还极其恶劣"等。也有人表达了对打人行为的指责和对医务人员的理解："你就说你打人没，唧唧歪歪这么多就是想说你打人是有原因的"；"那教授的话不可信。一个正常的医务人员不会无缘无故勃然大怒的，除非受到了侮辱和威胁"等。[33]两种截然对立的评论均体现了该纠纷引发的评论者体验——有对日常医疗服务质量的抱怨，也有对暴力行为的厌恶，还有对冲突中情绪变化的生活经验。

其实还不止于此。从认知影响对对抗性叙事的作用上看，身份符号、传播方式等扩充了医患纠纷的社会体验。就身份符号而言，"著名大学的教授"的称谓，除形

32　这里借鉴了棚濑孝雄调解分类的理论。他根据调解的功能将法制社会的调解区分为"判断型调解""交涉型调解""教化型调解"和"治疗型调解"，他认为，"治疗型调解"基本上把纠纷视为人际关系的一种病理现象，试图通过广义的人际关系调整方式来治疗病变，使其恢复正常。参见：[日]棚濑孝雄：《纠纷的解决与审判制度》，王亚新译，中国政法大学出版社2004年版，第66-67页。

33　见2016年3月30日报道，"人大教授发声明：医生言语挑衅，我才动手"，载搜狐网站 https://www.sohu.com/a/120312919_377340。

成身份符号的反差之外，还包含了医务人员对"医闹"群体扩展到不同阶层、不同职业的分外忧虑和愤怒，也反映了对自身职业处境的紧张不安；"惯常斥责"的说法，则反映了患者对医疗行业服务态度隐藏于内心的普遍反感，这种反感，随时可作为发动纠纷甚至肢体冲突正当化的理由，是危险的内在情绪。就传播方式而言，在互联网时代，与每个人健康相关的医患纠纷，显然更容易通过各种自媒体传播方式予以公布，法律意义上的评价未必比带有修辞策略的叙事更具感染力，因为"深刻的道德信念比单纯合法性但没有其他因素的帮助使服从更有效"[34]，而传播的便捷性、非权威性使碎片化的案情信息建构了截然不同的叙事，如何选择真相甚至选择本身也就成为民众自我体验的一个组成部分。

纠纷解决的结果需要对上述问题进行回应吗？答案是肯定的。当法律叙事与民间叙事形成巨大反差之时，事实上形成了消解法律权威的可能。我们可以评价公众的自我体验是非理性的、是情绪化的、是断章取义的，但不能忽略这些评价对理解纠纷解决正当性的意义。本案中，彭××的暴力行为及其损害是法律评价最主要的部分，其他诸如服务态度、冲突过程等评价更像是内部评价，但成为公众的重要价值期待。对医方而言，暴力行为能否在未来得以遏制，对患方来说，医疗服务能否使其诊疗需求在未来获得满足，这都是纠纷解决应努力做出回应的部分。最危险的结果不是彭××没有得到应有的惩戒，而是在医疗纠纷解决之后，医患双方之间的鸿沟进一步加深，关于纠纷叙事分化的危险进一步加剧，从而酝酿出对医疗纠纷解决机制整体上的信任危机。

On the Adversarial Narrative in Medical Dispute and Its Value in Rule of Law: Interpretation of the Case about Professor Peng "Beating Up" the Male Nurse

Feng Lei

Abstract：The legal narrative is seen as the reconstruction of the case facts. The clear narrative not only helps us to discover the truth, but also is a vivid projection of evidence in legal practice. As an example, the case of Professor peng "beating up" a male nurse showed some drastic antagonism narratives from the conflict sides in the reality of medical disputes. Both sides used some rhetoric strategies to supplement details on the fault zone of the evidence and facts, and the social cognition about the medical dispute above further increased the social impact of the conflict. So,

---

34 [美]劳伦斯·M. 弗里德曼：《法律制度—从社会科学角度观察》，李琼英，林欣译，中国政法大学出版社 2004 年版，第 143 页。

in the settlement of doctor-patient disputes, we should pay more attention to the "relative deprivation" behind the narration of both sides, take seriously the vague legal narration, and reflect on the effective response to social value expectation inthe dispute resolution.

Key Words：medical disputes; adversarial narrative; rhetoric strategy; social cognition

冷冻胚胎移植合同的法律规则及胚胎使用风险防范研究

——基于 42 份裁判文书的分析

冉启玉[*]

摘要：丈夫死亡后妻子请求继续移植夫妻保存在医疗机构的冷冻胚胎，及相关当事人请求医疗机构返还保存的冷冻胚胎给个人的争议在人工生殖技术合同审判实践中较为突出。因缺乏针对性法律规范的适用，面对冷冻胚胎涉及的伦理原则的抽象性及原则间的冲突性，以及胚胎使用监管不力可能带来的风险，医疗机构及法院在处理此类案件时难免陷入两难境地，对类似案件做出了不同的价值判断，难以兼顾个人权利保护与胚胎使用中的风险防范。对此，需要从立法上完善冷冻胚胎移植服务合同的规则，建立冷冻胚胎使用中的风险防范机制才能解决法院和医疗机构所处的困境。

关键词：冷冻胚胎　合同纠纷　法律规则　风险防范

引言：问题的提出

2017 年，世界卫生组织人类生殖特别规划署报告称：世界范围内不孕不育率高达 15%~20%，中国不孕夫妇约有一千五百万对。[1]人工生殖技术无疑可以为不孕不育者带来生育的福祉。但随着人工生殖技术的发展，此类技术的运用引发的纠纷对我国现行法律及伦理带来极大的挑战，通过冷冻胚胎[2]移植服务合同纠纷便可见一斑。因人工生殖技术专门性立法的滞后性，医疗机构在冷冻胚胎移植过程中难以确定自

---

* 冉启玉，法学博士，西南政法大学副教授，硕士生导师。主要研究方向：民商法学。

1 齐湘泉，安朔：《跨境代孕法律规制研究——兼议跨境代孕产生的亲子关系认定》，载《中国青年社会科学》2021 年第 5 期，第 120 页。

2 根据《加拿大人工辅助生殖法》，胚胎（embryo）是指在受精或怀孕后的最初 56 天发育期间的人体组织。Assisted Human Reproduction Act, SC 2004, c2.

己的义务而引发诉讼。无锡市中级人民法院处理的冷冻胚胎继承案[3]虽然最终以支持冷冻胚胎由死者的继承人行使监管权和处置权结束，但现实中关于冷冻胚胎引发的法律及伦理争议远未停止。冷冻胚胎因其特殊的属性，加上缺乏针对性法律规则的适用，面对冷冻胚胎涉及的伦理原则的抽象性及冲突性，以及监管不力可能带来胚胎使用的风险，医疗机构及法院在处理此类案件时难免陷入两难境地，对案件做出了不同的价值判断，难以兼顾个人权利保护与胚胎使用中的伦理及法律风险的防范。本文以近年来法院审理的冷冻胚胎医疗服务合同纠纷案件为例，分析此类案件审理中的法律争议及胚胎使用监管问题，思考相关法律规则的构造及冷冻胚胎使用的风险防范措施。

一、冷冻胚胎移植服务合同纠纷概况

（一）案件基本情况

1. 调查对象的选取

本文以中国裁判文书网公布的案例为调查对象。在民事案件中输入案由"医疗服务合同"，在该范围内输入"冷冻胚胎"，共检索出 45 份裁判文书，其中 42 个案例涉及请求继续移植冷冻胚胎或返还冷冻胚胎。请求返还冷冻胚胎的案例共 28 例，请求继续履行胚胎移植手术的案例共 14 例。[4]囿于本文篇幅和研究目的，本文以 42 份以"医疗服务合同"为案由的请求继续移植冷冻胚胎、请求返还冷冻胚胎的合同纠纷裁判文书为例，分析冷冻胚胎移植服务合同涉及的法律规范、伦理问题及风险防范问题。[5]

2. 案件判决的时间分布

从判决的时间分布看，42 份裁判文书 2021 年 11 例，2020 年 15 例，2019 年 10 例，2018 年 4 例，2017 年 1 例，2016 年 1 例。总体趋势是此类案件逐年增加。

3. 当事人的诉讼请求

此类案件的诉讼请求包括：（1）丈夫死亡后妻子请求医院继续履行合同进行

3　参见江西省无锡市中级人民法院民事判决书，（2014）锡民终字第 01235 号。

4　案例搜索截至时间：2021 年 12 月 30 日。

5　中国裁判文书网公开的有关冷冻胚胎争议的纠纷涉及合同纠纷、侵权纠纷、胚胎继承纠纷等。实践中涉冷冻胚胎案件远远不止本文研究的数量。正如有学者所指出，由于涉冷冻胚胎争议属于新型法律纠纷，进入诉讼的案件较少，且可能涉及隐私，因此公开的裁判文书并不多。王晓燕：《冷冻胚胎返还：权利保障与代孕规制——基于类案的观察》，载《南通大学学报》（社会科学版），2021 年第 3 期，第 111 页。

冷冻胚胎移植；（2）夫妻双方请求与医院解除冷冻胚胎保管合同并返还未使用冷冻胚胎；（3）妻子死亡后，丈夫及妻子的父母向法院起诉请求医院返还冷冻胚胎。

4. 冷冻胚胎的性质

有的法院在判决时未涉及冷冻胚胎属性的认定，有的法院对冷冻胚胎的属性进行了分析，如法院认为"胚胎是介于人与物之间的过渡存在，具有孕育成生命的潜质，比非生命体有更高的道德地位，应受到特殊尊重与保护"；[6] "胚胎承载了人格、伦理的特性"；[7] 冷冻胚胎与当事人"具有生命伦理上的密切关联性"。[8] 胚胎上的权利是一种包含亲权在内的具有人身要素的权利，具有专属性。[9] 法院基本上都认为冷冻胚胎具有特殊的属性。

（二）法院判决的结果

1. 丈夫死亡后妻子主张冷冻胚胎移植是否应予支持？

对此存在两种不同的判决：支持和驳回原告的诉讼请求。丈夫死亡后妻子要求按照协议继续履行胚胎移植手术的案例共 14 例，其中法院判决支持原告诉讼请求的 10 例，占此类判决的比例为 71.43%。法院判决不予支持的案件 4 例，占此类案件比例的 28.57%。在不予支持继续进行胚胎移植的 4 个案例中，有 3 个案例法院认定虽然医院为当事人保存冷冻胚胎，但当事人之间的合同因之前已经进行过胚胎移植手术合同已经履行完毕；启动冷冻胚胎继续孕育子女，须双方达成新的医疗服务合同，在丈夫死亡的情况无法达成新的服务合同而驳回当事人的诉讼请求。另一个案例法院则认为丈夫死亡妻子无权请求继续依照合同进行胚胎移植。[10]

2. 是否可以请求医疗机构返还冷冻胚胎？

在请求返还冷冻胚胎的 28 个案例中，有 27 例法院支持了原告的诉讼请求，只有 1 例诉讼请求被驳回，分别占此类案件的 96.43%、3.57%。在支持返还冷冻胚胎的 27 例中，有一例是妻子死亡，死者的父母及丈夫请求法院返还冷冻胚胎[11]，其余均为夫妻双方请求返还冷冻胚胎。

6　参见山东省济南市市中区人民法院民事判决书，（2021）鲁 0103 民初 6739 号。

7　参见广东省东莞市第一人民法院民事判决书，（2020）粤 1971 民初 32070 号。

8　参见四川省泸州市江阳区人民法院民事判决书，（2020）川 0502 民初 1987 号。

9　参见广东省湛江市麻章区人民法院民事判决书，（2021）粤 0811 民初 406 号。

10　参见福建省福州市中级人民法院民事判决书，（2021）闽 01 民终 5544 号。

11　参见山东省济南市市中区人民法院民事判决书，（2021）粤 0104 民初 23961 号。

二、冷冻胚胎移植服务合同纠纷案件的争议问题

（一）冷冻胚胎移植服务类合同的种类及其法律适用

此类合同性质的认定及其法律适用均存在一定的分歧。由于本文是以医疗服务合同纠纷为关键词搜索相关案例，35 份裁判文书都以医疗服务合同纠纷立案。但笔者在裁判文书网上输入"保管合同""冷冻胚胎"搜索到多起以保管合同纠纷立案的案件并依据保管合同相关法律规定进行处理，也存在直接以合同纠纷案由立案并处理的案例。[12]另有案例当事人以返还原物纠纷立案，法院最终认为当事人之间构成保管合同关系并依相关法律规定做出判决。[13] 还有的案件法院认为当事人之间不是基于物的保管合同，而是基于医疗服务合同保管冷冻胚胎，但在判决的时候依据原《中华人民共和国合同法》（以下简称《合同法》）第 60 条及保管合同的规定处理。[14]

在以医疗服务合同为案由的案件审理中，因该类合同是无名合同类型，法院主要是依据原《中华人民共和国民法总则》（以下简称《民法总则》）、《合同法》的总则部分关于意思自治原则、公序良俗和合法原则、自然人民事权益受法律保护、依法成立的合同对当事人具有法律约束力及合同履行、合同解除等相关规定进行判决。《民法典》实施后，有的法院主要依据该法第 3 条、第 1009 条、第 563 条第 1 款第（5）项等进行判决。在请求继续进行胚胎移植的案例中，法院还引用《中华人民共和国人口与计划生育法》（以下简称《人口与计划生育法）第 17 条[15]、《中华人民共和国妇女权益保障法》（以下简称《妇女权益保障法》）第 51 条等做出判决。[16]

在说理部分，主要是根据《实施人类辅助生殖技术的伦理原则》《人类辅助生殖技术管理办法》第 3 条[17]、第 13 条[18]，《人类辅助生殖技术规范》第 3 条第（13）项的相关规定。[19]

12　参见四川省成都市锦江区人民法院民事判决书，（2020）川 0104 民初 1031 号。

13　参见四川省成都市锦江区人民法院民事判决书，（2019）川 0104 民初 8662 号。

14　湖北省武汉市江汉区人民法院民事判决书,(2021)鄂 0103 民初 1226 号。

15　参见江苏省无锡市梁溪区人民法院民事判决书，（2019）苏 0213 民初 10672 号。

16　参见福建省厦门市思明区人民法院民事判决书，（2020）闽 0203 民初 12598 号。

17　2001 年卫生部《人类辅助生殖技术管理办法》第 3 条：人类辅助生殖技术的应用应当在医疗机构中进行，以医疗为目的，并符合国家计划生育政策、伦理原则和有关法律规定。禁止以任何形式买卖胚胎、配子。医疗机构和医务人员不得实施任何形式的代孕技术。

18　2003 年卫生部《人类辅助生殖技术管理办法》第 13 条：实施人类辅助生殖技术应当符合卫生部制定的《人类辅助生殖技术规范》的规定。

19　2003 年卫生部《人类辅助生殖技术规范》三、（十三）禁止给不符合国家人口和计划生育法规和条例规定的夫妇和单身妇女实施人类辅助生殖技术的规定。

（二）当事人请求返还冷冻胚胎正当与否

当事人请求返还冷冻胚胎的原因各不相同，具体包括进行完胚胎移植手术后请求返还剩余的冷冻胚胎；当事人决定更换医院进行胚胎移植；当事人不愿意继续或者因为身体原因不适宜继续进行冷冻胚胎移植手术；妻子死亡，丈夫及妻子的父母要求返还冷冻胚胎。

请求返还冷冻胚胎的相关案件均为涉及医疗机构方拒绝返还而成讼。医疗机构拒绝的主要原因如下：当事人请求返还保管的胚胎有可能从事违反法律规定或违反公序良俗的行为，应就胚胎的用途及处置方法作合理解释，在无占有胚胎法定事由消除的前提下医院无返还义务；[20] 返还胚胎转运过程中可能因保存条件不稳定导致囊胚出现损伤、污染、甚至凋亡；[21] 胚胎直接交给患者不能规避患者代孕或胚胎赠送、买卖等风险，需要原告联系有资质的医院，由双方医院医务科"公对公"交接转移胚胎；[22] "现行法律未规定冷冻胚胎的法律属性，也未规定医疗机构必须将生育胚胎交还给原告"，且交给原告可能引发伦理道德风险、对胚胎带来不良影响；[23] 移交冷冻胚胎缺乏法律规定，移交胚胎的方式不明确；[24] 涉案囊胚有发展为生命的潜能，含有未来生命特征，不能像一般物一样任意转让或继承，且原告无法举证其能妥善保管冷冻胚胎；[25] "上级行政部门及行业规定要求医疗机构应加强管理患者的胚胎及冻精""上级主管部门及文件的要求医院不能将胚胎直接返还患者"；[26]《知情同意书》约定本医疗中心培养的胚胎"只能在本中心移植"；[27] 担心相关纠纷被牵连，且胚胎培养后的返还将整个诊疗行为割裂开来，不利于维护医疗秩序。[28] 而在法院支持返还冷冻胚胎的时候，法院均认为上述理由不能成为阻止原告主张对冷冻胚胎返还的权利。

法院驳回原告诉讼请求的理由为原告不具备冷冻胚胎保管条件、冷冻胚胎属于国家遗传资源的一部分，法院认为，根据《中华人民共和国人类遗传资源管理条例》规定，涉案胚胎具有人类基因组织，属于人类遗传资源材料；同时该规定明确对人类遗产资源的保藏需"具有符合国家人类遗传资源保藏技术规范和要求的场所、设施、设备和人员"相关条件，并报经国务院科学技术行政部门批准才可以保藏。[29]

20　参见四川省成都市锦江区人民法院民事判决书，（2019）川 0104 民初 8662 号。

21　参见广东省广州市越秀区人民法院民事判决书，（2021）粤 0104 民初 23961 号。

22　参见广东省深圳市福田区人民法院民事判决书，（2018）粤 0304 民初 40903 号。

23　参见成都市武侯区人民法院民事判决书，（2018）川 0107 民初 10614 号。

24　参见广东省深圳市罗湖区人民法院民事判决书，（2020）粤 0303 民初 26937 号。

25　参见山东省济南市市中区人民法院民事判决书，（2021）粤 0104 民初 23961 号.

26　参见广东省深圳市福田区人民法院民事判决书，（2020）粤 0304 民初 53713 号。

27　参见广东省广州市天河区人民法院民事判决书，（2019）粤 0106 民初 36330 号。

28　参见北京市海淀区人民法院民事判决书，（2021）京 0108 民初 3506 号。

29　参见杭州市上城区人民法院民事判决书，（2019）浙 0102 民初 2774 号。

（三）胚胎移植中女性的生育权与后代的利益冲突

从请求继续进行胚胎移植手术的案例看，均为夫妻一方中的丈夫死亡，妻子要求医疗机构继续实施胚胎移植手术。但医疗机构以夫妻一方已经死亡，无法在手术知情同意书上签字，单身女性不能接受人工生育技术，及此种情况为当事人实施移植手术对未成年子女不利为由，拒绝为当事人进行移植手术，因而引发纠纷。对此，有的法院主动征求死亡配偶的父母等亲属意见，或者请求继续进行胚胎移植的配偶一方主动获取死亡配偶父母的意见以支持自己要求进行胚胎移植的证据。

从判决结果看，多数法院支持了原告的请求，理由如下：（1）基于女性生育权的保障。在符合伦理道德、法律规则的情形下能够借助人类辅助生殖技术让不孕不育夫妻生育后代的权利应予尊重和保障。[30]原告的配偶已去世的情况下，仍要求夫妻签字确认进行胚胎移植术，不符合常理且侵害了原告的生育权。[31]（2）此种情况并未违反后代的利益。目前尚无研究表明单亲家庭可能对孩子产生生理、心理和社会损害。[32]（3）此种情况并不违反相关规定。如有的法院认为，在丈夫死亡情况下的单身妇女并非通常情形下的单身妇女。[33]（4）原卫生部上述这些规定是卫生行政管理部门对相关医疗机构和人员在从事人工生殖辅助技术时的管理性规定，被告不得基于部门规章的行政管理规定对抗当事人基于私法所享有的正当的生育权利。[34]

类似的案例，法院却认为，《冷冻胚胎解冻及移植知情同意书》中载明每次冷冻胚胎复苏移植前都需要夫妇同时签字确认。丈夫已经死亡，无法做出该项意思表示。原告在丈夫死亡后即为单身妇女，被告为其实施人类辅助生殖技术将违反不得为单身女性实施人工生殖技术的规定。且该子女从一出生就将身份地位不明确，无疑会给相关社会关系带来一定的不稳定因素，不利于孩子身心的健康成长。[35]

（四）医疗机构终止冷冻胚胎保存的情形

医疗机构在哪些情形下可以终止冷冻胚胎的保存？案例分析显示，医疗机构和当事人通常会在知情同意书中约定冷冻胚胎终止保管的事由，如：（1）夫妻双方向医院提出书面申请要求终止保存冷冻胚胎；（2）不缴纳胚胎保存费用超过 2 年，联系无效；（3）夫妇一方或双方死亡未在遗嘱中留下任何涉及胚胎的意见；（4）国家法律要求；（5）不可抗拒因素。[36]有的医疗机构不仅仅约定了停止保管冷冻胚胎的情

30　参见浙江省温州市鹿城区人民法院民事判决书，（2019）浙 0302 民初 4777 号。

31　参见山东省济南市市中区人民法院民事判决书，（2021）鲁 0103 民初 6739 号。

32　参见云南省昆明市盘龙区人民法院民事判决书，（2020）云 0103 民初 676 号。

33　参见浙江省舟山市定海区人民法院民事判决书，（2016）浙 0902 民初 3598 号。

34　参见江苏省无锡市梁溪区人民法院民事判决书，（2019）苏 0213 民初 10672 号。

35　参见山东省济南市市中区人民法院民事判决书，（2017）鲁 0103 民初 7541 号。

36　参见四川省成都市青羊区人民法院民事判决书，（2020）川 0105 民初 1213 号。

形，还规定在不缴纳冷冻费的时候，会给当事人留下一定的宽限期，且宽限期满联系不上才可以终止保管行为。但有的医疗机构约定当事人不缴纳胚胎保管费就可以处置胚胎。且有的医疗机构未约定在夫妻双方或一方死亡情况下冷冻胚胎的处理。因此，哪些情形下医疗机构应终止对冷冻胚胎的保存？约定的期限届满是否应当给与一定的保存宽限期？若无约定，夫妇一方或双方死亡时生存一方是否可以继续进行胚胎移植？夫妻离婚后一方要求继续移植胚胎如何处理？现行法对这些问题均未具体规定。

此外，当事人有约定的情绪是否就完全遵从约定？现行法并无冷冻胚胎终止保存的具体规定。从调查的案件看，虽然有的医疗机构和当事人签订有夫妻一方或双方死亡就终止胚胎保存合同，但在丈夫死亡后妻子请求继续移植冷冻胚胎时法院仍然支持了原告的诉讼请求。这种情况完全遵从合同约定，可能让合同接收移植手术方当事人方永远丧失利用夫妻的冷冻胚胎完成生育的机会，不符合一般大众的愿望。

（五）未使用的冷冻胚胎如何处置

近年来胚胎冷冻保存的数量增加，其中不少冷冻胚胎长期保存不用（如无主胚胎、欠费胚胎），给各生殖医学中心造成了负担并占用大量社会医疗资源，同时也带来了一系列伦理问题。[37] 对未使用的冷冻胚胎的处置，大多数医疗机构要求双方签订《知情同意书》并明确约定了终止胚胎保存的途径:经医学方法处理后丢弃。还有的当事人约定剩余的胚胎用于教学、科研。[38]有的当事人未明确约定剩余胚胎的处置方法及处置主体，仅约定过期不交冷冻费视为放弃[39]，而当事人也未必都重视自己留在医疗机构未使用的胚胎。有的案件的当事人之间甚至未签订书面合同，对相关事项未进行约定。[40]如有报道称，青岛某医院保存上千试管婴儿冷冻胚胎难处理，无人认领。[41]如果处置，保存多少年进行医学废弃？除了废弃和经同意使用于教学、研究，是否有别的途径处置冷冻胚胎？

三、冷冻胚胎使用的风险类型及其防范

（一）冷冻胚胎使用的风险类型

为规范人工生殖技术，我国先后颁布了《实施人类辅助生殖技术的伦理原则》（以下简称《伦理原则》），《人类辅助生殖技术规范》《人类辅助生殖技术管理办法》《涉

37　全松，黄国宁等：《冷冻胚胎保存时限的中国专家共识》，载《生殖医学杂志》，2018 年第 27 卷第 10 期，第 926 页。

38　参见福建省福州市中级人民法院民事判决书，（2021）闽 01 民终 5544 号。

39　参见江苏省南京市鼓楼区人民法院民事判决书，（2019）苏 0106 民初 1737 号。

40　参见贵州省贵阳市南明区人民法院民事判决书，（2021）黔 0102 民初 8771 号。

41　参见《青岛早报》，2013 年 09 月 27 日。

及人的生物医学研究伦理审查办法》《生物技术研究开发安全管理办法》等部委规章与规范性文件。《民法典》第 1009 条明确了从事与人体基因、人体胚胎等有关的医学和科研活动，应当遵守法律、行政法规和国家有关规定，不得危害人体健康，不得违背伦理道德，不得损害公共利益。

现有的规定主要针对的是医疗机构的行为和科研活动，但对于接受人工生殖技术的人员其同样负有遵守相关规定的义务，如坚持维护后代利益的原则、维护社会公益的原则、严防商品化的原则，遵守《人类辅助生殖技术规范》规定的必须严格遵守国家人口和计划生育法律法规，禁止实施胚胎赠送、禁止利用胚胎进行试验、禁止人类与异种配子的杂交、禁止从事非法代孕等相关规定。从涉及的案例看，冷冻胚胎使用中的风险包括：到地下诊所实施代孕或胚胎赠送、买卖冷冻胚胎等风险，[42] 违法或不当使用处置的法律和道德风险[43]、买卖胚胎、违规实验甚至进行可以鉴别性别的试管婴儿手术等违反法律和伦理道德的行为[44]、违反人类遗传资源的保藏[45]、申请地下代孕对自己利益的损害、医疗机构被牵扯进相关纠纷而增加诉讼负担[46]、冷冻胚损伤、污染、甚至凋亡[47]等。医疗机构之外的个人对冷冻胚胎的使用、个人权利行使与他人利益、社会公共利益之间的冲突，涉及胚胎使用正当性、胚胎使用者的权益保障、胚胎保管不当遭致的不利后果及其风险防范问题。"道德层面上的规范管制只是手段之一，我们更需要积极探索技术的正确导向和法律调控原则的多重手段"。[48]对人类冷冻胚胎的使用不能仅仅依靠当事人的自觉遵守，需明确胚胎使用的正当途径并加强防范措施。

（二）冷冻胚胎使用风险防范的困境

在法院判决冷冻胚胎返还的案件中，虽然法院判决支持原告请求的理由是基于个人生育权的保障，但我们不禁要问，这些冷冻胚的去向及其最终命运。谁来保证这些冷冻胚胎所涉及的亲属关系秩序、基因安全及遗产资源的保护？当事人是否有条件保存冷冻胚胎？在本文所统计的案件中，涉及返还的冷冻胚胎最多的 14 枚，还有案件涉及 13 枚、10 枚、8 枚不等。在个人权利和公序良俗、胚胎安全之间的冲突无法得到妥善解决的情况下，将此类案件交给医疗机构和法院处理都显得勉为其难。虽然原卫生部《伦理原则》规定："对实施辅助生殖术后剩余的胚胎，由胚胎所有者

42　参见广东省深圳市福田区人民法院民事判决书，（2018）粤 0304 民初 40903 号。

43　参见山东省济南市市中区人民法院民事判决书，（2021）粤 0104 民初 23961 号。

44　参见广东省深圳市罗湖区人民法院民事判决书，（2020）粤 0303 民初 39714 号。

45　参见杭州市上城区人民法院民事判决书，（2019）浙 0102 民初 2774 号。

46　参见北京市海淀区人民法院民事判决书，（2021）京 0108 民初 3506 号。

47　参见广东省广州市越秀区人民法院民事判决书，（2021）粤 0104 民初 23961 号。

48　陈芬，纪金霞：《人工辅助生殖技术：从技术理性走向生命伦理》，载《中国医学伦理学》，2014 年第 27 卷，第 5 期，第 627 页。

决定如何处理",但医疗机构据理力争不予返还冷冻胚胎给当事人,一方面出于对这种特殊物的敬畏和爱护,不知如何处理,另一方面涉及对冷冻胚胎移植的正当性或返还所潜在的风险的担心。在丈夫死亡后妻子请求继续胚胎移植的情况是否符合相关法律即伦理原则,医疗机构也存有疑虑。虽然多数法院支持了胚胎继续移植,但也有少数法院驳回移植请求。多数法院在支持胚胎返还判决中,告诫原告"对涉案胚胎的后续监管及处置时,也应以遵守法律法规、不违背公序良俗且不损害他人利益为前提。[49] 或者在法院告知冷冻胚胎使用要遵循相关法律及伦理道德,原告明确表示知晓相关法律并承诺遵循法庭的告诫后判决将冷冻胚胎返还给原告。[50] 即便如此,当事人能遵从法院的告诫,真正做到抵御潜在风险吗?

法院对纠纷进行裁断的同时不得不在判决书中提醒当事人利用返还的胚胎时应维护公序良俗伦理原则,可见法院虽然基于个人权益保护在冷冻胚胎判决中支持原告返还给当事人个人,但对当事人是否真正能做到遵守伦理规定,不违法使用胚胎的行为是有疑虑的。更重要的是,"该风险并非是法院在庭审和判决中进行法律释明、风险提示就可以阻却的"。[51]江苏宜兴冷冻胚胎返还之后两名代孕婴儿的出生就是明证。2018 年南方科技大学副教授贺建奎宣布基因编辑婴儿的诞生,我们也不禁要问该案婴儿的基因组织来自哪里?在法无明文规定的情况,法院左右为难,最终做出了保护个人权利的判决。为解决此类纠纷,须配合冷冻胚胎个人权利保护的法律规则和冷冻胚胎移植合同中胚胎使用风险防范措施。

(三)冷冻胚胎使用中的风险防范出路

冷冻胚胎移植过程中胚胎使用涉及的法律及伦理风险如何防范?从调查的案例来看,首先是医疗机构对此类风险进行判断,然后是法院。究竟哪些胚胎移植行为符合上述伦理原则及国家相关规定?在当事人和医疗机构发生纠纷后通常首先由医疗机构的伦理委员会做出判断。但对于过于原则的伦理原则及相关规定,医疗机构进行审查也可能限于两难境地。如在配偶一方死亡后生存配偶单方要求继续实施冷冻胚胎移植中请求确人和后代利益相互冲突的情况下,如何处理二者的冲突?同样,在个人权利保护与维护社会公益的冲突中医疗机构如何处理?医疗机构本是规则的执行者而非规则的制定者,将此类抽象的伦理原则交由医疗机构来决定,未免拔高了对医疗机构的要求,超越其权限。如有医疗机构伦理委员会《医学伦理审查意见》载明:"本院不给予移植",同时伦理委员会主任审批意见为:"本院依从法院判决执行"。[52]有医院主张,"希望原告通过法律途径解决","我院会按照法院判决书执

49　参见广东省深圳市罗湖区人民法院民事判决书,(2020)粤 0303 民初 30994 号。

50　参见广东省广州市越秀区人民法院民事判决书,(2021)粤 0104 民初 23961 号。

51　参见江苏省南京市中级人民法院民事判决书,(2018)苏 01 民终 5641 号。

52　参见福建省厦门市思明区人民法院民事判决书,(2020)闽 0203 民初 12598 号。

行"。[53]另有医院提出，"如果经法院认定或释明本案原告主张的胚胎移植不违反法律法规和基本伦理，我方愿意依相关技术规范继续实施"。[54]还有医院主张，由于没有相关法律法规规定，胚胎的保存条件很严格，还牵扯到医学伦理问题，所以如何返还且向谁交接，被告遵照法庭判决。[55]

医疗机构对辅助生殖技术服务合同中出现的难题难以把握，才出现将最后将确定权交给法院认定这样的情况。而法院对相关案例的处理时也难以兼顾个人权利保护及胚胎使用中的风险防范，如何防范风险超越法院的权限。冷冻胚胎使用中的风险需要立法机关、审判机关及医疗机构各自在职责范围内的共同作为应对，规则的制定需要立法机关解决。

四、冷冻胚胎移植服务合同法律规则构造及胚胎使用风险防范：初步思考

由于审判实务中冷冻胚胎人工生殖技术合同纠纷中存在的问题及此类合同的特殊性，且我国《民法典》未规定医疗服务合同，本文建议制定统一的《人类辅助生殖技术法》，以单行法的方式设置人工生殖技术服务合同的规则并对胚胎使用进行监管。冷冻胚胎移植服务合同法律规则构造及胚胎使用风险防范思考如下：

（一）明确冷冻胚胎的性质

冷冻胚胎的性质在国内外尚未完全定性。如在美国对冷冻胚胎的性质存在三种观点。如田纳西州最高法院认为冷冻胚胎既不是生命，又不是纯粹的物，而是因其具有生命的潜在可能性属于一种特定种类。[56]新罕布什尔州则采"主体说"，法律规定即将进行人工生育的夫妇通过修改他们现有的遗产计划或签署遗产规划为未来的孩子做监护准备。[57]在路易斯安娜州法律将胚胎解释为司法上的人（judicial person），享有法律授予的权利，因此冷冻胚胎必需进行移植而不得抛弃。如果接受人工生育手术的人不希望怀有孩子，则应当将该前胚胎捐赠给其他夫妇移植或者进行收养。[58]在我国，立法未对冷冻胚胎的性质进行界定。但医学界已经对冷冻胚胎的性质已达

53　参见云南省昆明市盘龙区人民法院民事判决书，（2020）云 0103 民初 676 号。

54　参见江苏省淮安市清江浦区人民法院民事判决书，（2020）苏 0812 民初 738 号。

55　参见广东省深圳市罗湖区人民法院民事判决书，（2020）粤 0303 民初 3737 号。

56　Jennifer L.Medenwald, A Frozen Exception for the Frozen Embryo: The Davis Reasonable Alternatives Exception, INDIANA LA WJOURNAL (2001), Vol.76: 512-514.

57　Mo. REv. STAT. §1.205(1),(3);§188.015(9)((2016). Anna El-Zein, Embry-Uh-Oh: An Alternative Approach to Frozen Embryo Disputes, MISSOURI LAW REVIEW (2017), Vol.82: 889.

58　LA.STAT. ANN.§9:121,129.(2017).

成了相关专家共识，即冷冻保存的胚胎不具备自然人的属性，又不属于物的范畴，但其具有发育成为自然人的潜质，故冷冻胚胎的法律属性介于人与物之间，必须以敬畏和尊重的态度加以对待。[59]对此可以结合专家共识明确冷冻胚胎的性质。

（二）冷冻胚胎的使用原则及其监管

关于冷冻胚胎的使用原则包括：公序良俗原则、考虑后代利益原则、女性生育权受保护原则、遗传资源安全原则、国家监管原则。卫生主管部门负责对冷冻胚胎的使用、存储、运输、处置中的行为进行监督。违反相关规定者承担相应的法律责任。

考虑到冷冻胚胎作为人工生殖技术服务合同的特殊性及合同履行中可能存在胚胎被不当使用的风险，建议在符合资质的医疗机构设置冷冻胚胎管理库，并对冷冻胚胎实行严格的登记制度，对所有登记的胚胎均能溯源，该登记永久保存，随时供卫生主管部门查询。冷冻胚胎的使用实行审批制，符合适用冷冻胚胎移植生育条件的，可以从胚胎管理库获得自己保存的或领养的冷冻胚胎。

（三）冷冻胚胎移植服务合同法律规则构造

1. 新设人工生殖技术服务合同种类

冷冻胚胎涉及个人权利保护、胚胎的特殊属性及对保存条件的限制、使用中的法律及伦理风险等决定了不能参照保管合同或委托合同处理。保管合同的标的物是物，完全按照保管合同处理，也违背了冷冻胚胎蕴含的伦理价值及与胚胎权利人之间的联系，违背"敬畏冷冻胚胎"的医学伦理。冷冻胚胎生殖技术服务具有医疗服务合同的很多特征，但就将此类合同定性为一般医疗服务合同难以体现此类合同的特殊性。

笔者建议应明确承认人工生殖技术服务合同，将所有涉及医疗机构的人工生殖技术服务合同纳入此类合同进行调整。并规定人类辅助生殖技术包括人工授精和体外受精-胚胎移植及其衍生技术两大类。衍生技术包括体外受精-胚胎移植中的取卵、冷冻等技术。这样可以避免将此类合同分解为医疗服务合同和保管合同等进行处理。

2. 夫妻双方的意愿及双方无法签署一致意见时胚胎的使用

人工生殖技术服务合同的开展应以夫妻双方就生育意愿达成一致意见为原则。在丈夫死亡或其他原因双方无法就冷冻胚胎移植达成一致意见或无法签署意见的情况，应根据不同情况考虑是否开展冷冻胚胎的移植：

59　全松，黄国宁等：《冷冻胚胎保存时限的中国专家共识》，载《生殖医学杂志》，2018 年第 27 卷第 10 期，第 926 页。

其一，在医疗机构已经按夫妻双方的协议当事人进行胚胎移植的情况，则原先的合同已经履行完毕，妻子请求就储存的冷冻胚胎继续移植，不予支持，当事人需要在符合依法与医疗机构达成新的协议才能继续进行胚胎移植。

其二，在合同未履行完毕，夫妻先前已经和医疗机构签署胚胎移植协议，在丈夫死亡或无法签署意见的情况，若无与原约定相反的意思表示的，应综合当事人的意愿、计划生育政策、后代的利益、生育权保障等因素决定冷冻胚胎是否继续进行胚胎移植，此种情况推知死亡方的意愿是继续进行胚胎移植。现行《人类辅助生殖技术规范》规定不得为单身妇女实施人类辅助生殖技术，笔者赞同该规定的目的是防止婚姻与子女生育的分离，与配偶死亡情况下的单身的情况不同，因此，丈夫死亡不能成为拒绝妻子继续胚胎移植的独立理由。当然，这种情况明显对后代不利的情况除外。

其三，在夫妻离婚时或事后一方就冷冻胚胎移植反悔的情况，不愿意生育一方的意愿应优先考虑，但另一方不能通过其他合理的替代途径实现生育的情况除外。[60]根据学界通说，生育自主权是一种人格权，包括生育的权利和不生育的自由，不能强制另一方生育子女。

3. 冷冻胚胎保存的最长期限

规定冷冻胚胎保存期限，可以指导医疗机构人工生殖技术服务合同的履行，也给合同当事人一种预期。结合冷冻胚胎保存时限的中国专家共识推荐冷冻胚胎最长不超过 10 年，[61]可以在此类合同项下规定建议冷冻胚胎保存最长不超过 10 年。

4. 接受服务方的单方解除权及胚胎返还的处理

基于人工生殖技术服务合同自由原则及医疗机构的特殊职责，接受服务方应当享有单方解除权。由于冷冻胚胎的特殊性，合同解除后，当事人或其近亲属（建议限于配偶、父母）不管基于何种理由返还胚胎给个人的请求应支持。但出于对胚胎的敬畏和爱护，应统一纳入医疗机构设置的冷冻胚胎管理库监管和保管并对胚胎后续使用情况设置审批条件，按移植的条件开展冷冻胚胎的后续登记、使用、监管及移植。笔者赞同《专家共识》关于"冷冻保存的胚胎仅限于在胚胎冷冻保存的生殖中心进行移植或处置"的建议。司法实务中法院虽然判决医疗机构返还冷冻胚胎，

60　参阅美国的相关判例，在无法其他合理的替代性途径怀孕时，则会考虑使用冷冻胚胎怀孕一方的意愿。Jennifer L. Medenwald, A Frozen Exception for the Frozen Embryo: The Davis Reasonable Alternatives Exception, INDIANA LA WJOURNAL (2001), Vol.76: 512-515.

61　全松，黄国宁等：《冷冻胚胎保存时限的中国专家共识》，载《生殖医学杂志》，2018 年第 27 卷第 10 期，第 926 页。

但也建议当事人由具备相应保存条件的单位协助接受胚胎。[62]

5. 合同终止的事由

体外受精-胚胎移植服务合同不同于一般的保管合同，其终止事由需要尊重夫妻双方与医疗机构的协议、尊重冷冻胚胎的特殊属性、遵循相关的伦理原则并考虑当事人的权益，其终止事由不同于一般合同的终止。建议在下列情况下，体外受精-胚胎移植服务合同终止：

（1）夫妻双方向医疗机构提出书面申请要求终止保存冷冻胚胎；

（2）不缴纳胚胎保存费用超过 1 年，且联系无效；

（3）根据国家法律要求终止保存；

（4）发生不可抗力，医疗机构无法完成医疗服务；

（5）其他导致医疗机构无法完成医疗服务的情况。

6. 合同终止时冷冻胚胎的处置

原卫生部的《伦理原则》的规定，未使用胚胎的处置权应由胚胎所有者决定如何处理。《伦理原则》明确规定不允许任何形式的代孕及胚胎捐赠行为。《人类辅助生殖技术规范》规定，禁止在患者不知情和不自愿的情况下，将配子、合子和胚胎转送他人或进行科学研究。

笔者认为，首先尊重当事人意愿，如果愿意捐赠用于医学科研使用，或者同意医疗机构医学处理后废弃，可以尊重当事人意愿。冷冻胚胎捐赠，有的国家限制或禁止胚胎捐赠，有的国家允许胚胎捐赠。[63] 基于冷冻胚胎的特殊性，对其处置须遵从"以敬畏和尊重的态度加以对待"的专家共识和伦理要求。符合条件的，可以参照《民法典》收养法的相关规定办理胚胎收养登记，将对未成年人的收养提前到冷冻胚胎。[64] 如果不符合后续移植条件且无处置的约定，则统一由胚胎管理库保管至法定保管期限届满后进行医学处置。

结　语

综合以上，基于冷冻胚胎本身及此类合同的特殊属性，对于冷冻胚胎移植服务合同的规则及使用中的风险防范应当加以统一规定，以期为医疗机构的医疗行为提供指引，规范当事人使用冷冻胚胎的行为，可以减轻医疗机构的负担并减少相关医

62　参见江苏省南京市鼓楼区人民法院，（2019）苏 0106 民初 9622 号民事判决书。

63　Sonja Goedeke and Ken R Daniels，Embryo Donation or Embryo Adoption: Practice and Policy in the New Zealand Context, 31 INT'l J.L. POL. & FAM. 1 (2017). pp7-8.

64　贾爱玲：《"冷冻胚胎"的法律属性及其处置规则》，载《兰州学刊》，2017 年第 11 期。

患纠纷，也可以为法院处理此类案件提供统一的裁判依据，避免法院裁判时将冷冻胚胎使用中私权利保护与风险防范的分割处理。

Legal Rules of Frozen Embryo Transplantation Service Contract & Risk Precaution— Based on the Analysis of 42 Case Decisions

Ran Qi-yu

Abstract：In recent years,controversies on the wife requested to continue to transfer the frozen embryos kept in the medical institutions after the death of the husband, and the relevant parties requested the medical institutions to return the preserved frozen embryos to individuals are prominent in the judicial practice of artificial reproductive service contracts. Due to no clear provisions on the specific legal norms, the abstract ethical principles and the conflict between different principles involved in frozen embryos transplantation, as well as the possible risks brought about by inadequate supervision of embryo utilization, medical institutions and courts will inevitably fall into the dilemma when handling such cases so that different value judgments were made on similar cases, and the protection of individual rights and the risk prevention in the utilization of embryos could not be balanced meanwhile. In this regard, it is necessary to design rules of the frozen embryo transplantation service contract legislatively and establish risk precautionary mechanism in the use of frozen embryos, attempting to solve the dilemma that courts and medical institutions are confronted with.

Key Words：frozen embryos; contract disputes; legal rules; risk precaution

日本医疗 ADR 运行体制与思考

——以东京三律师会 ADR 为中心*

晏 英**

摘 要: 在"医疗不信"与"医疗崩坏"的夹击下,日本从 20 世纪末就开始了医疗 ADR 的实践探索,其中不乏各地律师会的摸索,以东京三律师会医疗 ADR 为代表。东京律师会医疗 ADR 程序分为促进式与评价式调解两个阶段,无论是作为调解员的律师,还是医患各方的代理律师,都必须保持中立立场。除了应对当事者法律层面的诉求以外,还要求解释说明诊疗经过、死因、后遗症,寻求医疗事故对今后的教训,以及转院相谈等也都是调解事由,并以五种视角寻求令当事者双方都能满意的结果。东京三律师会的医疗 ADR 实践为我国尚待起步的律师组织主办的医疗 ADR 提供了诸多前瞻性思考。

关键词: 律师会 医疗 ADR 日本 ADR 法 实质性正义 促进式调解 评价式调解

目前我国正处于社会转型期,在面临着医疗改革的压力下,医疗纠纷的发生愈加常态化、激烈化,我国医疗纠纷解决的现状是传统模式已经瓦解,现代意义上的解决机制尚未确立。因此,我国寻求妥善解决医疗纠纷途径的需要十分迫切。实践中,相对于诉讼,更多的学者和相关从业人员倾向于使用非诉讼方式,即采用医疗 ADR。

我国律师开展 ADR 业务有一定的传统,并且根据《中华人民共和国律师法》第 28 条的规定,律师除可以接受自由人、法人和其他组织的聘请成为案件的代理人以及法律顾问外,还可以接受当事者的委托,参加调解、仲裁活动。

律师参与医疗调解主要有三种方式:一是作为纠纷一方当事人的代理人,协助调解。二是受其他机关或组织等委托、特邀等,作为中立的一方,参与或主持调解。

---

* 基金项目:2018 年国家社科基金一般项目"医院内医疗纠纷促进式调解程序构建研究"(项目编号:18BGL251);2018 年四川省教育厅四川医事卫生法治研究中心重点项目"医院内医疗纠纷中立性调解技能研究"(项目编号:YF18-Z04)。

** 晏英,博士,山西大学政治与公共管理学院副教授,研究方向:医疗纠纷调解。

三是在律师协会或律师事务所成立调解组织，由律师主持调解。

我国虽然也有极个别的地方开设了医疗调解律师工作室，但正常开展工作的很少，往往只是挂了牌而已。医疗纠纷调解的大部分工作主要还是由医调委在承担。在这一情况下，我国律师组织主办的医疗 ADR 没有得到有效地推动。本文将首先以东京三律师会的医疗 ADR 为中心，考察日本律师会主办下医疗 ADR 的运行体制，然后探讨在推动我国律师组织主办医疗 ADR 发展方面的相关思考。

一、日本医疗 ADR 制度创立的背景

日本在进入 1999 年以后，从媒体报道中得知由于医护人员的责任而造成数起医疗事故，在社会各界引起极大震惊，纷纷要求严肃追究，查处责任人，查找原因。

1999 年 1 月 17 日，日本横滨市立大学附属医院将一名心脏病患者和一名肺病患者弄混，分别对两名患者实施了对方应接受的手术。在该案件中，4 名医师和 2 名护士被以日本刑法上的"业务过失伤害罪"提起公诉。同年 2 月，东京都立广尾医院又发生了一起严重的患者安全事件，一名护士误将消毒液当作生理盐水输入患者静脉，导致患者死亡。这两起重大患者安全事件的发生使医疗安全问题迅速成为日本公众关注的焦点。1999 年也被称为日本的"医疗安全元年"。

可是在次年，同样的情况再度发生。2000 年 2 月 28 日，京都大学医学部附属医院在人工呼吸机里误注入乙醇导致患者死亡；同年 9 月 27 日，埼玉医科大学综合医疗中心发生过量服用抗癌剂的事件。日本厚生劳动省紧急宣布 2000 年为"患者安全推进年"，实施患者安全行动（Patient Safety Action）。

在这之后，2002 年 12 月 8 日，东京慈惠会医科大学青户医院事件中发生的医疗事故直接成为转折点。该医院的 3 名医生在未掌握医疗器械用法的情况下，"勇敢"地走上手术台，结果酿成了一起特大医疗事故，导致一名前列腺癌症患者死亡。2003 年 9 月 25 日，日本警方以"业务过失罪"将这 3 名"大胆医生"逮捕。这种因医疗事故同时逮捕 3 名医生的事件在日本还是首次发生。

医疗机构整个行业遭遇寒冬，小松秀树在朝日新闻社出版《医疗崩坏》一书中提到，日本已经进入到"医疗崩坏"的时代。[1]到 2006 年左右，日本媒体对于医疗界的"医疗不信"的基本论调已经形成。

"医疗崩坏"与"医疗不信"两种情况互相影响。在 21 世纪初，一方面对医疗界的信任度急剧下跌，医患矛盾频发，而且很难沟通，往往导致矛盾激化，最后不得不通过诉讼解决，也即所谓的"医疗不信"。而另一方面，医疗界也因疲于应对越来越多的医疗诉讼，导致医生为求自保而尽量避免临床诊疗行为。结果，日本从 2004

1　[日]小松秀樹：《医療崩壊——「立ち去り型サボタージユ」とは何か》，朝日新聞社 2006 年版。

年开始临床医生越来越少，新的治疗方法越来越难以用于临床，医疗界陷入了"医疗崩坏"的局面。

由于社会性的"医疗不信"导致了日本医学界开始出现"医疗崩溃"的呼救声。在这样的社会背景下，日本开始了对医疗纠纷问题解决机制的探索。

二、日本医疗 ADR 制度的形成

2001 年，日本发布了《司法制度改革审议会意见书 ——21 世纪日本所追求的司法制度》，[2]明确指出扩大以及切实落实 ADR 的适用。同年，日本最高裁判所开始实施医疗诉讼的营运改善，在东京地方裁判所以及大阪地方裁判所创设医疗纠纷集中部，随后又迅速扩大到全国各地，在各主要地方裁判所设立了专门审理医疗诉讼案件的医疗纠纷集中部，以期实现医疗诉讼案件的迅速审理；另一方面，也积极寻求医疗纠纷的 ADR 解决方式。

2004 年 12 月，日本经过多年的探讨出台了《关于促进利用诉讼外纠纷解决程序的法律》（简称"日本 ADR 法"），该法于 2007 年 4 月 1 日正式实施。该法的立法目的在于，对于那些不适于通过程序较为严格的诉讼制度来解决的纠纷，积极采用诉讼外纠纷解决方式，即仲裁、调解、协商等，最终使国民较为便利地使用身边的司法制度。该法最大的亮点是设立了民事纠纷解决程序业务认证制度。开展民间纠纷解决程序之业务者，可以就该业务获得法务大臣的认证。法务大臣对符合一定条件的调停机构进行认证，以增强调停机构的社会信任。

同年，该法施行半年后，东京三律师会设立了纠纷解决中心（简称"东京三律师会 ADR"），是日本最为著名的律师会主导型 ADR。2006 年，医师会型 ADR 的代表"茨城 ADR"成立，它是茨城县医师会内部设置的"医疗问题中立处理委员会"，用以解决医疗纠纷。NPO 法人型 ADR 是日本医疗 ADR 体制中的另一个重要类型，即作为第一家的"千叶县医疗纷争处理中心"，于 2009 年得到日本法务大臣认可。至此，日本医疗 ADR 体制初步形成，后经不断改进完善形成当今日本医疗 ADR 制度。

三、东京三律师会医疗 ADR 模式及其特点

在纠纷解决方面，发挥律师"维护基本人权，实现社会正义"[3]的作用是非常重要的。同时，由于每个律师都有资格和义务通过当地的律师会注册成为日本律师联

2　日本首相官邸：https://www.kantei.go.jp/jp/sihouseido/report/ikensyo/index.html，2021-01-25。

3　日本《弁護士法》第 1 条。

合会的成员，[4]律师会本身作为一个纠纷解决专业组织，也对各种纠纷的解决表现出强烈的兴趣。因此，日本很多地方的律师会作为 ADR 组织，获得了日本法务省的认证。另外，日本律师联合会也不可能对 ADR 事业置之不理。日本律师联合会于 2008 年 6 月设立了医疗 ADR 特别部会，针对 32 家律师会设置的 ADR 机构的运作进行信息共享和意见交换，并开展对 ADR 实施方式与绩效的调查研究，以便进一步提升国民接近 ADR 的便捷性。关于这一点，医疗 ADR 作为其中的一种也是如此。

在日本，都道府县一级的行政区都设置有律师会，基本上是各一个。因为东京都规模很大，东京都拥有三个律师会，即东京律师会、东京第一律师会、东京第二律师会。东京三律师会医疗 ADR 是在 2007 年 9 月由东京律师会、东京第一律师会、东京第二律师会分别开设的，其名称也略有不同：东京律师会纠纷解决中心、东京第一律师会仲裁中心、东京第二律师会仲裁中心。

由于医疗纠纷涉及医学这一专业领域，不仅难以对诊疗行为的过失进行法律判断，而且大部分的证据资料都保存在被告，即医方处，证据保全的完善与否直接决定了今后医疗纠纷的发展方向。而且，与一般的民事纷争不同，患方本身作为医学的外行，存在难以证明诊疗上存在过失等难题。因此，无论是医方还是患方，律师有无代理医疗纠纷的经验，其经验程度如何，都会左右纠纷解决的结果。

因此，作为法律专家汇聚的律师会既然成立医疗 ADR，就应该确保擅长医疗纠纷解决的律师参与其中，谋求合乎医学事实的纠纷解决之道。

东京三律师会下设的医疗事务检讨协议会在东京三律师会的推荐下，制定了医疗纠纷调解员推荐名单，富有代理医方经验的医方律师和富有代理患方经验的患方律师各 20 名，共计 40 名，供医患双方自由选择。医方律师和患方律师只是律师会的建议，医方可以选择推荐名单中患方律师作为自己的代理人，患方也可以选择推荐名单中医方律师作为自己的代理人。

在日本，由患方律师一名和医方律师一名以及富有调解经验、中立立场的律师一名作为调解员的三人合议调解模式被称为"东京三律师会模式"。除了作为主流的三人合议调解模式以外，根据案件的复杂程度、当事者的希望以及其他必要的情况，也可以采用一人独任制或者两人合议制的调解模式。但是，参与调解的律师都要求坚持中立立场。

本文将以三人合议调解模式为中心进行考察。东京三律师会医疗 ADR 有以下几个特征：

一是调解员仅限于所属律师，不邀请医学专家参与调解。也就是说，如果聘请医学专家的话，容易让患方产生同行庇护、有失公平等疑虑，进而导致患方对律师医疗 ADR 敬而远之，影响律师医疗 ADR 事业的开展。基于上述顾虑，东京三律师

4　日本《弁護士法》第 8、9 条。

会因此放弃了聘请医学专家参与调解的做法。

二是关于是否存在医疗过失的争议案件一般不予受理。对于是否存在过失如果存在争议的话，医学专业性鉴定与医学专家的意见是必不可少的。但是，如果这样做的话，东京三律师会认为这是与医疗 ADR 自主解决问题的宗旨是格格不入的。因此，实际上接受调解处理的案件仅限于过失和因果关系清楚、医方对存在医疗过失不持争议而只是就赔偿金额没有达成一致意见的案件。

三是三人合议调解模式中的三位律师，即使是作为医患的代理人，也必须作为中立的、公正的第三人参与纠纷的调解，而不是站在任何一方的立场上。[5]同样，在两人合议制的调解模式，即由富有代理医方经验的医方律师和富有代理患方经验的患方律师组成的调解小组中，两位律师也必须作为中立、公正的第三人参与调解。

四是要求以五种视角来看待医疗纠纷。不管是医方的代理律师，还是患方的代理律师，都不仅需要有从自己这方利益角度出发的观点，同时还需要有从对方的利益角度出发的观点。医患双方的代理人根据出发点的不同，会产生四种不同的视角。而作为调解员的律师则从更为宏观、综合的角度对纠纷提出自己的观点。通过这五种视角的汇总，参见图 1，三位律师彼此交流各自在纠纷解决方面的经验，并得出初步的调解方案。在此基础上，作为调解员的律师站在中立、公正的第三方立场，主持调解会议，通过与各当事方之间的对话，促进当事者之间相互理解，并寻求令双方都满意的调解方案。

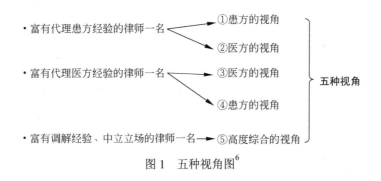

图 1 五种视角图[6]

五是促进式调解模式与评价式调解模式相结合。[7]

关于"东京三律师会模式"，根据东京三律师会提出的《东京三律师会医疗 ADR 检证报告书》（2010 年）[8]，从制度运作开始，即 2007 年 9 月 1 日到 2009 年 8 月止，

5 日本弁護士連合会ＡＤＲセンター 編：《医療紛争解決と ADR》，弘文堂 2011 年版，第 94-95 页。

6 西内岳：《医療紛争解決と ADR 補遺》，https://www.koubundou.co.jp/files/32094.pdf (2011-10) [2021- 01-20]。

7 晏英：《促进式调解：让医患有效达成合意》，《健康报》2017 年 6 月 30 日。

8 東京三弁護士会：《東京三弁護士会医療 ADR 検証報告書》（平成 22 年 3 月），http://www.ichiben.or.jp/news20100520iryou.pdf (2010-05-20) [2021-01-20]。

对提交调解的 72 件案例进行了事后的追踪调查。调解员在回答调解采用了促进式调解还是评价式调解时，在报告书中是这样阐述的："从问卷调查的结果来看，是采用促进式还是评价式调解，很大程度上取决于案件的个性特征。也就是说，如果要求解决纠纷的提出者，通常是患方，所追求的实质性内容是关于医疗过程的详细说明，或者要求医方道歉，医方诚恳对待等，又或者在关于该案件的过失认定存在困难的情况下，则将重点置于促进式调解上。与此相对，如果双方主要的争论点在于过失的认定，或者双方当事者的意见严重对立，以致根本不可能通过对话自主解决问题，则将重点放在倾向于做出评价和判断的评价式调解上。"发展到后来，更多的调解员采用的是两阶段模式，即第一阶段为促进式调解，而第二阶段为评价式调解，下文详述。

六是不仅仅局限于解决法律层面上的分歧。

以往，医疗 ADR 一直都是围绕医疗事故，以金钱解决为主。当然，这一主要目的在东京三律师会医疗 ADR 中也不会变。但是，应该注意的是，患方不一定仅限于金钱上的要求，要求说明诊疗经过、死因、后遗症，寻求医疗事故对今后的教训，以及转院相谈等也都是寻求医疗 ADR 解决的原因。另外，医方也明确表示，希望以第三方的中介人在场的形式对医疗行为进行解释，对未能取得预期医疗结果表示歉意，希望传达竭力救治的实际情况，或者以调整与患者及其家属的人际关系为目的提出调解申请。

四、东京三律师会医疗 ADR 程序

该程序的第一个特点是将调解分成两个阶段，参见图 2。

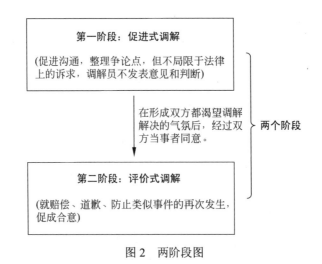

图 2　两阶段图

在第一阶段中主要运用促进式调解模式，暂时将有关法律上的争议搁置于一旁，围绕在患者身上到底发生了什么事情，患方想要知道什么，要求医方尽量给予详细的回答。因为医疗案件的一个特点是，情感纠葛往往非常激烈。从一开始就贸然地进入关于责任有无以及损害大小的讨论，并不见得是一件好事。所以，东京三律师会尝试与诉讼程序不同的模式。调解员并不发表意见和判断，而是通过促进沟通、整理争论点来协调并推进这一进程。

如果医患双方都同意进一步深入协调的话，那么案件就会进入"第二阶段"，主要运用评价式调解模式，包括讨论如何防止类似事件的再次发生、道歉问题、赔偿损失，等等。

在大多数的医疗纠纷案件中，患方才是要求解决纠纷的提出者。有些医疗机构认为，如果患方不是一意孤行地认定医方存在过错的话，给予详细的解释说明是应该的。但是，一旦接受了进行调解，患方就不知不觉地开始谈论到金钱的赔偿了，并认为多多少少都应该赔偿一点。这是让医方感到不信任和令人担忧的地方。所以，医方通常不愿意出席调解会。有鉴于此，东京三律师会将调解分为两个阶段。如果双方不同意，调解将不进入第二阶段。东京三律师会的这一作法，如今日本的其他律师会也有推行。

该程序的第二个特点是充分贯彻自主自愿原则，参见图 3。

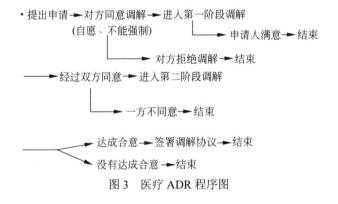

图 3　医疗 ADR 程序图

医疗 ADR 提供的是一个自主对话的平台。调解员或者案件的承办人员可能会对医疗 ADR 的相关事宜进行宣传和解释，或是催促相关人员出席调解会议，但不会强迫当事者参加或解决问题。

当律师会接到调解的申请后，会通知另一方当事者。另一方当事者可以选择是否接受调解，并向律师会反馈。如果对方不同意调解，调解程序就不会启动。由于是否接受调解是由双方当事者自愿决定的，所以每个律师会都在提高接受调解率上下足了各种各样的功夫。

如果对方接受调解的话，就会安排调解日程。双方当事者和调解员在约定的日期和时间到达律师会的调解室见面，进行调解，这叫"一场调解"。当然，考虑到当事者的某些特殊情况，在律师会以外的地方进行调解的情况也不少见。"一场调解"大概一个半小时到两小时。

在第一场调解中，调解员首先讲解医疗 ADR 的制度和具体流程。之后，调解员听取双方当事者对事件的陈述。分别听取申请人通过调解想要达到的目的，诸如损害赔偿、道歉等，及其理由、背景等情况，以及对方的回应及其理由。

接下来，调解员对双方的争论点进行整理，澄清双方在哪些观点上是一致的，在哪些观点上是存在分歧的，并协助调解顺利推进。

五、东京三律师会医疗 ADR 收费

东京三律师会医疗 ADR 采用有偿服务原则。收费分为三种：申请费，每件 11000 日元，由申请人缴纳；每场调解费，共计 11000 日元，当事者双方各出一半；调解佣金，即调解成功后支付的费用，基本上是协议金额的 8%，并加上消费税部分，详见如下表 1。[9]

表 1　调解佣金速查表（包含消费税）　　　　　　单位：日元

协议金额	调解佣金
100000	8800
500000	44000
1000000	88000
3000000	264000
5000000	330000
10000000	495000
15000000	660000
30000000	990000

六、东京三律师会医疗 ADR 成效

2010 年 3 月，东京三律师会公布了医疗 ADR 调查结果，即《东京三律师会医疗 ADR 检证报告书》[10]。报告书中对 2007 年 7 月到 2009 年 4 月 30 日的这段时期内

9　第二东京弁護士会：《医療 ADR 利用案内リーフレット》，https://niben.jp/soudan/pdf/pamphlet_3.pdf [2021-01-24]。

10　東京三弁護士会：《東京三弁護士会医療 ADR 検証報告書》，http://www.ichiben.or.jp/news20100520 iryou.pdf (2010-05-20) [2021-01-20]。

东京三会 ADR 的相关数据进行了整理。在 2016 年 3 月，东京三律师会公开了对从 2009 年 5 月 1 日到 2014 年 12 月底的 5 年零 8 个月间，一共受理的 273 件医疗 ADR 案件的调查数据，即《东京三律师会医疗 ADR 第二次检证报告书》[11]。随后，由日本律师联合会公布了截至到 2018 年 7 月底的日本《律师会医疗 ADR 运用状况》[12]。关于东京三律师会医疗 ADR 的成效，将基于上述三份报告书的数据进行考察与分析。

1. 受理件数、调解率、调解成功率。到 2018 年 7 月底，受理案件总数为 606 件，年平均受理 20.2 件；调解总数为 384 件，调解率（即与受理件数的比例）为 63.4%；调解成功总数为 240 件，调解成功率（即与调解件数的比例）为 62.5%。日本医疗纠纷的法院调解成功率为 50%左右，相比之下，律师会医疗 ADR 的调解成功率已经达到了比较高的水平。[13]

2. 平均审理期间。在所有结案案件中，从对方同意接受调解之日起，1～2 个月内进行第一场调解，到最终达成结案平均需要召开 3～4 场调解会议。根据到 2014 年底的统计，从申请提出日起到最终结案的平均期间为 140.1 天，而根据对到 2018 年 7 月底所有调解成功案件的调查，从申请提出之日起到最终成功调解结案的平均期间为 201.6 天。

根据最高裁判所医事关系诉讼委员会的调查数据，2019 年医疗诉讼一审（地方裁判所与简易裁判所）的平均审理期限为 25.2 个月。[14]可见，与医疗诉讼相比，通过 ADR 途径解决医疗纠纷案件的平均审理期间大大缩短，仅为法院裁判平均审理期限的约 1/4，医疗 ADR 机制在高效性方面具有明显优势。

3. 申请者、主要争议。根据到 2014 年底的数据，在全部受理的 345 件医疗纠纷案件中，其中医方提出的申请案件数量仅为 12 件，占 3.5%；大多数医疗 ADR 申请是由患方提出的，即 333 件，占 96.5%。

对于赔偿金额的争议占第一位，占 50.0%；对于事实没有争议，但对于事实的医学判断有分歧的案件居于第二位，即 30.2%；对于事实的认定，以及对事实和医学判断都有争议的案件并列第三位，均为 20.7%；第四位为要求医方作出解释说明或者道

11　東京三弁護士会：《東京三弁護士会医療 ADR 第二次検証報告書》，https://niben.jp/news/info/2016/160426135243.html (2016-03) [2021-01-20]。

12　東京弁護士連合会：《弁護士会医療 ADR 運用状況（2018 年 7 月末時点）》https://www.nichibenren.or.jp/library/ja/activity/data/adr_unyoujyoukyou.pdf[2021-01-20]。

13　[日]児玉安司：《話し合いへ、工夫凝らす＝柔軟な制度、多様な解決－弁護士会医療 ADR》，https://medical.jiji.com/topics/370?page=4　(2017-07-31) [2021-01-20]。

14　日本最高裁判所：《医事関係訴訟事件統計》，https://www.courts.go.jp/saikosai/vc-files/saikosai/2020/2011191heikinshinri.pdf (2020-11-19) [2021-01-25]。

歉的案件,占 14.7%。[15]由此可见,东京三律师会不仅局限于法律层面的诉求以及对错之争,更重视促进双方沟通,寻求双方情感上的疏解和揭示事实真相,这一做法是具有事实依据的。

4. 调解成功金额及条件。根据到 2014 年底的数据,最终达成调解的金额大多数不超过 300 万日元,占 63.3%;而另一个值得关注的是,超过 1000 万日元最终成功调解的件数达到 15 件。[16]可见,轻微的医疗纠纷更适合于通过 ADR 机制解决,而对于金额庞大的医疗纠纷争议案件,医疗 ADR 也是可以发挥作用的,传统的诉讼途径并非是重大案件的唯一选择。

由于不受地域管辖权的限制,调解费用也很低廉,尽管样本数量不够多,但普遍认为东京三律师会的医疗 ADR 是成效可嘉的,[17]远比诉讼经济有实效。

目前,在日本有 12 家地方律师会开设了医疗 ADR,[18]各地律师会医疗 ADR 的调解率位于 30%～85% 之间。[19]虽然,各地律师会为医疗 ADR 做了很多探索,但仍然面临一些问题。一是由于"医方认为已经跟患方解释清楚了,没有必要再解释;医方的法律顾问认为没有必要接受调解而被阻止;或者一旦接受调解的话,可能被要求多少赔些钱"等原因,调解率一直不是很理想。诱发这些问题发生的其中一个原因在于,民众对于医疗 ADR 制度缺乏正确的认识,需要加强对律师会医疗 ADR 制度的宣传。二是目前的医疗 ADR 制度主要以医疗领域的纠纷为对象,随着日本超高龄社会的进一步加剧以及长期照护保险的充实,高龄者跌倒、吞咽导致的窒息事故、入浴时的溺水等长期照护引发的纠纷将不断增加,如何应对照护纠纷将是未来需要面对的新课题。

七、日本律师会医疗 ADR 运行体制对我国的启示

在我国,调解、仲裁等 ADR 形式的多元化纠纷解决机制正在被广泛应用,通过非诉讼的方式解决纠纷,缓解纠纷双方的矛盾,减轻法官审判案件的压力,并且希望藉此促进司法资源的合理利用。虽然我国在探索 ADR 方面做出了一些非常有益的

15　東京三弁護士会:《東京三弁護士会医療 ADR 第二次検証報告書》,第 18、84 页。https://niben.jp/news/info/2016/160426135243.html (2016-03) [2021-01-20]。

16　東京三弁護士会:《東京三弁護士会医療 ADR 第二次検証報告書》,第 9 页。https://niben.jp/news/info/2016/160426135243.html (2016-03) [2021-01-20]。

17　[日]松本信彦:《訴訟より短期間、負担も軽く＝制度開始 10 年－医療 ADR》。https://medical.jiji.com/topics/150?page=4 [2021-01-20]。

18　東京弁護士連合会:《医療 ADR》https://www.nichibenren.or.jp/activity/resolution/adr/medical_adr.html [2021-01-25]。

19　[日]児玉安司:《「魅力的な選択肢」になるために＝弁護士会医療 ADR の課題と未来》,https://medical.jiji.com/topics/429?page=4 (2017-09-30) [2021-01-20]。

尝试，但也遇到一些阻碍，本质上仍未能减轻司法机关的压力，尤其是我国律师组织主办的 ADR 仍在尚待起步阶段，因此通过第三方组织来解决纠纷成为当下应当关注的社会问题。尤其是医疗领域，当传统的诉讼模式不能满足患方的心理需求时，迫切需要其他方式解决医疗纠纷问题。

中日两国一水之隔，在文化传统和法制发展方面有诸多的共同点，并且日本已经出台 ADR 法，医疗 ADR 机制的运行已趋于成熟，笔者认为借鉴日本 ADR 立法，关注日本律师组织主办下的医疗 ADR 运营经验，对完善我国医疗 ADR 制度有着极其重要的意义。

第一，借鉴日本 ADR 法，完善我国非诉讼纠纷解决机制的立法，进一步规范我国的医疗 ADR。日本医疗 ADR 制度以日本 ADR 法为依据处理医疗纠纷，是日本医疗 ADR 运行的法律支撑。在该法颁布以后，日本国内纷纷开始尝试设立 ADR 专门机构，以寻求多元化的纠纷解决途径。而目前，我国解决医疗纠纷主要是依据《中华人民共和国民法典》、《医疗纠纷预防和处理条例》以及《中华人民共和国调解法》，都不是专门针对医疗纠纷的法律，无法全面地为医疗纠纷提供法律依据。

作为医疗 ADR 的专门性法律，我国在立法时，应当主要从 ADR 的基本理念、种类、ADR 机构的认证程序、ADR 处理程序以及达成的调解协议的法律效力等原则性内容作出规定。由于我国各地经济水平差异较大，不宜对 ADR 处理医疗纠纷的实务作出详尽规定，各地政府应当结合当地的实际情况，制定详细的规范性文件。

第二，培养多元化的视角，应对多样化诉求，体现医疗 ADR 的实质性正义。民事诉讼法对审判程序作出了详细的规定，具有严格的诉讼程序，程序上的正义能够保障审判结果的公正、合理。但是，医疗纠纷具有的行业特殊性决定了医疗诉讼存在一定的局限性。首先，在诉讼中，双方当事者各执一词，极力维护自己的主张，指责对方的过错，竭尽全力攻击对方，反而容易激化矛盾。[20]其次，过于强调程序上的正义，坚持明确分配双方的责任，但医疗诉讼只能解决医疗纠纷问题，忽视了患者心理所受的伤害，反而将导致实质上的正义无法完全实现。

医疗纠纷除了肉体上的伤害以外，随之而来会带来精神上的伤害，需要在情感上对患方做出补偿。在医疗事故中患者遭受到身体的伤害当然想要了解医疗服务存在的问题，因此他们需要的不仅是金钱方面的赔偿，更需要了解事故发生的原因。不管是单纯的意外，还是医务工作人员的过失导致的损害，医方都应该尽到详细的说明义务。

医疗 ADR 的构建需要克服法制化倾向，借鉴东京三律师会医疗 ADR 的经验，从医患以及中立第三方等诸多视角，根据具体情况进行多样化灵活解决，以满足患方除了金钱赔偿以外的、类似赔礼道歉及究明事故原因、防止医疗事故再发的愿望

---

20 [日]和田仁孝：《医療事故ＡＤＲの可能性》，《安全医学》创刊纪念号，日本予防医学リスク・マネジメント学会 2004 年，第 24-29 页。

和要求；使医疗 ADR 既能充分实现当事者实质上的权利，弥补医疗诉讼过于程序化的缺陷，避免诉讼的程序正义与患者权利保障的实质正义之间无法调和的矛盾，又能实质性地解决医患纠纷，修复良好的医患关系，对社会矛盾纠纷的排除和预防以及社会的和谐稳定起到促进作用。

第三，兼顾营利性与社会服务性之间的平衡，完善医疗 ADR 的市场化运作。

确保医疗 ADR 机构运营的经费基础也是一项重要课题。可以看出，日本律师组织主办的医疗 ADR 在经费来源方面，除了极少部分由律师会会费填补外，主要还是独立经营，自负盈亏，而我国人民调解委员会主要是由政府、基层组织以及企事业单位提供工作经费。[21]

我国律师组织主办下的医疗 ADR 尚处于起步阶段，发展时间比较短，其中一个重要原因就是我国的 ADR 缺乏市场化运作。律师组织主办的医疗 ADR 应该作为一个市场主体，经营所得是维持生存、扩大经营规模的最重要来源，没有经营收入，就难以为继。而且，ADR 服务的公益性并不意味着当事者都可以免费享受 ADR 服务，而是要求 ADR 组织在维持营利性与社会服务性之间保持平衡的同时，并不放弃 ADR 社会服务性的自身属性，不应当像公司、企业以利益最大化作为经营活动的直接和最终目的。

现在我国的医疗 ADR 机构尚不能做到收支平衡。因而，今后若想将医疗 ADR 制度作为一项固定的制度存续下去的话，应该有一个固定的资金来源。此外，免费调解会给当事者带来一种不信任感，担心没有支付一定的对价，调解员的工作质量得不到保证。相反，实行收费制度既是对调解员的尊重，又是对调解质量的保障，符合 ADR 专业化和职业化的发展趋势。

第四，将调解分为促进式与评价式两个阶段，并引入医学专业性判断。

在日本，以东京三律师会为代表的很多律师组织主办的医疗 ADR 机构表示，作为以自主对话为主的 ADR 模式，其主要目的在于推进当事者双方进行对话，从而化解矛盾，达成和解，因此认为没有必要强制让医学专家参与到 ADR 的调解程序中来。可是，很大一部分当事者提起医疗 ADR 的原因在于希望能够从医学专业性的角度了解事实真相。即使是在当事者之间对过失程度和因果关系存在的争议中，对医学专家的意见以及医学专业鉴定结论也都有很强的依赖性。因此，如果 ADR 机制不能从医学专业性的角度进行真相究明，则很难说其达成了该制度设立的初衷。

笔者认为，借鉴东京三律师会医疗 ADR 模式，将调解分为促进式与评价式两个阶段，并在只有双方都同意的情况下才能进入第二阶段，即评价式调解阶段，可以

---

21 《中华人民共和国调解法》第 12 条规定村民委员会、居民委员会和企业事业单位应当为人民调解委员会开展工作提供办公条件和必要的工作经费。《财政部和司法部关于进一步加强人民调解工作经费保障的意见》（财行[2007]179 号）规定，地方财政根据当地经济社会发展水平和财力状况，适当安排人民调解委员会补助经费和人民调解员补贴经费。

起到有效地打消医方"即使是为了对治疗的经过做出一些解释说明而接受调解，医方也可能被要求多少赔一点钱吧"的顾虑的作用，从而有效提高调解率。需要改进的是，可以在第二阶段的评价式调解中，引入医学专业性判断。这既是对调解资料的进一步合理利用，是医疗 ADR 机制不可缺少的部分。

日本在 20 世纪 90 年代历经严重的恶性医疗事故，并急速上升为社会热点问题；到 20 世纪末，日本医疗诉讼纠纷迅速增加，导致"医疗不信"与"医疗崩坏"状况。在此前提下，引入 ADR 制度，使得医疗纠纷的解决变得多元化。ADR 删繁就简，免去烦琐的程序，尊重当事者的意思表示，依据当事者之间的合意解决纠纷，并且获得了法律上的认可。经过 20 多年的漫长摸索，日本在解决医疗纠纷上已经拥有较为完善的 ADR 解决机制，包括律师会主办的医疗 ADR，成功地改善了医患矛盾，也为我国借鉴其经验教训提供了上述有益思考。

Operation system and thinking of medical ADR in Japan
—Based on Tokyo 3 Bar Association

An Ying

Abstract：Under the attack of medical distrust and the collapse of the medical system, Japan has started the exploration and participation of medical ADR since the end of the 20th century, including the exploration of local bar associations, represented by the medical ADR of Tokyo 3 Bar Association. The medical ADR procedure of the Tokyo Bar Association is divided into two stages: facilitative mediation and evaluative mediation. Both lawyers as mediators and lawyers representing doctors and patients must maintain a neutral position. In addition to responding to the legal demands of the parties, it is also required to explain the diagnosis and treatment process, cause of death, sequelae, seek lessons from medical malpractice for the future, and transfer to a hospital, these are also the purposes for mediation, and seek the results satisfactory to both parties from five perspectives. The medical ADR practice of Tokyo 3 Bar Association provides a lot of forward–looking thinking for the medical ADR sponsored by Bar Associations that has yet to start in China.

Key Words：bar association; medical ADR,ADR promotion act of Japan; substantive justice; facilitative mediation; evaluative mediation

后　记

李文彬[*]

《交叉学科研究》是由西南政法大学民商法学院、西南政法大学医事法学创新研究中心主办，研究中心负责人赵万一教授担任主编，研究中心研究人员李文彬，龙柯宇担任执行主编。

近年来，交叉学科（法学）研究，已突破、超越传统法学科中各个部门法之间的界限，追求实现法学服务社会发展、服务人们生活这一学科最终目标，所以其一出现就赢得法学界，以及相关领域的极大关注。

正如赵万一教授在《交叉学科研究》代序言中谈道："交叉法学的使命主要在于冲破传统部门法学的藩篱，适当增强法律制度的兼容性。本书致力于对交叉学科的发掘、探讨和培育，力图在传统法学学科之外，打造出一批能够满足中国特色法学体系建设需要，并能有效回应重大社会现实问题的新兴法律学科或新兴法律部门。"

《交叉学科研究》定位于对新兴交叉学科的探讨，所以在本书设置的栏目中，允许展现诸多不成熟、论证尚不充分的研究观点，甚至可以接受对交叉学科研究中某一概念上的不规范的讨论。

《交叉学科研究》是专家学者，学术新锐讨论、交流的大平台，是一场不间断的学术讨论会！也许就是这些观点上的"离经叛道"，具体论证上的标新立异，概念使用上的不合时宜，才可能真正催生出具有重大创新意义的交叉学科。

《交叉学科研究》也是一个开放的，可以迎接不同观点讨论、交流的大园地，我们期待在这个大园地里，出现学术上的百花齐放，百家争鸣，期待着几年后的硕果累累！

《交叉学科研究》已于清华大学出版社 2023 年付梓出版，并每年定期连续公开出版发行。

借后记，《交叉学科研究》向全国研究领域的专家学者，学术新锐诚邀约稿，齐心共同打造跨学科领域的学术前沿精品，推动中国的学术创新和学术交流。

来稿字数保持在 1 万字以内，来稿邮箱：medicallaw_swupl@163.com。

---

* 李文彬，清华大学出版社编审，西南政法大学医事法学创新研究中心研究人员。

注 释 规 范

一、引用图书的基本格式

[1] 王名扬：《美国行政法》，北京大学出版社 2016 年版，第 18 页。

[2] 张新宝：《侵权责任法》(第 4 版)，中国人民大学出版社 2016 年版，第 73-75 页。

[3] 高鸿钧等主编：《英美法原论》，北京大学出版社 2013 年版，第二章 "英美判例法"。

[4] [美]富勒：《法律的道德性》，郑戈译，商务印书馆 2005 年版。

二、引用已刊发文章的基本格式

[5] 季卫东：《法律程序的意义：对中国法制建设的另一种思考》，载《中国社会科学》1993 年第 1 期。

[6] 王保树：《股份有限公司机关构造中的董事和董事会》，载梁慧星主编：《民商法论丛》第 1 卷，法律出版社 1994 年版，第 110 页。

[7] [德]莱纳·沃尔夫：《风险法的风险》，陈霄译，载刘刚编译：《风险规制：德国的理论与实践》，法律出版社 2012 年版。

[8] 何海波：《判决书上网》，载《法制日报》2000 年 5 月 21 日，第 2 版。

三、引用网络文献的基本格式

[9] 汪波："哈尔滨市政法机关正对'宝马案'认真调查复查"，载人民网 2004 年 1 月 10 日，http://www.people.com.cn/GB/shehui/1062/2289764.html。

[10] "被告人李宁、张磊贪污案一案开庭"，载新华网，http://www.xinhuanet.com/legal /2019-12/31/c_1125406056.htm。

[11] 刘松山："失信惩戒立法的三大问题"，载微信公众号 "中国法律评论" 2019 年 11 月 19 日，https://mp.weixin.qq.com/s/wA3j923WNctVATeSkIhCw。

[12] 参见法国行政法院网站，http://english.conseil-etat.fr/Judging，2016 年 12 月 18 日访问。

四、引用学位论文的基本格式

[13] 李松锋：《游走在上帝与凯撒之间：美国宪法第一修正案中的政教关系研究》，中国政法大学 2015 年博士学位论文，第 30 页。

五、引用法律文件的基本格式

[14]《民法典》第 27 条第二款第 3 项。

[15]《国务院关于在全国建立农村最低生活保障制度的通知》，国发〔2007〕19 号。

六、引用司法案例的基本格式

[16] 包郑照等诉苍南县人民政府强制拆除房屋案，浙江省高级人民法院民事判判书(1988) 浙法民上字 7 号。

[17] 陆红霞诉南通市发展和改革委员会政府信息公开答复案，载《最高人民法院公报》2015 年第 11 期。

七、引用英文报刊文章和图书的基本格式

[18] Charles A．Reich, The New Property, 73 Yale Law Journal 733, 737-738 (1964).

[19] Louis D．Brandeis, What Publicity Can Do, Harper's Weekly, 20 December, 1913, p. 10.

[20] William P．Alford, To Steal a Book is an Elegant Offense: Intellectual Property Law in Chinese Civilization, Stanford University Press, 1995, p. 98.

西南政法大学医事法学创新研究中心

2023 年 1 月 12 日